하루 10분 장자

우화로 깨우치는 삶의 지혜

한덕수 옮기고 풀어 씀

메디치

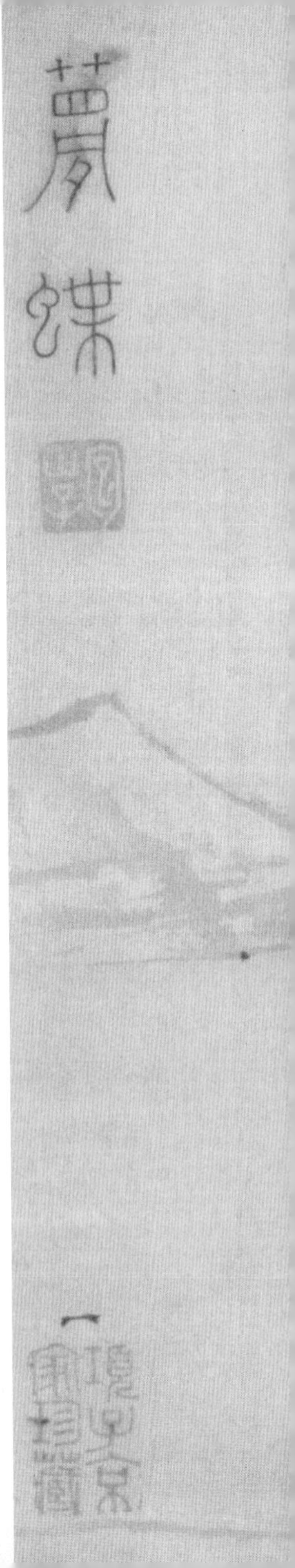

중국 명나라 화가 육치陸治(1496~1576)가
《장자》의 '호접몽胡蝶夢'을 묘사한
〈몽접夢蝶〉(29.4×51.4cm) 중 일부.

옮긴이 서문

장자莊子(B.C.369~B.C.286)는 중국 고대의 위대한 사상가다. 본명은 주周이며 송나라 사람이다. 전국시대의 철학자로 제자백가 중 도가의 대표적인 인물이며 노자사상을 계승하고 발전시켰다. 그래서 후세에 노자와 장자를 함께 묶어 노장사상老莊思想이라고 하지만 두 사람에게는 차이가 있었다.

노자는 정치와 사회 현실에 어느 정도 관심을 가지고 있었던 반면, 장자는 개인의 안심입명安心立命에 몰두한 측면이 있었다. 노자가 혼란한 세상을 구하기 위해 무위자연無爲自然에 처할 것을 강조했던 반면, 장자는 유한한 인생에 허덕이지 말고 자신이 처한 현실을 있는 그대로 수용하며 유유자적하게 살아갈 것을 강조했다. 즉 노자는 어느 정도 공동체에 대한 관심을 견지하고 있었지만, 장자는 참된 인간으로서의 참된 자기를 추구하며 끝없이 자유로운 절대자의 삶을 주장했다.

많은 철학자들이 《장자》, 《주역周易》, 《도덕경道德經》을 중국의 삼현三玄이라고 부른다. 이에 대하여 양梁나라에서 태학박사를 지냈던 주홍정周弘正은 삼현에 대하여 말하기를 "주역은 팔괘를 주장하여 음양과 길흉을 판단하기 때문에 이는 유에 근거해서 현을 밝힌 것이다. 노자는 허와의 융합을 주장하기 때문에 이는 무에 근거해서 현을 밝힌 것이다. 장자는 자연을 주장하기 때문에 유와 무에 근거해서 현을 밝힌 것이다"라고 해석하였다. 그래서 모든 학파와 학문은 모두 이 삼현에 근거해서 성립하였다고 보는 견해가 지배적이다.

장자는 짚으로 신을 엮어서 생활을 했을 정도로 매우 가난했다. 한번은 위魏나라의 문혜왕을 만나러 갔을 때 누더기 옷을 입고 있었다. 문혜왕이 "선생은 어찌도 이리 가난하게 지내시오?"라고 묻자 장자가 대답하기를 "도道와 덕德을 가지고도 실행할 수 없는 사람이야말로 가난합니다. 제 옷은 비록 너덜너덜하지만 이것은 삶이 고달픈 것에 불과합니다"라고 말하였다. 이와 같이 장자는 청빈한 삶에 대하여 전혀 개의치 않았다.

언뜻 듣기에 장자 하면 이솝 우화가 떠오르는데, 그것은 그만큼 발상이 기발하고 해학적이기 때문이다. 장자는 보통 사람들이 생각할 수 없는 것을 생각하고, 누구나 말할 수 없는 것을 말한다. 그의 생각은 광대하면서도 기상천외하고, 말은 예리한 송곳 같아서 어리석음으로 부풀어진 뇌리를 콕 찌르는 것 같다. 문장에는 풍자와 역설과 반어법으로 가득 차 있지만, 고정된 사물의 관념이나 고착화된 사고의 틀을 깨고 넘어서는 데 있어서는 타의 추종을 불허한다. 또한 형식에 따른 예의범절보다는 소박하고 솔직한 태도를 좋아했고, 권위와 위선을 비웃으며 깊숙이 뿌리내린 고정관념을 타파하고자 하였다.

당시의 시대상으로 보았을 때 왕이나 귀족의 말은 법보다 앞섰을 것이니, 바른 소리 좋아하는 사람은 제명대로 살기 어려웠을 터이다. 특히 장자는 자기 기준에 맞지 않은 잘못은 지적하고, 불합리한 상황은 부각시켜서 그것을 실컷 비판하고 조롱하며 두들겼다. 그런데도 83세의 천수를 다 누리며 장수하였다. 그 이유는 무엇일까?

첫째는 억누르거나 억눌리지 않고 호탕하게 살았으며, 군주의 안색이 변해도 하고 싶은 말은 다했으니 스트레스를 전혀 받지 않았다. 두 번째는 직설화법인 정언正言 대신 장자 특유의 간접화법, 즉 역사적인 사실이나 설화에 빗대는 방식을 사용했다. 그래서 권력자들의 표적이 되지 않았고 죽음의 화살도 피해갈 수 있었다. 이처럼 학문을 하는 사람은 매사에 자유로워야 한다. 세상일에 얽매이지 말아야 하는 것은 두말할 필요도 없고, 스승에게도 얽매이지 말고 밥그릇에도 얽매이지 말아야 한다.

《장자》를 최종적으로 누가 편집했는지는 알려진 바 없지만, 일단 큰 틀에서 보았을 때 내편內篇, 외편外篇, 잡편雜篇으로 분류된다. 내편에 속하는 일곱 개의 장은 장자가 직접 지었다고 전해지며, 외편과 잡편에 속하는 스물여섯 개의 장은 장자의 제자들이나 그의 사상을 추종하는 후학들이 지어서 추가한 것이 많다고 전해진다. 그래서 외편과 잡편을 볼 때는 폭넓게 보려는 시각이 필요하다.

장자의 글이 얼마나 방대한가 하면 《도덕경》은 5,000여 자, 《논어論語》는 1만 5,000여 자, 《맹자孟子》는 3만 5,000여 자다. 그에 반하여 《장자》는 무려 6만 5,000여 자에 달할 정도다. 대부분의 내용이 우언寓言으로 구성되어 있는데, 이에 대하여 장자는 이렇게 말한다. 친아버지는 그의 아들을 중매하지 않는다. 그것은 아버지가 칭찬하는 것보다 다른 사람이 그의 아들을 칭찬하는 것이 더욱 효과적이기 때문이다. 그러니까 우언을 말한다는 것은 내 책임이 아니고, 우언을 하도록 만든 세상 사람들의 책임이다. 세상 사람들은 상대방의 의견이 자기 의견과 같을 경우에는 찬성하며 옳다고 하지만, 다를 경우에는 반대하며 틀렸다고 한다. 그래서 내 의견이 아니라 우화처럼 상대방에게 이야기하는 것뿐이라고 하였다.

이런 장자의 이야기를 들으면서 현대인의 고단함을 조금이라도 털어내고, 하루 10분씩 장자의 글을 읽으면서 미래지향적이고 산뜻한 아침을 맞이할 수 있다면 더 이상 바랄 것이 없겠다. 더불어 독자들이 주석 없이 원전을 읽는 즐거움을 만끽할 수 있기를 바란다.

2024년 토지문화관에서

한덕수

잡편雜篇

일러두기

1. 원문은 전목錢穆의 《장자찬전莊子纂箋》을 저본으로 쓰되 왕선겸王先謙의 《장자집해莊子集解》를 참고하였으며, 여러 학자의 제설諸說 또한 참조하였다.
2. 독자들이 쉽게 이해할 수 있도록 길고 난해한 원문은 병기하지 않고 한글 번역문만 실었다.
3. 현대적 의의가 없고 시대적 상황에 불일치하는 내용은 일부 배제하면서 완역完譯하고 초역抄譯하였다. 따라서 오늘날 우리에게 필요하다고 여겨지는 내용에 초점을 맞추었다.
4. 각 편을 현대의 언어에 맞게 장으로 명명命名하였으며, 각 장마다 해당 장에 대한 소개글을 간략히 붙였으며, 말미에는 '붙임 말'을 첨부하여 본문을 부연 설명하였다.
5. 각 장 본문에는 여러 개의 소제목을 붙여서 내용을 미리 유추해볼 수 있도록 하였다.

내편

內篇

제1장

소요유逍遙遊

유유자적하게 노니는 삶

소逍는 거닌다, 요遙는 아득하다, 유遊는 놀다는 뜻이다. 따라서 소요유는 별다른 목적 없이 이리저리 어슬렁거리며 노니는 모습이다. 즉 바람에 흩날리는 구름처럼 아무것에도 얽매이지 않는 자유로운 상태를 가리킨다. 장자의 사상을 한마디로 표현하는 말이자 그가 추구하는 삶이다. 또한 모든 사람이 유유자적한 삶을 살아가기를 바라는 간절한 마음이 담겨 있다. 이 점이 제자백가의 다른 사상들과 크게 구분되고 차이나는 부분이다. 장자가 지향하고자 하는 것은 세상의 수많은 일을 하기 위해서 지식을 함양하거나 재능을 습득하는 것이 아니라, 그저 무위에 따르며 소요하는 것을 말하고 있기 때문이다. 진정한 자유라는 것은 타인이나 외부로부터 얻어지는 것이 아니라, 텅 빈 하늘처럼 욕심으로 가득 찬 마음을 비우고 악연의 고리를 끊어내는 데서부터 시작된다. 그렇게 되면 얽히고설켰던 마음이 맑아지고, 조바심으로 들떠 있던 마음도 차분해지면서 저절로 편안한 경지에 이른다는 논리다.

매미는 겨울을 알지 못한다

아득히 먼 북쪽 바다에 곤鯤이라는 물고기가 살고 있었는데, 그 길이가 몇천 리나 되는지 알 수 없을 만큼 크다. 이 물고기가 변해서 새가 되는데 그 이름을 붕鵬이라고 하였다. 붕새의 등은 길이가 끝이 없고, 힘껏 날개를 펴고 날아오르면 하늘을 뒤덮은 먹구름처럼 보였다.

붕새는 바다에 큰 바람이 불기 시작하면 그 바람을 타고 남쪽 끝에 있는 남명南冥이라는 바다로 날아간다. 그 바다는 하늘의 연못인 천지天池라고 하는데, 붕새가 왜 그곳으로 가는지 아는 사람은 없다. 일찍이 제해齊諧라는 매우 박식한 사람은 이상한 이야기를 많이 알고 있었다. 그는 자신이 쓴 책에서 말하기를 "붕새가 남쪽 끝의 바다로 옮겨갈 때에는 물보라가 3천 리 밖까지 솟구치고, 회오리바람을 타고 9만 리 상공까지 날아오르면 한 번도 쉬지 않고 6개월이나 날아간다"고 하였다.

그런가 하면 땅에서는 아지랑이가 피어오르고 먼지가 날아다니며, 생물들이 내뿜는 입김들로 온통 더렵혀져 있는데도 하늘은 언제나 푸르기만 하다. 하늘이 푸르게 보이는 것은 하늘색이 본래 푸른색이라고 말하는 사람도 있지만, 하늘은 끝도 없이 아득하게 멀기 때문이라고 말하는 사람도 있다.

물이 깊지 않으면 큰 배는 띄울 수 없다. 그것은 마룻바닥의 움푹 파인 곳에 물을 쏟아 부으면 민들레 홀씨 정도는 띄울 수 있지만, 잔을 놓으면 아예 바닥에 붙다시피 하는 것과 같다. 물은 적고 배는 크기 때문이다. 마찬가지로 하늘을 나는 것도 다르지 않다. 큰 날개를 띄우려면 많은 양의 바람이 필요하다. 그래야 붕새가 9만 리 상공으로 올라갈 수 있으며 바람이 아래로 처하게 된다. 따라서 붕새는 그 바람을 타고 푸른 하늘을 등에 지고 남쪽 바다로 갈 수 있는 것이다.

그런 대붕을 보고 매미와 텃새가 말하기를 "우리는 느릅나무나 박달나무를 날아오르는 것도 힘에 겨워서 후다닥 오르다가 땅바닥으로 떨어지는 경우가 다반사인데, 저녀석은 무엇 때문에 9만 리나 올라가서 또다시 남쪽 끝으로 가겠다는 것인지 참으로 미련스럽다"며 킥킥거린다.

사람이 하루를 놀러갈 때는 도시락 하나만 싸들고 가도 배고플 일이 없다. 그렇지만 백 리 길을 가려는 사람은 하루 먹을 쌀을 찧어놓아야 하고, 천 리 길을 가려는 사람은 석 달 먹을 식량을 준비해야 한다. 그러나 매미와 텃새는 그런 것을 알지 못한다.

사람이 기나긴 인생을 살아가려면 많은 시간을 들여서 지식을 쌓으며 수신해야 한다. 그래서 작은 앎은 큰 앎에 미치지 못하고, 지혜가 작은 사람은 지혜가 많은 사람의 속마음을 짐작하지 못한다. 그처럼 짧은 세월을 사는 존재는 긴 세월을 헤아릴 수 없으니, 나이가 어린 사람은 나이가 많은 사람의 경험에 미치지 못하는 것과 같다. 그래서 대붕의 뜻을 이해하지 못하는 것이다.

아침에 피었다가 저녁에 지는 나팔꽃은 하루가 얼마나 긴 줄을 모르고, 하루살이는 그믐이나 초하루를 알지 못하며, 매미는 봄가을은 물론 겨울도 알지 못한다. 그저 한때를 짧게 살다가 갈 뿐이다. 그런데 초나라에 있는 명령冥靈이라는 나무는 5백 년이 봄이고 5백 년이 가을이라, 천 년에 한 줄의 나이테가 만들어진다. 또한 상고시대의 대춘大椿이라는 나무는 8천 년을 봄으로 삼고 8천 년을 가을로 삼았으니, 1만 6천 년에 한 줄의 나이테가 만들어진다. 인간의 경우에 팽조彭祖라는 사람은 8백 년을 살았다고 하여 모든 사람들이 팽조처럼 장수하고 싶어 하니, 인간이란 얼마나 가련하고 서글픈 존재란 말인가.

무궁한 세계에서 소요하다

자고로 아는 것이 관직 하나 맡을 만하고, 작은 공으로 고을의 원님이나 될 법하며, 능력은 군주의 마음에 들어서 한 나라에 쓰일 만한 사람들이 있다. 하지만 모두가 자기 스스로를 살피는 데는 매미나 텃새와 별반 다를 것이 없다. 그래서 도가의 한 사람인 송나라의 영자榮子는 그런 사람들을 비웃었다. 그들의 알량한 지식은 하나의 관직이나 그저 한나라를 다스리는 축에 불과할 뿐이라는 것이다. 그는 속물들의 일이란 자기와는 무관하다고 생각하였다. 그래서 세상 사람들이 칭찬한다고 더 애쓰는 일이 없고, 세상 사람들이 헐뜯는다고 해도 동요하지 않았다. 그는 안과 밖이라든지 나와 남을 분명하게 구분하고, 영예나 치욕 따위가 자기에게는 본질적인 것이 못 된다고 여기며 살았다. 그는 분명히 세속의 세계를 초월해 있었다. 그럼에도 불구하고 같은 도가의 사람인 열자列子와 비교해본다면 영자는 참다운 자유를 얻었다고 말할 수 없다.

열자는 바람을 타고 하늘로 올라가서 즐겁게 놀았으며, 그렇게 보름쯤 지나서 바람의 방향이 바뀌면 홀연히 지상으로 내려와 집으로 돌아오곤 했다. 그렇기 때문에 땅 위의 세상에 전혀 묶여 있지 않았다. 하지만 아쉽게도 바람의 힘을 빌리지 않으면 안 되었다. 그러므로 열자도 완전한 자유를 얻었다고 말할 수 없다.

따라서 천지자연에 몸을 맡기고 무궁한 세계에서 소요逍遙할 수 있는 사람만이 어떤 것에도 구애받지 않는 참 자유의 존재다. 그래서 덕이 극치에 이른 지인至人에게는 사심이 없고, 신과 같은 신인神人에게는 꾸밈이 없으며, 지혜와 덕이 뛰어난 성인聖人에게는 명예가 없다는 것은 이를 두고 하는 말이다.

천하를 사양하다

요堯임금은 천자의 자리를 허유許由에게 물려주고 싶어 했다. 그래서 이렇게 말했다.

요임금: 태양이 떠올라서 밝게 비추고 있는데, 아직도 횃불을 들고 있다면 그것은 헛된 일입니다. 농사일에 맞추어 단비가 내리고 있는데, 아직도 논에 물을 길어다 대고 있다면 그것도 헛수고일 뿐입니다. 마찬가지로 선생 같은 분이 나타났는데, 아직도 내가 천자의 자리에 앉아서 주인 노릇을 하고 있다는 것은 잘못된 것입니다. 그러니 부디 천하를 맡아서 다스려주십시오.

허유: 무슨 말씀이오. 임금이 천하를 잘 다스리고 있는데 내가 대신하다니 천부당만부당하오. 내가 지금 천자가 된다는 것

은 그저 이름이나 얻자는 것밖에 안 됩니다. 이름이란 실물의 껍데기에 지나지 않는데 나더러 알맹이가 아닌 껍데기가 되라는 것입니까? 뱁새는 둥지를 짓는 데 나뭇가지 하나면 족하고, 두더지가 황하의 물을 마신다 하여도 제 배 하나 채우면 그만입니다. 그러므로 내게는 천하와 같이 큰 물건은 주어도 아무런 소용이 없습니다. 설령 음식을 만드는 요리사가 제사 음식을 제대로 만들지 못한다고 제사를 주관하는 이가 부엌으로 들어가면 안 되는 것입니다.

세상사에 초연하다

견오肩吾는 이상한 얘기를 듣고 연숙連叔에게 물었다.

견오: 제가 접여接輿의 이야기를 들었는데 황당하기 이를 데 없었습니다.

연숙: 도대체 무슨 말을 들었기에 그러는가?

견오: 막고야藐姑射라는 산에 신인神人이 살았는데, 그의 피부는 눈처럼 희고 몸매는 처녀처럼 나긋나긋하고 부드러웠다는군요. 그는 곡식을 먹지 않고 바람에 이슬을 섞어 마시며, 구름을 타고 나는 용을 몰아 천지 밖에서 노닌다고 하였습니다. 그의 정신이 집중되면 모든 사물이 병들지 않게 되고 농사는 풍년이 든다고 하는데, 저는 그 말을 도저히 믿을 수가 없었습니다.

연숙: 장님에게는 아름다운 색깔이 보이지 않고, 귀머거리에게

는 아름다운 음악이 들리지 않는다. 그런데 어떻게 육체에만 장님이 있고 귀머거리가 있겠느냐? 지식에도 장님이 있고 귀머거리가 있는 것이니, 바로 자네 같은 사람을 두고 하는 말일세. 접여가 말하는 신인의 덕은 세상의 모든 만물을 아울러 하나로 만들려고 할 것이네. 모든 사람은 그가 세상을 편안하게 해주기를 바라겠지만, 신인이 무엇 때문에 인간사의 하찮은 일에 신경을 쓰겠는가. 신인은 어떤 것에도 지배당하지 않는 존재요, 물이 하늘까지 닿을 듯한 홍수에도 빠지는 법이 없다. 큰 가뭄에 쇠와 돌이 녹아내려도 뜨거운 줄을 모르지. 어디 그뿐인가? 신인은 먼지나 쭉정이로도 요나 순舜을 만들어낼 수 있는데, 무엇 때문에 세속의 일에 관심을 갖겠는가?

어떤 송나라 사람이 머리에 쓰는 화려한 장보관章甫冠을 팔러 월越나라로 갔는데, 그 사람들은 머리는 빡빡 밀고 몸에는 먹물로 그림을 그리고 살았다네. 그러니 문명한 나라에서 쓰는 관이 필요가 없었던 거야. 또한 요임금은 선정을 베풀어 천하가 잘 다스려지자 네 명의 신인을 만나기 위해 막고야 산으로 떠났는데, 수도 외곽의 큰 물가에 이르자 자신이 다스리던 세상일을 새까맣게 잊어버렸다고 하더군.

같은 물건도 쓰기 나름이다

혜자惠子가 표주박 이야기로 장자에게 면박을 주자, 장자는 솜틀집의 약으로 혜자를 반격한다.

혜자: 전에 위魏나라 임금이 표주박 씨를 주셨기에 심어서 키웠더니, 다섯 섬이나 들어갈 정도로 큰 박이 열렸습니다. 그래서 속을 긁어내고 물을 담았더니 너무 무거워서 들지를 못했고, 반으로 쪼개서 바가지를 만들었지만 너무 커서 물독에 들어가질 않았습니다. 지나치게 크기만 할 뿐 아무짝에도 쓸모가 없어서 그냥 부숴버리고 말았지요.

이 말의 속내는 장자의 생각은 크기만 할 뿐, 아무짝에도 쓸모가 없는 사상이라며 비아냥대는 것이었다. 하지만 장자가 정중하게 대답한다.

장자: 당신은 참으로 크고 소중한 것을 쓰는 데 서투르군요. 일전에 송나라에는 손이 안 트게 하는 약을 만드는 사람이 있었지요. 그는 대대로 솜을 물에 빨아주는 일을 가업으로 이어왔습니다. 어느 날 한 나그네가 찾아와서 백금을 줄 테니 그 비법을 팔라고 했지요. 수입이 변변치 못했던 솜틀집 주인은 얼씨구나 하고 약 만드는 비법을 팔았습니다.

약 만드는 방법을 전수받은 나그네는 오吳나라 임금을 찾아가서 약의 효능에 대하여 설명을 했습니다. 얼마 후 월나라가 오나라를 침입해오자 오나라 임금은 나그네를 장군으로 기용하였습니다. 한겨울에 오나라와 월나라는 불가피하게 수전水戰을 치를 수밖에 없었는데, 손이 트지 않는 약 덕분에 오나라는 대승을 거두었지요. 그 전공으로 나그네는 오나라의 제후로 봉해졌습니다. 같은 약이라도 한 사람은 솜 빠는 일에 만족하고, 다른 한 사람은 오나라의 땅을 떼어 받아 제후가 되었습니다. 마찬가지로 다섯 섬 크기의 표주박이라면 통나무배처럼 만들어서 강물에 띄워볼 생각은 못 하였다는 말입니까?

붙임 말

본 장은 바람에 따라 나부끼는 깃발의 끈처럼 아무런 얽매임이나 속박 없이 자유롭게 노니는 경지인 소요유에 대하여 설명하였다. 처음에는 붕이라는 가상의 새를 등장시켜서 인간이 얼마나 왜소한 존재인가를 부각시켰다. 여기서 물고기의 이름을 곤이라고 하였는데, 곤은 본래 물고기의 알이다. 그런데 장자는 재치 있게 작은 사물인 알을 빌려서 큰 사물인 곤에 비유한 것이다. 즉 가장 크고 작다는 개념은 당연히 상대적인 것이라는 사실을 강조하기 위해서다. 그러면서 매미와 같은 미물이 9만리 장천長天을 날아가는 대붕의 뜻을 어떻게 알겠느냐는 물음을 던졌다. 이 또한 인간으로 하여금 작은 생각에서 벗어나 큰 지혜를 헤아리게 하려는 장자의 깊은 생각이다. 결과적으로 상식을 뛰어넘는 무한의 시간과 무한의 공간으로 날아가는 붕새를 통해 진정한 자유가 무엇인지를 보여주었다.

송나라 영자와 열자를 통해서는 인간이 어떤 무엇인가에 의지하게 되면, 덕이 극치에 이르는 지인至人이 될 수 없다는 것을 말하였다. 지인이 되지 못하면 신인神人이 될 수 없고, 신인이 되지 못하면, 지혜와 덕이 뛰어난 성인聖人이 될 수 없다. 하늘을 유유히 날아다닌다는 열자도 걸어다니는 수고로움은 겨우 면했지만, 바람에 의지하지 않고서는 자유를 누리지 못한다는 것을 지적했다. 그러나 지인이나 신인이나 성인은 그 무엇에도 의지하지 않기 때문에 완전한 자유를 누리는 소요유의 경지에서 노닌다고 비교한 것이다. 그 무엇에도 의지하지 않는다는 것은 자기 자신을 내세우거나, 자신의 크고 작은 공로를 자랑하거나, 이름을 내걸고 명예를 추구하지 않을 때 비로소 가능해지는 일이다.

막고야의 신인 편에서는 생각이 짧은 사람은 알려고 하지 않을뿐더러 모른다는 사실마저도 모른다고 꼬집었다. 이들은 수준 높은 이야기를 들려주어도 받아들이지 못하고 오히려 바보 같은 소리라고 비웃으면서 반박한다. 그래서 이런 자들이야말로 정신적으로는 귀머거리나 장님이라고 하였다. 인도의 철학 경전인 《우파니샤드Upanisad》에서는 "마음속의 한 모퉁이는 우주만큼이나 크다"고 하였다. 이 큰 공간은 마음이 움직이고 느끼는 감성의 근원이다. 다른 사람의 생각이나 말을 받아들일 때에는 자신의 경험이나 지식이 출중할지라도 아직은 부족하다는 자세로 수용하는 것이 중요하다. 누구든 상식의 테두리에 갇혀 있는 사람은 새로운 사실을 인정하거나 받아들이지 않으려는 경향이 있으며, 변화에 대해서도 두려움을 느낀다. 인간이 상식적인 생각에서 벗어나 새로운 시각으로 세상을 바라보고 또렷하게 듣는다면, 언제나 사물의 변화를 인지하여 그 변화에 따르는 초연한 지혜를 갖추게 된다. 그러므로 지인이나 신인이나 성인은 언제나 일반적인 상식에서 벗어날 수 있기 때문에 항상 새로운 것을 누린다고 한 것이다.

자기 자랑이 많고 훈수 두기를 좋아하는 혜자는 장자의 생각을 폄훼함으로서 자신의 체면을 세우려고 하였다. 혜자는 너무 큰 표주박은 물을 담을 수도 없고 바가지로도 쓸 수 없는 것처럼, 장자의 지나치게 큰 사상은 아무짝에도 쓸모없는 핫바지 같은 학문이라고 비꼬았다. 장자는 당장 조롱을 당하였지만 솜틀집 주인의 약을 예로 들면서 옹졸한 마음을 지닌 사람이 얼마나 어리석은가를 깨우쳐주었다. 여기서는 인간이 시선을 조금만 옮겨도 더 넓고 광활한 세상을 볼 수 있으며, 편향된 생각을 버리고 마음을 비우면 세상의 모든 것이 명확하게 드러난다는 사실을 보여주었다. 예컨대 쓸모없다고 천대받는 커다란 박을 갈라서 강물 위에 띄워놓고, 한가로이 떠다니며 노니는 장자의 모습을 상상해볼 수 있다. 그래서 노자는 "휘면 온전해지고 굽으면 곧아지며, 파이면 채워지고 그치면 새로워진다"고 말했던 것이다.

결론적으로 본 장은 소요유라는 세 글자가 말해주듯이 허둥대거나 바쁜 구석이 별로 없다. 그 당시 전국시대는 온 천하가 전쟁에 미쳐서 날뛰고 있었다. 그래서 어제 보았던 사람이 오늘은 안 보이는 판국인데, 어떻게 노니는 가치에 대하여 논할 수 있었을까 하는 의문이 들기도 한다. 하지만 한 자씩 뜯어보면 오히려 지나치게 한가로워서 하품이 날 지경이다. 그러니 천지가 부모를 통해서 부여해준 삶, 그 자체를 소중하게 여기고 고마운 마음으로 살아가라는 뜻이다. 그러기 위해서는 자신의 인생을 무슨 목적을 완수하기 위해서 만들어진 기계처럼 부려먹지 말라는 가르침이기도 하다. 특히 몸은 비록 삶의 소용돌이 속에서 바쁘게 돌아갈지라도 마음만은 하늘에서 노니는 것처럼 여유로운 경지에서 살아갈 것을 강조하고 있다. 마음이 여유로우면 심신이 편안해지고, 심신이 편안해지면 주변의 모든 것이 저절로 좋아진다.

제2장

제물론齊物論

큰 지혜는 담담하다

제齊는 가지런하다는 뜻이고 물物은 만물을 뜻한다. 그러므로 제물은 만물을 가지런하게 한다는 의미다. 인간의 허장성세를 버리고 몸과 마음을 가지런히 하여 성실하고 참된 삶을 추구하라는 것이다. 따라서 제물론은 노장사상의 핵심 가치인 자연 중심의 세계보다는 다소 현실적인 인간사에 대한 경구라고 볼 수 있다. 본 장은 장자의 이야기 중에서도 난해한 말이나 구절이 가장 많이 들어 있다. 여기서는 주로 지식과 관련된 문제를 다루고 있기 때문에《장자》가 왜 심오한 철학서인가를 경험해볼 수 있다. 세상의 모든 지식은 절대적인 것이 아니라 상대적이라는 논리를 펼치고 있다. 왜냐하면 어떤 특정한 지식이라는 것도 시공간에 따라서 다르고, 보는 이의 시각이나 견해에 따라서 다르게 받아들여질 수 있기 때문이다. 자연의 길은 무한하면서도 한결같기 때문에 상대성이 없고 걸림이나 차별도 없다는 논리다. 자연이 한결같다는 것은 자연은 자연의 법칙에 따라서 일정하게 변화하고 있다는 것을 말한다.

작은 지혜를 버려라

큰 지혜는 대충대충 엉성한 것 같고 작은 지혜는 치밀하고 촘촘해 보인다. 그래서 큰 지혜는 너그럽고 한가하지만, 작은 지혜는 작은 틈으로 엿보면서 눈치를 살핀다. 지식이나 말도 참으로 다양하지만 본질적으로는 다르지 않다. 그래서 큰 말은 대체로 담담한 편이고 작은 말은 하나하나 따지고 드는 편이다. 사람이 잠들었을 때는 영혼이 뒤섞여서 꿈속에서도 바깥 사물을 추구하지만, 깨어 있을 때는 몸의 감각이 열려 있어서 다른 사물과 접촉하며 온 힘을 다해 투쟁한다. 접촉하는 것마다 얽히고설켜서 날마다 마음의 갈등을 일으키기 때문이다.

기뻐하다가 화를 내기도 하고, 슬퍼하다가 즐거워하기도 하며, 겉으로는 부드러운 척하면서 속으로는 간사하기도 하고, 변덕을 부리기도 하며, 고집을 부리기도 한다. 시시비비를 가리거나 필사적으로 승리를 쟁취할 때는 맹약盟約에 얽힌 제후들처럼 비장하기도 하다. 그러면서 가을과 겨울에 시들어 떨어지는 초목과 같이 참된 제 모습을 잃어간다. 즉 여러 가지 일을 처리하는 데 너무 깊이 빠져 있어서 본래의 제 모습을 회복할 수 없는 상태로 변해가는 것이다.

작용은 분명한데 모습이 없다

인간에게 감정이 없으면 내가 있을 수 없고, 내가 없으면 감정이 나타날 데가 없다. 마찬가지로 대상이 없으면 나라는 존재가 있을 수 없고, 내가 없으면 어떤 대상을 받아들일 주체가 없다. 이것은 분명한 사실이지만 무엇이 그렇게 작용하도록 하는 것인지는 알 수 없다. 인간의 심리는 빈 곳에서 울려 나오는 소리처럼 끊임없이 변화하고 있지만, 무엇이 그 궁극의 원인인지는 특별한 흔적을 찾을 수 없다.

누군가 말하기를 "바깥 사물이 존재하지 않으면, 나라고 하는 의식은 생겨나지 않는다. 그러므로 마음의 변화라는 것은 바깥 사물과 나와의 교섭에 의해 자신의 내부에서 생기는 것이다"라고 하였다. 이 말은 어떤 면에서는 타당하다고 볼 수 있지만, 그것만으로 충분히 설명되었다고 볼 수는 없다. 왜냐하면 마음의 근원에 대한 해답이 없기 때문이다. 참된 주재자가 존재하는 것으로 짐작은 되지만 그 모습은 볼 수 없다. 작용은 분명한데 그 모습이 없는 것이다.

사람은 백 개의 뼈대와 아홉 개의 구멍과 여섯 개의 장기를 빠짐없이 다 가지고 있는데, 우리는 그중에 어떤 것을 더 좋아하고 있을까? 그 전부를 사랑할 수 없고 그렇다고 어느 하나만을 특별하게 아껴줄 수도 없는 것을 보면, 그 많은 것들은 나를 섬기는 종인지도 모른다. 하지만 주재자가 없으면 몸은 몸으로서의 기능을 유지할 수 없다. 그렇다고 주인이 되었다가 종이 되었다가 번갈아가며 할 수도 없는 노릇이다. 참된 주인은 반드시 존재하겠지만, 참된 주인에게 변화가 없을 뿐이다. 자기 감정의 주인이 된 사람은 자신을 다스릴 줄 아는 사람이다. 하지만 자신의 감정에 종이 된 사람은 자신을 다스릴 줄 모르는 사람이다.

일단 인간의 모습으로 태어나면 몸에 있는 모든 기관은 수명이 다하는 날까지 제 역할에 충실하게 된다. 바깥 사물들과 부대끼며 마찰을 일으키기도 하고, 흔쾌히 수용하기도 하면서 끊임없는 작용을 지속한다. 그것은 마치 치닫는 말을 멈추게 할 수 없는 것처럼 죽음을 향해 줄달음치고 있으니 서글픈 일이다. 평생 동안 고생하며 심신을 괴롭혀도 이렇다 할 보람이나 성과도 얻지 못하고, 지치고 시달려도 돌아가 쉴 줄을 모르니 이 또한 서글픈 일이다. 뒤늦게 말고삐를 잡고 보니 죽음의 고지가 저만치 보인다. 그러면서도 혹자는 아직은 죽지 않았다고 말하는데 이 얼마나 황당하고 해괴한 소리인가. 몸은 늙어가고 마음 역시도 따라서 변해가는데 이 얼마나 무의미한 말이던가. 살아가기 위해 몸과 마음을 괴롭히며 바깥 사물과 싸우면서 스스로 소멸해가는 삶이란 참으로 거대한 모순이다.

참다운 지혜에 의존하다

말(言)이란 빈 곳에서 울려 나오는 소리도 아니고, 바람을 내불어 나오는 소리도 아니다. 말에는 뜻이 있기 때문이다. 입에서 그냥 튀어나오는 것이 아니라, 무엇인가를 표현하거나 주장할 것이 있기 때문에 말을 하는 것이다. 그러나 뜻이 확정되지 않은 채로 말을 한다면 그것은 의미가 없다. 의미가 없는 말은 병아리 울음소리나 제멋대로 지저귀는 새소리와 다를 바 없다.

도道라는 진리는 일정한 것이다. 그런데 도는 무엇에 가려져서 참과 거짓의 구별이 생기고, 말은 무엇에 가려져서 옳고 그름의 구별이 생기는 것일까? 그것은 도라는 진리가 말하는 사람의 의도에 따라서 숨겨지고, 말은 자기에게 유리하게 하도록 수식하기 때문이다. 즉 단편적인 지식에 가려지는 것이다.

그래서 유가儒家와 묵가墨家의 시비와 대립이 생겼고, 그들은 서로 다른 설說을 내세우고 있다. 두 학파는 서로 상대방이 잘못되어 있는 것을 옳다고 주장하고, 상대방이 옳다고 여기는 것을 잘못되었다고 주장한다. 그리하여 서로 논쟁으로 무수한 날을 보내게 되었다. 이런 시비의 악순환을 종식시키려면 지식의 한계를 뛰어넘는 참다운 지혜인 명明에 의지하는 수밖에 없다. 즉 명석한 판단을 통하여 옳고 그름을 넘어서야 한다.

밝은 지혜로 판단하다

사람들은 모든 사물을 저것과 이것으로 구분한다. 하지만 저쪽에서 본다면 이것은 저것이며, 저것은 이것이 된다. 모든 존재는 저것이라고 부르지 못하는 것이 없고, 그렇다고 이것이라고 부르지 못하는 것도 없다. 그런데 왜 멀리 떨어져 있는 것은 저것이라고 부르고, 가까이 있는 것을 이것이라고 부르는 것일까? 이와 같이 상대적인 것은 저것과 이것에 한정되지 않는다. 가령 삶과 죽음이라든가, 가능한 것과 불가능한 것, 옳은 것과 그른 것과의 관계에 있어서도 마찬가지다. 모든 사물은 서로 의존하는 동시에 서로 배척하는 관계에 놓여 있다.

바꿔 말하면 저것이라는 개념은 자신의 몸을 이것이라고 여기는 데서 생기는 것이며, 이것이라는 개념은 저것이라는 대립자를 바탕으로 생겨나는 것이다. 즉 저것과 이것은 서로 동등하게 생겨나는 것이며, 심지어는 서로 의존하고 있다. 그래서 성인은 저것이냐 이것이냐에 구애됨이 없이 생성하고 변화하는 자연을 있는 그대로 받아들인다.

그러나 이렇게 서로 의존하고 있는 존재는 저것과 이것만이 아니다. 생과 나란히 해서 죽음이 있고, 죽음과 나란히 해서 생이 있다. 가능한 것과 나란히 해서 불가능이 있고, 불가능과 나란히 해서 가능이 있다. 옳은 것과 나란히 해서 그른 것이 있으며, 그른 것과 나란히 해서 옳은 것이 있다. 따라서 이렇게 대립되는 모든 것은 절대적인 것이 아니라 상대적인 것이다.

저것과 이것이 대립하지 않고 소멸되는 경지를 도추道樞라고 한다. 도추는 문고리의 추를 중심으로 손잡이가 빙글빙글 도는 것을 가리킨다. 도추는 무궁무진한 변화에 호응하는 것이다. 옳음도 무궁무진한 변화 중 하나이고, 그름 역시도 무궁무진한 변화 중 하나일 뿐이다. 그래서 이 또한 참다운 지혜인 명明에 따른다고 하는 것이다. 즉 밝은 지혜로써 판단하는 것이 가장 바람직하다는 뜻이다.

본래가 그러하다

흔히 자신의 손가락을 기준으로 남의 손가락을 평가하면서 상대방의 손가락은 잘못되었다고 말한다. 이것은 평가하지 않는 것만 못하다. 자신의 손가락을 기준으로 삼지 말고, 표준이 되는 손가락을 기준으로 삼아서 상대방의 손가락이 얼마나 다른가를 설명해야 한다. 말(馬)을 가지고 말이 말 같지 않다고 설명하는 것보다, 말이 아닌 것을 가지고 그것은 말이 아니라고 설명해야 옳다. 그러나 이런 일련의 일들은 모두 다 부질없는 짓이다. 상대성을 초월한 도道의 입장에서 본다면 천지는 한 개의 손가락과 같고, 만물은 한 마리의 말과 같은 것이다.

가능한 것은 할 수가 있고 불가능한 것은 할 수가 없다. 도가 행해짐으로서 자연스럽게 이루어짐이 있고, 사물은 그렇게 되도록 되어 있음으로서 그렇게 되는 것이다. 왜 그렇게 되는지에 대해서는 분명한 이유가 없다. 굳이 이유라고 한다면 그냥 그렇게 되도록 되어 있기 때문이다. 모든 사물에는 본래부터 그렇게 될 요소가 갖추어져 있고 담겨져 있다. 그렇게 되지 않는 사물이란 없으며, 그렇게 가능하지 않은 사물도 없다. 본 구절은 천지만물을 큰 차원에서 보았을 때에는 모두가 한가지라는 것이며, 도나 만물의 존재는 상대적인 것이 아니라 모두 그렇게 되도록 되어 있다고 말하는 것이다. 본질적으로 그렇다고 하는 이 모든 것은 그 나름대로 의미가 있을 것이라는 주장이다.

자연에 맡긴다

말〔言〕은 옳고 그름의 구별이 명확해야 한다. 그런데 사람들은 자신이 옳다고 여기는 것은 옳고, 자신이 옳지 않다고 여기는 것은 옳지 않다고 여기는 경향이 있다. 길이라는 것은 많은 사람들이 왕래하면서 만들어졌고, 모든 사물의 명칭은 많은 사람이 그렇게 부르기 때문에 붙여진 것이다. 이처럼 나타난 하나하나의 사물에 대해서는 그에 해당하는 이름이 필요하다. 그런 것은 그렇고 아닌 것은 아니라고 표현하듯이 뜻이 확고하게 정해져 있지 않으면 말은 성립되지 않는다. 하지만 말의 표현 대상인 사물은 각각 개별적인 존재이기도 하지만 보편적인 존재이기도 하다.

그렇기 때문에 흉측한 문둥병자와 아름다운 서시西施, 작은 싹과 큰 나무는 서로 상반되어 보인다. 하지만 도道라는 큰 관점에서 바라보면 모두가 뭉뚱그려져서 동일한 것이다. 사람은 얕은 지혜로 이러한 판단을 내리고 즐거워하거나 슬퍼하지만, 이 모든 것이 본질적으로는 같은 것이다. 모두가 한가지 도로 통하기 때문에 개인적인 판단을 사용하지 않고, 보편적이고 영원한 것에 전부를 맡긴다.

한 사물의 파괴나 소멸이라는 것은 동시에 다른 사물의 생성이 된다. 반대로 한 사물의 생성은 곧 다른 사물의 파괴나 소멸을 불러온다. 그러나 우주 전체의 사물에서는 파괴나 소멸도 없고 생성도 없이 모두가 동일한 하나다. 그렇기 때문에 어떤 대상을 좇지 않고 자연에 맡긴다고 하는 것이다.

명석한 판단에 따른다

옛날 사람 중에 지혜가 지극한 경지에 이르렀던 이가 있었다. 어디까지 이르렀는가 하면 처음부터 사물이 있었던 것은 아니라고 하였다. 이것은 지극하고 완전하여 더 이상 보탤 수가 없다고 하였다. 그다음 경지는 사물이 존재하기는 하지만 너와 나의 경계가 없다고 하였다. 그다음 경지는 경계가 있다고 생각하지만 처음부터 옳고 그름이 없다고 하였다. 옳고 그르다는 시비가 밝아짐으로써 도가 훼손되고, 도가 훼손됨으로써 사사롭게 아끼는 마음이 생긴다는 것이다. 그렇다면 과연 이루어지는 것과 훼손되는 것이 있는 것인가, 없는 것인가?

이룸과 훼손이 있다는 것은 옛날 거문고의 명수인 소문昭文이 거문고를 뜯은 것이고, 이룸과 훼손이 없다는 것은 옛날 소문이 거문고를 뜯지 않은 것이다. 소문이 거문고를 뜯고, 사광師曠은 북채를 들었으며, 혜자는 오동나무에 기대어 명상에 잠기었다. 이 세 사람의 재주와 지혜는 도에 가까웠으므로 후세에 기록되었다. 그러나 소문과 사광은 재주를 과신한 나머지 도에서 벗어났고, 혜자의 논리 역시도 지혜에서 벗어나 한낱 궤변에 그치고 말았다. 그들은 소문에게 거문고를 뜯게 한 것으로 끝났을 뿐이며 종신토록 이룬 것은 없다. 그러므로 인위로 다듬으려 하지 말고 자연에 맡겨두어야 한다. 이를 일러 밝은 지혜인 명明에 따른다고 하는 것이니 명석한 판단에 따른다는 뜻이다.

태산도 터럭보다 작다

지금 다른 이론이 있다고 해도 그것이 사물과 같은 진리인지 아닌지는 알 수 없다. 하지만 같은 것과 다른 것이 모두 비슷하기 때문에 궤변이 될 수도 있다. 그렇다 해도 한번 논해보자. 시작이 있다면 그 시작이 있기 전의 시작이 있었을 것이다. 또한 시작이 있기 전의 시작이 반드시 있었을 것이다. 유有가 있고 무無가 있다면 유무有無가 있기 이전이 있었을 것이다. 또한 유무가 있기 이전의 이전이 반드시 있었을 것이다. 잠시 있다가 없다가 하지만, 무엇이 있음이고 무엇이 없음인지는 알 수 없다.

천하에서 가을에 늘어진 짐승의 털끝보다 큰 것이 없다고 생각한다면 태산도 작은 것이다. 어려서 죽은 갓난아기보다 오래 산 자가 없다고 생각한다면 8백 년을 살았던 팽조도 일찍 죽은 것이다. 천지와 내가 함께 태어났다면 만물과 내가 하나가 된 것이다. 이미 하나가 되었거늘 무슨 말이 또 필요하겠는가? 이미 하나가 되었다고 말했으니 또 못할 말이 무엇이 있겠는가? 따라서 하나와 말〔言〕은 합쳐서 둘이 되고, 앞의 둘과 다음의 하나가 합쳐서 셋이 된다. 이렇게 미루어 나아간다면 아무리 셈이 밝은 사람일지라도 다 헤아릴 수 없을 것이다. 하물며 보통 사람이야 더 말할 나위가 있겠는가? 무에서 유로 나아가면 셋에 이른다. 그런데 유에서 유로 나아가는 경우야 오죽하겠는가? 나아가지 않으려면 그것으로 그쳐야 한다. 즉 나아감이 없이 도를 근거로 해서 자연의 옳음을 따라야 한다는 뜻이다.

빛을 싸서 감추다

도는 본래부터 구별이 없고 한계도 없다. 말〔言〕은 시작부터 법도가 있는 것이 아니라, 옳다고 함으로서 구별이 생긴다. 말에는 왼쪽이 있고 오른쪽이 있으며, 이론이 있고 설명이 있으며, 분석이 있고 구별이 있으며, 대립이 있고 다툼이 있다. 이 여덟 가지를 팔덕八德이라고 한다. 천지 사방의 일에 대하여 성인은 살피기만 할 뿐 말하지 않고, 말은 하지만 옳고 그름을 설명하지는 않는다. 《춘추春秋》는 세상을 다스렸던 역사책으로 선왕의 뜻을 전하고 있는데, 성인이 일을 설명하면서도 일의 성격을 분석하지는 않았다. 분석해야 할 것을 분석하지 않고, 분별해야 할 것도 분별하지 않은 것이다. 그 이유는 이렇다. 성인은 그 모든 것을 마음속에 품고만 있었지만, 보통 사람들은 그것을 분석함으로써 자신을 내세우려고 한다. 그러므로 분석하여 드러내지 않은 것이다.

큰 도는 일컬을 수 없고, 큰 이론은 말할 수 없으며, 큰 어짊은 어질다 하지 않고, 큰 청렴은 겸손하지 않으며, 큰 용맹은 사납지 않다. 도가 드러나면 도라 할 수 없고, 말을 변론하면 뜻이 미치지 못한다. 어짊이 특정한 대상에 고정되면 어짊이 될 수 없고, 겸손함이 의식적으로 지나치면 거짓이 된다. 용기를 믿고 선량한 사람을 해치면 그것은 용기라 부를 수 없다. 이 다섯 가지는 본래 원만한 것이었지만, 시간이 지나면서 거의 모가 나게 되어 있다. 그러므로 인간이 도달할 수 있는 최고의 지식은 앎의 한계를 깨닫고 멈추는 것이다. 즉 지혜가 지혜로서는 알지 못하는 곳에 머무른다면 지극한 경지에 이른 것이라고 볼 수 있다. 그러나 어느 누구인들 말하지 않은 변론을 알 수 있겠는가? 말할 수 없는 도를 알 수 있다면 이를 일러 하늘의 창고인 천부天府라고 하는 것이다. 아무리 부어도 가득 차지 않고, 아무리 퍼내도 마르지 않지만 그 유래는 알 수 없다. 이러한 경지를 일러 빛을 싸서 감추는 보광葆光이라고 한다. 즉 밝음을 의식하지 않는 밝음이다.

시시콜콜 따지지 않는다

제자인 설결齧缺이 스승인 왕예王倪를 마치 평가라도 하는 것처럼, 그동안 궁금했던 것에 대해 질문을 퍼붓고 있다.

설결: 선생님께서는 사물이 모두 옳은 것이라고 보는데 맞습니까?

왕예: 내가 그것을 어찌 알겠느냐.

설결: 선생님께서는 알지 못한다는 것을 아십니까?

왕예: 내가 그것을 어찌 알겠느냐.

설결: 그렇다면 사물에 대하여 아는 것이 아무것도 없다는 말씀입니까?

왕예: 나는 그것에 대해서도 모른다. 그렇지만 네가 판단에 대해 지나치게 집착하고 있는 것 같으니 조금만 설명해주겠다. 대체로 인간의 판단은 상대적인 것이다. 우리가 알고 있다고 여기는 것이 실은 알지 못하는 것일 수도 있으며, 모른다고 여기는 것이 실은 아는 것인지도 모른다. 그러니 내가 너에게 한번 물어보자.

사람은 습한 곳에서 자면 허리에 병이 나고 반신불수가 되지만 미꾸라지도 그렇더냐? 사람은 높은 나무 위에 올라가면 무서워서 벌벌 떠는데 원숭이도 그렇더냐? 이 셋 중에서 누가 올바른 거처를 안다고 생각하느냐? 먹는 것도 마찬가지다. 사람은 쇠고기나 돼지고기를 먹고, 사슴은 풀을 뜯어 먹고, 지네는 뱀을 좋아하고, 올빼미는 쥐를 좋아한다. 이 넷 중에서는 누가 올바른 맛을 안다고 생각하느냐?

수컷 원숭이는 암컷 원숭이를 짝으로 여기고, 고라니는 사슴의 종류와 교미하며, 미꾸라지는 물고기와 어울린다. 사람들은 모장毛嬙과 여희麗姬를 절세미인이라고 말하지만, 물고기는 그녀를 보면 놀라서 물속 깊이 숨어버리고, 새들은 그녀를 보면 하늘 높이 도망치듯 날아가고, 고라니와 사슴이 그녀를 보면 반드시 달아난다. 그러니 이 넷 중에서 누가 천하의 미색을 제대로 안다고 생각하느냐? 내가 보기에 인의를 논하고 시비를 가리는 것이 결국은 혼란만 불러일으킬 뿐이다. 그런데 내가 어찌 그 구별을 알 수 있겠느냐?

설결: 선생님께서는 이롭고 해로운 것을 알지 못한다고 하시는데, 그렇다면 지인至人은 본래가 이롭고 해롭다는 것을 모르는 것입니까?

왕예: 지인은 신령스럽다. 큰 계곡이 불에 타도 그를 뜨겁게 할 수 없고, 큰 강을 얼어붙게 하는 추위도 그를 떨게 하지 못한다. 지인은 우레가 산을 무너뜨리고 폭풍우가 바다를 뒤흔들어도 놀라지 않는다. 그런 사람은 구름을 타고 해와 달과 함께 사해 밖에서 노닌다. 그의 몸은 이미 생사를 초월해 있는데 하찮게 이롭고 해로운 것을 따지겠느냐?

경계가 없는 경지에 머문다

구작자瞿鵲子는 자기 스승에게 들은 말 중에서 이해가 되지 않는 것이 있었다. 그래서 장오자長梧子에게 물었다.

구작자: 저는 저의 선생님으로부터 이렇게 들었습니다. 성인은 세상일에 종사하지 않고, 이익을 취하지 않으며, 위해를 가하지 않고, 욕구를 추구하지 않으며, 도와 연관 짓지 않고, 말하지 않아도 말이 있으며, 말이 있어도 말할 것이 없고, 그저 속세의 티끌 밖에서 노닌다고 하셨습니다. 장오자 선생께서는 이것을 터무니없는 말이라고 여기시겠지만, 저는 오묘한 도의 실행이라고 생각합니다. 선생께서는 어떻게 보시는지요?

장오자: 오묘한 도는 황제도 알기 어려운 것이거늘 내가 어찌 그것을 알겠습니까? 그대는 지나치게 서두르는 것 같소. 마치 달걀을 보고 새벽을 알리라고 요구하는 것이며, 활을 당기는 것을 보고 부엉이 구이를 요구하는 것과 다를 바 없습니다. 내가 그대에게 편하게 얘기할 테니 그냥 지나가는 소리로 들어보십시오.

사람이 우주를 옆구리에 끼고, 해와 달을 곁에 두며, 행동은 자연과 합치되고, 몸은 자연의 혼돈에 맡겨두며, 천한 사람들을 돕고 존중한다면 어떻겠습니까? 보통 사람들은 수고롭게 몸을 쓰지만 성인은 우둔하게 지냅니다. 억만 년에 걸친 변화 속에 참여하면서도 한결같은 순수함을 잃지 않습니다. 만물은 모두 있는 그대로 두고 이런 방법으로 나아가는 것입니다.

내가 어떻게 삶을 좋아하는 것이 미혹이 아닌 줄을 알겠습니까? 내가 어떻게 죽음을 싫어하는 것을 마치 길을 잃고 돌아갈 줄 모르는 어린아이와 다른지를 알겠습니까? 여희는 예라는 지방의 관문지기 딸이었습니다. 진나라로 데려왔을 때 처음에는 옷깃을 적실 정도로 눈물을 흘렸습니다. 그러나 임금의 처소에서 동침을 하고, 쇠고기와 돼지고기를 먹고 난 다음에는 처음에 울었던 것을 후회했습니다. 그러니 내가 어찌 죽은 자가 처음에는 더 살기를 바랐던 것에 대해서 후회했는지 안 했는지 알 수 있겠습니까?

꿈속에서 즐겁게 술을 즐기던 자가 아침에는 통곡을 하고, 꿈속에서는 통곡하던 자가 아침이 되면 즐거운 기분으로 사냥을 나가기도 합니다. 방금 그가 꿈을 꾸고 있는 동안에는 그것이 꿈인 줄 알지 못했습니다. 꿈속에서 자기가 꿈꾸고 있다는 것을 알았다고 해도, 꿈에서 깨어난 뒤에야 그것이 꿈이었음을 알 수 있습니다. 마찬가지로 큰 깨달음이 있어야만 비로소 이 삶이 큰 꿈임을 알게 됩니다. 그러나 어리석은 자들은 스스로 깨어 있다고 생각하고 버젓이 아는 체를 하며 임금이니 목동이니 구분한 지가 오래되었습니다. 내가 그대에게 꿈꾸고 있다고 말한 것 역시도 꿈입니다. 이런 말을 사람들이 들으면 기묘하다고 할 것입니다. 아니 궤변이라고 말할 수도 있습니다. 만년 뒤에 위대한 성인을 한번 만나서 그 뜻을 알게 될 수도 있으나, 그것을 깨닫고 이해하는 지자知者는 아침저녁으로 성인을 만나는 것과 다름없습니다.

그대와 내가 논쟁을 했다고 칩시다. 그대가 이겼다면 과연 그대가 옳은 것이오? 반대로 내가 이겼다면 내가 옳은 것이오? 한 사람이 옳으면 반드시 한 사람은 그른 것인가요? 그대와 나는 알지 못하는 일입니다. 그런데 이것을 누군가에게 판정해달라고 한다면, 그 누군가는 올바로 판정할 수 있겠습니까? 나나 당신이나 다른 사람이나 모두가 알 수 없는 일입니다.

변화하는 이론을 믿는다는 것은 믿지 않는 것과 같습니다. 자연의 원리로써 모든 것을 조화시키고 혼돈의 무극無極을 따르는 것이 주어진 삶을 다하는 방법입니다. 무엇을 자연의 원리로 조화시킨다고 하는 것일까요? 옳은 것과 그른 것이 있고, 그러한 것과 그렇지 않은 것이 있습니다. 옳은 것이 정말로 옳다면 옳은 것이 그른 것과 다르다는 것은 무용이 됩니다. 그러한 것이 정말로 그러하다면 그러한 것이 그렇지 않은 것과 다르다는 것도 무용이 됩니다. 그러므로 분별할 수 없는 것입니다. 세월도 잊고 의리도 잊고 경계가 없는 데로 나아가십시오. 그리고 경계가 없는 경지에서 머무르십시오.

그림자는 지조가 없다

어느 날 망량罔兩(그림자의 또 그림자)이 영景(그림자)에게 물었다.

망량: 당신은 금방은 걷다가 지금은 멈춰 있소. 당신은 금방은 앉아 있다가 지금은 일어섰소. 어찌하여 그처럼 지조가 없는 것이오?

영: 글쎄요. 나는 내가 의지하는 무엇인가가 있어서 그러는 것인지, 아니면 내가 의지하는 그 무엇도 또 다른 무엇인가에 의지하여 그러는 것인지. 그마저도 아니라면 나는 뱀의 허물이나 매미의 허물을 닮아서 그러는 것은 아닐까요? 나는 내가 왜 그렇게 되는지 연유를 알 수 없고, 그렇게 되지 않는

방법에 대해서도 알지 못합니다.

나는 누구인가

어느 날 장자가 꿈에 나비가 되었다. 그는 나비가 되어 훨훨 날아다니는 것이 매우 기쁘고 행복했다. 그래서 스스로 나비라고 생각하면서 장자라는 것은 까맣게 잊고 있었다. 갑자기 꿈에서 깨어나자 틀림없는 장자였다. 그러니 장자가 꿈에 나비가 되었는지, 나비가 꿈에 장자가 되었는지 알 수가 없었다. 장자와 나비는 반드시 구분이 있을 것이니, 이와 같이 장자가 나비가 되고 나비가 장자가 되는 것을 만물의 조화인 물화物化라고 한다.

붙임 말

제물론은 만물을 가지런히 한다는 뜻이다. 인간의 허장성세를 버리고 몸과 마음을 가지런히 하여 성실하고 참된 삶을 추구해야 한다는 의미다. 그래서 본 장에서는 선악이나 시시비비를 시시콜콜하게 논하는 상대적인 세계가 아니라, 아무런 차별도 없고 구분도 없는 절대적인 세계를 펼쳐보고자 하였다. 그 세계는 장자가 꿈꾸었던 이상향이자 파라다이스였지만, 아무나 쉽게 도달할 수 없고 체험해볼 수 없는 경지이다. 이른바 덕이 극치에 이른 지인至人이나 신인神人이나, 지혜와 덕이 뛰어난 성인聖人만이 도달할 수 있다고 하였다. 누구나 작은 지혜를 가지고 있지만 대부분의 사람들은 죽을 때까지도 절대적인 세상의 범주에 이르지 못한다. 그래서 노자는 "작은 지혜를 가지고 옳다 그르다 시시비비를 가리는 것은 끝없는 우스갯짓이다"라고 하였다. 이 말은 결국 작은 것을 버리고 큰 것을 지향하라는 뜻이다.

장자는 가을에 늘어진 짐승의 털끝(추호秋毫)보다도 더 큰 것이 없다고 생각한다면 태산도 작은 것이라고 하였다. 마찬가지로 오래 살고 일찍 죽는다든가 크고 작다고 생각하는 것은 모두가 상대적인 개념일 뿐이다. 상대적인 개념은 보는 사람의 입장이나 가치관에 따라서 그 평가는 크게 달라질 수밖에 없다. 사람에 대한 인식이나 평가도 마찬가지다. 17세기 유럽의 사상가 발타자르 그라시안Baltasar Gracián은 이렇게 말했다. "상대를 과대평가하지 마라. 많은 사람이 겉으로는 대단해 보이지만 실제로 만나보면 그렇지 않은 경우가 많다." 모든 것은 생각하기 나름이니 지레짐작하거나 상상력이 한쪽으로 치우쳐서는 곤란하다는 얘기다. 결국 생각하기 나름이라는 것은 불완전한 바탕 위에 성립되는 개념이다. 이렇게 불완전한 바탕 위에서 세상의 모든 만물을 따지고 들어가면, 한도 끝도 없이 말만 많아지고 결론에는 도달하지 못한다. 하지만 인정하든 말든 간에 하늘과 땅은 우리와 더불어 존재하고 있으며, 만물은 우리와 더불어 하나가 되어 있다. 그러니까 있거나 없거나 많거나 적거나 등을 시시콜콜하게 따지지 말고 초연하게 살아가야 한다는 것이다.

나비의 꿈인 호접몽胡蝶夢의 원문은 60여 자에 불과할 정도로 짧다. 하지만 이치나 기예의 경지에서 바라보면 헤아릴 수 없을 만큼 미묘한 깊이를 준다. 장자는 본래부터 사람이 아니라 나비였는데, 세속에서 바쁘게 살다보니 나비라는 자신의 본질을 잊고, 그 나비의 꿈속에서 장자가 되어 살아가는 것이 아닌가 하는 깨달음에 도달한 것이다. 이것을 물화라고 하였는데, 물화는 사람이 천명을 다하고 죽는 것을 가리키기도 한다. 마지막에 등장하는 이 물화는 나 자신은 주체이고 상대방은 대상이라는 인식을 넘어서는 개념이다. 내가 상대방과 같아진다는 것은 나의 소멸을 의미할 수도 있지만, 나를 버려서 상대를 이루는 것이 바로 장자가 말하고자 하는 물화이기 때문이다. 그래서 이 짧은 우화는 현실과 꿈 사이의 경계를 넘나들면서 삶과 죽음의 경계가 어디인지를 헤아려보게 한다. 만약 꿈과 현실이라는 상대적인 개념이 없다면, 이것이야말로 장자가 주장하는 완벽한 자유의 경지로 들어서게 되는 길이다. 그래서 장자의 꿈을 만물의 조화라고 하는 것이다. 세상의 모든 사물이 한결같이 여겨질 때 인간은 비로소 자연에 완벽하게 융화될 수 있다. 결국은 어리석은 현실 세계에서 깨어나 드높고 영원한 지평 위에서 자신의 인생을 바라보라는 뜻이다.

제3장

양생주養生主

앎의 작용은 끝이 없다

양養은 기른다는 뜻이니, 양생주는 삶을 길러주는 주인이다. 자연의 순리에 따라 거기에 몸과 마음을 맡기고 자신을 온전히 보전하는 삶을 말한다. 유가에서는 수신을 말하는 반면 장자는 양생을 말하고 있다. 즉 공맹孔孟은 목숨을 버려서라도 올바른 삶을 추구해야 한다는 생각이고, 장자는 목숨을 소중하게 여겨야 하므로 삶보다 더 중요한 가치는 없다고 본 것이다. 그렇다고 무조건 오래 사는 것에만 방점을 둔 것은 아니다. 왜냐하면 양생은 단순히 오래 사는 것이 아니라 삶을 기르는 것이기 때문이다. 인간이 살아 있다는 것은 생명이 함께 하고 있음이며 마음이나 지각은 신경의 작용에 의한 것이다. 몸과 마음은 생명체의 주인이 될 수 없으므로 몸과 마음에 따라 움직여서는 안 된다는 논리다. 언제나 자연을 따르고 사물을 거스르지 않아야 인간의 생명력은 활성화되고 삶은 극대화될 수 있다는 것이다. 따라서 사사로운 얽매임에서 벗어나야만 자유로운 삶을 영위할 수 있다는 것이 본 장의 취지다.

변치 않는 도리를 따른다

인간의 삶은 유한하지만 앎의 작용은 무한하다. 유한한 인생으로 무한한 지혜를 따른다는 것은 위태로운 일이다. 생명의 유한성을 무시하고 앎이 가리키는 대로 끝없이 달려간다면, 단 하루도 편안한 날이 없게 된다. 우리는 이러한 이치를 잘 알면서도 여전히 지혜와 지식을 믿고 그것에 속박되어 살아가고 있다. 우리는 지식의 작용으로 선과 악을 구분하여 말하기도 한다. 하지만 선악이라는 것도 명예나 형벌을 기준으로 설정한 평가에 불과할 뿐이다. 그러므로 중정中正에 따라 무위자연의 변치 않는 도리를 행한다면 몸을 보존할 수 있고, 삶을 온전히 할 수 있으며, 어버이를 봉양할 수 있고, 자식을 길러낼 수 있으며, 주어진 수명인 천명을 다할 수 있다.

백정에게도 도가 있다

언젠가 소를 잘 잡기로 유명한 포정庖丁(백정)이 문혜왕文惠王에게 진상하기 위해 소를 잡은 일이 있었다. 포정의 손이 닿는 곳이나, 어깨에 힘을 주면서 발로 밟는 곳이나, 무릎으로 누르는 곳은 반드시 살과 뼈가 떨어져 나갔다. 칼이 지나갈 때마다 삭삭 울리고 쉭쉭 소리를 내는데 모두가 음률에 맞았고, 그 동작은 상림의 춤과 같았으며, 절도는 요임금의 음악에 들어맞았다. 이를 지켜보던 문혜왕이 감탄하며 물었다.

문혜왕: 과연 대단하구나. 재주가 어쩌면 이런 경지에까지 이를 수 있다는 말인가?

포정: 방금 보신 것은 재주가 아닙니다. 제가 좋아하는 것은 도道로서 재주보다 앞서는 것입니다. 저도 처음에 소를 해체할 때는 보이는 것이 전부다 소뿐이었습니다. 그런데 3년이 지나자 소가 보이지 않았습니다. 지금에 이르러서는 정신으로 소를 대하지 눈으로 보지 않습니다. 감각의 작용이 멈추면 정신이 움직이게 됩니다. 자연의 이치에 따라 큰 틈새로 들이밀고, 큰 구멍을 왕래하듯이 칼을 찌릅니다. 소 본연의 구조에 따라 칼을 쓰므로 힘줄이나 질긴 근육에 닿지 않을뿐더러 뼈에도 닿지 않습니다. 여타의 훌륭한 백정들도 해마다 칼을 바꾸는데 그것은 힘줄이나 근육에 칼을 대기 때문입니다. 보통의 백정은 달마다 칼을 바꾸는데 그것은 뼈를 자르기 때문입니다. 제가 쓰는 이 칼은 19년이 되었습니다. 그 사이 소를 수천 마리나 잡았지만 칼날은 숫돌에서 막 나온 것 같습니다. 소의 뼈마디에는 틈이 있지만 칼날에는 두께가 없습니다. 두께가 없는 것을 틈새로 집어넣으니 칼질이 춤을 추듯이 되면서도 오히려 여유로워집니다. 그래서 19년이 지났어도 제 칼은 새것과 다름없는 것입니다. 비록 그렇다고 해도 뼈와 살이 엉긴 곳을 만날 때는 저도 긴장을 합니다. 그때는 행동을 천천히 하면서 칼을 아주 미세하게 움직입니다. 그러면 뼈와 살이 우수수 떨어져서 마치 흙더미처럼 쌓입니다. 그러면 주위를 둘러보고 흡족한 마음으로 칼을 씻어 칼집에 넣습니다.

문혜왕: 참으로 훌륭하도다. 나는 오늘 포정을 만나서 삶을 기

르는 방법인 양생養生을 터득했도다.

완전한 몸이 자유는 아니다

공문헌公文軒이 우右장군의 알현을 받고 놀라움을 감추지 못했다. 그래서 자리에 앉기도 전에 다짜고짜 물었다.

공문헌: 아니 이게 어떻게 된 일인가? 어찌하여 한쪽 발이 잘렸는가? 하늘이 그랬는가, 아니면 사람이 그랬는가?

우장군: 하늘이 이렇게 만들었지 사람이 그런 것은 아닙니다. 처음에 하늘이 사람을 점지할 때는 혼자였지만 사람들은 무리를 짓고 살아갑니다. 이로써 하늘의 뜻임을 알 수 있습니다. 꿩은 비와 이슬을 맞으며 열 걸음에 한 번 쪼을 먹이를 만나고, 백 걸음에 한 번 마실 물을 만납니다. 비록 그렇다 할지라도 울타리 안에 갇혀서 살아가기를 원하지는 않습니다. 울 안은 먹고 살기야 넉넉하겠지만 자유가 없기 때문입니다.

생사의 고에서 벗어나는 길

진실秦失은 노자가 죽었다는 소식을 듣고 조문을 갔는데, 영전에서 세 번 곡하고는 이내 나와버렸다. 노자의 제자가 의아해하면서 물었다.

제자: 선생께서는 망자와 절친한 사이가 아니셨는지요?

진실: 맞네, 친한 친구였지.

제자: 그렇다면 이처럼 대충 조문을 하셔도 괜찮다는 말씀이십니까?

진실: 나도 처음에는 그가 존경할 만한 인물이라고 생각을 했었지. 그렇지만 지금은 아니라네. 조금 전에 내가 조문을 하면서 보니까 늙은이들은 자기 자식을 잃은 것처럼 곡을 하고, 젊은이들은 육친을 잃은 것처럼 곡을 하고 있었네. 이렇게 조문객들이 몰려든 것은 죽은 이가 생전에 사람들에게 그렇게 하게끔 말과 행동을 해왔기 때문이야. 물론 죽은 노자는 슬퍼해달라거나 울어달라고 부탁하지는 않았겠지만, 말이 없는 가운데 그렇게 해주기를 바라고 있었던 것이 되네. 이것은 하늘의 이치를 벗어나고 인간 본연의 진실을 외면하는 처사일세. 이를 두고 옛사람들은 천리에 어긋나는 죄라고 하였다네. 노자가 태어난 것은 때를 만난 것이요, 죽은 것은 자연에 순응하는 것이라네. 하늘이 정해준 때를 편히 여기고 천리에 순응하면 기쁨과 슬픔이 들어올 수 없지. 옛사람들은 이를 일러 천제天帝가 준 생사의 고苦에서 벗어나는 길이라고 하였다네. 손으로 땔나무 지피기를 그쳐도 불이 번지게 되면 꺼질 줄 모르는 것일세.

양생주는 삶을 길러주는 주인이라는 뜻이다. 하지만 좀 더 광의로 해석해보면 참된 인생을 살아가는 방법이라고 볼 수 있다. 참된 인생을 살아가려면 현명해야 하고 현명해지려면 먼저 배워야 한다. 그런데 사람들은 지식을 추구할수록 점점 더 겸손해지는 것이 아니라, 얄팍한 지식을 드러내지 못해 안달을 하고 여기저기에 적용해보려고 애를 쓴다. 이를 경계하여《탈무드Talmud》에서는 "현인이라 하더라도 지식을 자랑삼아 뽐내는 자는 무지를 부끄러워하는 어리석은 자만 못하다"고 하였다. 그래서 본 장에서도 첫머리에서부터 지식의 위험성에 대하여 드러내놓고 지적하였다. 그 이유는 우리가 여러 가지 방법으로 추구하는 모든 지식은 우리 인간의 욕망을 충족하는 수단으로 전락하였기 때문이다.

새로운 지식이라는 것도 결국은 새로운 욕망에서 비롯되는 것이며, 그 인간의 욕망이란 끝이 없기 때문에 올바른 삶을 영위하기가 어려워진다. 결국 큰 사고나 돌이킬 수 없는 불상사와 마주쳐야만 멈춘다. 그래서 얼마나 많이 아느냐가 중요한 것이 아니라 무엇을 아느냐가 중요하다. 장자는 유한한 인생이 무한한 지식을 추구하면서 똑똑한 척하고, 잘난 척하는 것 자체가 비극이라고 보았다. 욕망에서 비롯된 앎을 버려야 참된 인생을 살아갈 수 있기 때문이다. 따라서 본 장에서는 유한한 인생으로 무한한 지혜를 따르면 위태롭고, 생명의 유한성을 무시하고 앎이 가리키는 대로 끝없이 달려간다면 단 하루도 평안한 날이 없게 된다고 한 것이다.

포정해우庖丁解牛에서는 백정이 소를 해체하는 솜씨를 빌려서 삶을 기르는 방법에 대하여 설명하였다. 포정은 성이 포 씨이고 이름이 정이라는 조금은 생뚱맞고 심술궂은 작명이다. 백정은 중국 고대 사회에서도 그랬지만 한국의 오랜 역사 속에서도 가장 비천한 직업에 속했다. 그래서 모두가 기피하였으므로 대를 이어서 하도록 명시하였으니, 아버지가 백정이면 자식은 자동으로 백정이 되는 것이다. 이처럼 구제받을 수 없이 타고난 운명이 현실적으로 추구할 수 있는 것은 가축을 잘 잡는 일밖에 없었다. 제한된 상태에서 가축을 잡는 일을 자신만의 예술로 승화시키고 거기서 참된 자유를 느끼는 것뿐이었다. 그래서 포정은 소를 눈으로 보지 않고 정신으로 대한다고 했던 것이다. 또한 매사에 임할 때 자신을 버리고 어떤 대상에 대한 의식이나 분별없이 자연의 순리에 따르는 것, 그것이 바로 백정이 삶을 기르는 유일한 방법이었다.

여기에 등장하는 포정은 가상의 인물이지만, 문혜왕은 전국시대 양梁나라에 실제로 존재했던 인물이다. 임금은 한 나라의 지존이었지만 백정은 천민이었으니 아주 극과 극의 신분이었다. 그런데 천민이 지존을 상대로 도에 대하여 논하고 있으며, 지존인 문혜왕은 천한 백정으로부터 양생을 터득했다며 감탄하는 모습으로 묘사하였다. 전국시대의 사회상으로 보았을 때, 천한 백성이 일장 연설을 하고 왕이 경청을 하며 박수를 친다는 것 자체가 역발상이다. 하지만 장자는 도에 있어서만큼은 남녀노소가 따로 없고 위아래가 따로 없다는 것을 강조하기 위해서 우화로 보여주었다.

제4장

인간세人間世

사람들이 살아가는 세상

인간세는 말 그대로 사람들이 살아가는 세상이다. 장자는 인간의 지식에 대해서는 부정적으로 평가하는 측면이 있었다. 그렇다고 사람들이 살아가는 세상이나 사회의 구성까지 부정하는 것은 아니었다. 그렇기 때문에 평범하고 세속적인 세상을 어떻게 살아가야 바람직한가에 대하여 본 장에서는 논하고 있다. 또한 속된 세상이라고 해서 은둔하거나 도피하라고 말하지 않는다. 그러나 자기 자신을 먼저 보존한 연후에 남을 살피라는 조금은 이기적인 행동을 은근히 권하고 있다. 본 장에서는 공자를 전면으로 등장시켰다. 공자의 입을 통하여 덕과 지혜와 명성에 대하여 말하고 있다. 덕은 명성에서 무너지고, 지혜는 경쟁에서 나타나며, 명성은 서로 헐뜯게 하고, 지혜는 경쟁의 도구라고 하였다. 여기서도 장자는 사회생활을 원만하게 하기 위해서는 비우라고 한다. 비우고 또 비워서 쓸모가 없음의 쓰임으로 채워가라고 강조하고 있다. 그런 그의 사상을 바탕으로 펼쳐지는 예리하고 맛깔스러운 이야기들을 지금 만나볼 수 있다.

마음의 재계

공자의 제자인 안회顔回가 먼 길을 떠나게 되었다. 그래서 한동안 뵐 수 없을 것이라며 작별인사를 하러 찾아왔다.

공자: 행선지는 어디로 정하였는가?

안회: 위衛나라로 가려고 합니다.

공자: 굳이 위나라로 가려는 목적이 따로 있는가?

안회: 제가 듣기로 위나라 임금은 나이가 젊어서 행실이 독선적이며, 국정을 가볍게 운용하면서도 지나침을 알지 못한다고 합니다. 또한 백성들의 죽음을 가벼이 여겨서 죽은 자가 나라에 가득하고, 국토는 황폐화되어 백성들은 갈 곳이 없다고 합니다. 일찍이 선생님께서 말씀하시기를 "잘 다스려지는 나라에는 할 일이 없다. 어지러운 나라로 가서 도움을 주어야 한다. 그것은 마치 병자를 위해서 의원이 필요한 것과 같다"라고 하셨습니다. 그래서 저는 선생님의 말씀에 따라 위나라의 병을 치료해주려고 합니다.

공자: 네가 가보았자 치료는커녕 형벌이나 받게 될 것이 뻔하다. 도는 잡스럽지 않고 순수해야 한다. 잡스러우면 일이 많아지고, 일이 많아지면 혼란스러워지고, 혼란스러워지면 근심이 생기고, 근심이 생기면 남을 구제할 수 없게 된다. 옛날의 지극한 사람들은 자기를 먼저 보존한 연후에 남을 살피라고 하였다. 네 자신이 불안정한데 폭군의 잘못을 어떻게 지적할 수 있겠느냐?

너는 왜 덕을 잃고 지식에 의존하게 되었는지를 아느냐?

덕을 잃게 된 것은 명예를 얻으려 했기 때문이고, 지식에 의존하게 된 것은 다툼에서 이기기 위해서는 지식이 필요했기 때문이다. 그러므로 명예는 서로 헐뜯게 하고 지식은 경쟁의 도구가 되는 것이다. 이 둘은 흉기와 다를 바 없으니 함부로 쓸 만한 것이 못 된다. 후덕하고 신의가 굳은 사람은 다른 사람의 감정을 헤아리지 못한다. 또한 명성이 있고 다투지 않는 사람은 인심을 헤아리지 못한다. 강직함과 인의로서 이치에 합당한 말일지라도 폭군 앞에서 하게 되면, 남의 악함으로써 자신의 선함을 자랑하는 꼴밖에 되지 않는다. 선으로 재앙을 부르는 사람이 되는 것이다. 따라서 이것은 남을 해치는 일이 되고, 남을 해치게 되면 자기 자신도 반드시 위해를 당하게 된다.

만약 위나라 임금이 어진 사람을 좋아하고 불초한 사람을 멀리한다면 굳이 네가 갈 필요도 없다. 그는 지금 손을 댈 수 없을 정도로 잘못된 왕이라서 그렇지, 위나라에도 너만 한 인물은 있다. 그런데 네 의견 따위에 귀를 기울이겠느냐? 네가 입을 열기도 전에 권세로 누르고 이론으로 물리칠 것이다. 그러면 너는 변명만 늘어놓게 될 것이고, 그러다 보면 초심은 온데간데없고 상대방이 의도하는 대로 이끌려 다니게 될 것이 뻔하다. 일이 이렇게 벌어진다면 마치 불에 기름을 들이붓는 꼴이 된다. 또한 상대방의 신임도 얻지 못한 채 눈치 없이 간언이라도 하게 되는 날에는 포악한 사람들 앞에서 죽임을 당하게 될지도 모른다.

옛날 관용봉關龍逢은 걸왕에게 죽임을 당하였고, 비간比干은 주왕紂王에게 죽임을 당하였다. 관용봉과 비간은 세상에 이름이 알려진 어진 사람들이었다. 그들은 신하의 신분으로 임금의 잘못을 꾸짖고 백성들을 자애하여 명성을 얻고 있었다. 임금이 그들을 죽인 것은 그들의 뛰어난 인격을 미워했기 때문이다. 두 사람은 명예욕에 사로잡혀 있었기 때문에 위험에 처하게 된 것이다.

옛날 요임금은 총叢과 지枝와 서오胥敖를 정복하고, 우禹임금은 유호有扈를 정복하였다. 그 결과 네 나라의 임금은 죽고 백성들은 흩어졌으며 나라는 망하고 말았다. 이들 네 나라의 임금들은 그동안 이익만 추구한 나머지 끊임없이 전쟁을 되풀이해왔다. 그처럼 명예와 이익에 몰두한 것이 그들을 죽음으로 몰고 간 원인이다. 이 이야기를 너만 듣지 못한 것은 아니겠지만, 명성과 이익이라는 것은 성인이라 할지라도 어쩔 수가 없는 것이다. 그런데 하물며 네가 어찌하겠다는 것이냐? 그러나 네게도 혹시 복안이 있다면 한번 말해보거라.

안회: 저는 절대로 지조를 굽히지 않고 왕을 업신여기지도 않을 것입니다. 또한 명예나 이익에도 한눈팔지 않고 오직 이상을 실현시키는 데만 전심전력을 다할 것입니다. 그러면 어떻겠습니까?

공자: 참으로 어리석은 소리를 하는구나. 위나라 임금은 정기로 가득 찬 인물이라서 자신감이 넘치고, 얼굴빛은 일정하지 않아서 보통 사람들은 그의 뜻을 헤아리지 못한다. 그래서 신하들은 눈치를 살피기에 여념이 없고, 위나라 임금은 그것을 이용하여 자신의 생각대로 밀고나가는 것이다. 그런 폭군을 상대로 네 방법을 쓴다면 큰 덕은커녕 작은 덕조차도 성취시킬 수 없다. 네가 뭐라고 하든 위나라 임금은 자신의 행

동을 고치려 하지 않을 것이며, 설령 네 말대로 따르는 것처럼 보일지 몰라도 그것은 외형일 뿐 진심으로 반성할 생각은 없을 것이다. 그래도 괜찮을 수 있겠느냐?

안회: 그렇다면 저는 마음속은 곧게 지니고 겉모양은 공손히 하여 위나라 임금을 거역하지 않고, 직접적인 비난은 피하며, 모두 옛사람들의 말을 빌려서 의견을 표현하면 어떻겠습니까?

첫 번째, 마음속의 본성을 해치지 않는 것은 하늘을 따르는 것입니다. 하늘을 따른다면 왕이나 저나 본래 구분이 없음을 알게 됩니다. 그렇게 된다면 제 의견이 왕에게 채택되든 말든 조금도 염두에 두지 않게 될 것입니다. 이런 경지에 도달한 사람은 어린아이와 같다고 말할 수 있습니다.

두 번째, 겉으로 위나라 임금을 거역하지 않는 것은 곧 세속을 따르는 것입니다. 무릎을 꿇고 몸을 굽히는 것은 신하의 예의입니다. 남들이라고 다하는데 저라고 못할 것이 없습니다. 누구나 다 행하는 것이므로 비난받을 여지도 없습니다.

마지막으로, 옛사람의 말을 빌려서 의견을 제시한다는 것은 옛사람을 따르는 것입니다. 실제로 임금을 비난하고 반성을 촉구하는 말일지라도 옛사람의 말을 빌려서 표현하게 되면, 형식적으로는 옛사람의 말이므로 제 의견이 아닙니다. 그렇게 되면 좀 더 과감한 발언을 한다고 해도 결코 원성을 사지는 않을 것입니다. 이러한 방법으로 하면 어떻겠습니까?

공자: 그것 역시도 좋지 않다. 지금 네 말을 듣자하니 바르게 한다는 것이 너무 많다. 하늘과 옛사람을 본받는다는 것만으로는 안심할 수 없다. 겨우 죄를 받는 것만 면할 수 있을 것

이다. 그런 것으로 어찌 남을 회유할 수 있겠느냐? 그저 네 마음을 네 스승으로 삼는 것뿐이다.

안회: 그렇다면 저로서는 더 이상의 방도가 없습니다. 어찌하면 좋겠습니까?

공자: 재계齋戒를 한다면 내가 너에게 방도를 알려주겠다. 네 몸과 마음을 깨끗이 하고 행동한다면 어찌 불가능한 일이 있을 수 있겠느냐? 쉽게 이루려 덤비지 않고 온 정성을 다한다면 하늘도 마땅하게 여길 것이다.

안회: 선생님께서도 아시는 바와 같이 저의 집은 가난해서 술과 고기를 먹어본 지가 몇 달째 됩니다. 이만하면 재계를 하고 있다고 보아도 되지 않겠습니까?

공자: 그것은 제사 지낼 때의 재계이지, 내가 말하는 마음의 재계가 아니다.

안회: 그럼 마음의 재계가 무엇인지 여쭙고자 합니다.

공자: 너의 뜻을 하나로 통일하여 귀로 듣지 말고 마음으로 듣도록 하여라. 그다음에는 마음으로 듣지 말고 기氣로써 듣도록 해야 한다. 귀는 듣는 데서 그치고 마음은 느낌을 받아들이지만, 기운이란 텅 빈 상태로 사물에 응하는 작용을 한다. 도道란 텅 빈 곳에 모이게 마련이다. 그러므로 텅 비게 하는 것이 바로 마음의 재계인 것이다.

안회: 아, 그렇군요. 제가 지금까지 가르침을 받지 못했을 때는 제 자신에게 얽매여 있었습니다. 그런데 도 앞에서 저 같은 존재는 아무것도 아니군요. 이제야 가르침을 받고 눈을 뜨게 되었습니다. 이제는 텅 비었다고 말할 수 있을 것 같습니다.

공자: 그렇다면 다 된 것 같구나. 네가 위나라에 들어가서 활동

하려면 우선 명성을 생각하지 말아야 하며, 받아들이면 화답하고 받아들이지 않으면 거기서 그쳐야 한다. 나를 내세우지 말고 내 생각을 앞세우지 말 것이며, 언제나 순수한 마음을 유지해야 한다. 그러면서 매사가 어쩔 수 없이 되는 것처럼 처신한다면 거의 완벽하게 될 것이다. 행적을 숨기는 것은 쉽지만, 흔적을 남기지 않는 것은 어렵다. 사람에게 부림을 당할 적에는 그대로 하기가 쉽지만, 하늘의 부림을 당할 적에는 그대로 하기가 어렵다. 날개를 가지고 나는 새는 있어도 날개 없이 나는 새가 있다는 말은 들어보지 못했다. 지각을 가지고 무엇을 안다는 말은 들어보았어도, 지각도 없이 무엇을 아는 사람이 있다는 말은 들어본 적이 없다.

방이 텅 비어 있을수록 더 많은 빛이 들어오듯이 마음이 무에 가까우면 가까울수록 도의 활동은 현저해진다. 무심의 경지에 도달하지 않는 한 잠시도 마음이 평안할 수 없다. 복된 것은 오로지 멈춤에 있는데, 멈추지 못한다면 이를 좌치坐馳라고 하는 것이다.

외계의 사물은 들리고 보이는 그대로 받아들이는 것이 좋다. 그것을 지각이나 앎으로 해석하거나 시시콜콜하게 따지려해서는 안 된다. 이 경지에 도달하면 귀신도 움직일 수 있게 된다. 하물며 인간이야 두말할 것이 있겠느냐? 이것이 바로 인간이 만물에 호응하는 것으로서 우임금이나 순임금도 법도로 삼았던 것이다. 복희씨伏羲氏나 궤거几蘧와 같은 제왕들이 평생토록 실행했던 요점도 바로 이것이었다. 그러니 한낱 범인이 이 무심을 목표로 삼아야 하는 것은 너무나도 당연한 일이다.

성질을 따르다

위나라 영공靈公은 노魯나라의 안합顔闔을 태자의 사부로 삼았다. 태자의 사부로 부임하게 된 안합은 즉시 위나라의 대부인 거백옥蘧伯玉을 찾아가 자문을 구하였다.

안합: 여기에 한 사람이 있는데 그의 덕은 각박하기 짝이 없습니다. 그대로 두면 나라를 망치는 장본인이 될 것이며, 그렇다고 무리하게 바로잡으려 들면 자기가 죽게 될 처지에 놓여 있습니다. 그의 지혜는 남의 과오는 잘 알지만 자기의 허물은 모릅니다. 어찌하면 좋겠습니까?

거백옥: 잘 물어보셨습니다. 우선 경계하고 조심하면서 몸을 바르게 해야 합니다. 몸은 그를 따르고 마음은 그와 화합하는 것이 좋습니다. 그렇지만 이 두 가지에도 걱정이 따릅니다. 따르되 빠져들지 않아야 하고, 화합하되 드러내지 않아야 합니다. 만약 그를 따르다가 몰입하게 되면 추락이요, 붕괴요, 전복이요, 파멸에 이르게 됩니다. 또한 그와 화합하면서 자신을 드러내려 한다면 명성을 뒤쫓다가 재난을 당하는 꼴이 됩니다. 그가 어린아이가 되면 그와 더불어 어린아이가 되어야 합니다. 그가 분수없는 짓을 하면 같이 분수없는 사람이 되어야 합니다. 그가 허물없이 굴면 그와 더불어 허물없이 행동해야 합니다, 여기에 통달하게 되면 무탈한 경지로 들어가게 될 것입니다.

그대는 저 사마귀를 알고 계십니까? 그놈이 화가 나면 두 팔을 벌리고 마차를 막으려 합니다. 자기가 감당해내지 못한다는 것을 알지 못하기 때문입니다. 자신의 재능과 장점만 믿고 있는 거지요. 그러니 경계하고 조심해야 합니다. 사마귀처럼 자신의 재능만 부각시키고 장점만 드러낸다면, 결국은 그를 범하는 것과 같은 것이니 위태로워집니다.

그대는 혹시 호랑이 기르는 사람을 알고 계십니까? 사육사는 결코 산 동물을 먹이로 주지 않습니다. 먹잇감을 죽이려고 호랑이가 살기를 띠기 때문입니다. 식욕에 따라 먹이를 조절하면서 주게 되면, 어느 사이엔가 호랑이는 무서운 살기를 버리게 되지요. 그렇게 길들여 가는 것입니다. 그것은 호랑이의 성질에 따르기 때문에 가능한 일입니다. 그와 반대로 호랑이에게 잡아먹히는 것은 성질을 거스르기 때문입니다. 말을 사랑하는 자는 광주리로 똥을 받고 귀한 술잔으로 오줌을 받아내기도 합니다. 그런데 모기나 등에가 말 등에 붙어 있을 때 갑자기 때리기라도 하면, 말이 놀라서 재갈을 끊고 주인의 머리와 가슴을 걷어찰 것입니다. 갑자기 노여움이 생겨서 그간의 사랑을 잠시 잊어버리는 것입니다. 이런 일을 저지르지 않도록 조심해야 합니다.

명이 긴 나무

남백자기南伯子綦가 상구商丘 지방을 여행하고 있을 때 유난히 눈에 뜨이는 큰 나무가 있었다. 가까이 다가가서 보니 말이나 소를 수천 마리 매어놓아도 그 그늘에서 쉴 수 있을 정도였다. 둘레는 백 아름이나 되고 높이는 산을 굽어볼 정도였다.

남백자기는 혼잣말로 중얼거리기를 "대체 이게 무슨 나무일까? 틀림없이 좋은 목재로 쓰이게 될 것이다"라고 하면서 자세히 쳐다보았다. 그런데 웬일인가. 가지는 꾸불꾸불하여 서까래나 기둥이 될 수 없었다. 머리를 숙이고 나무의 부리를 보니 속이 텅 비어서 관으로도 쓸 수 없었다. 냄새를 맡아보니 역하여 사흘이나 깨어나지 못할 정도였다. 나뭇잎을 씹어보았더니 금방 입이 부르트고 쓰라렸다.

남백자기는 다시 혼잣말로 "그렇구나, 재목감이 못 되는 나무라서 이렇게 클 수 있었구나. 아! 이처럼 신인神人들도 재목감이 못 되었기에 오래오래 장수할 수 있었구나"라며 중얼거렸다.

상서로운 것들

송宋나라에 형씨荊氏라는 부족이 사는 마을에는 오동나무 잣나무 뽕나무가 잘 자랐다. 그중에 한 아름이나 두 아름 이상으로 자란 나무가 있으면 원숭이 말뚝으로 베어가고, 서너 아름이 되면 큰 집의 들보가 필요한 사람이 베어갔다. 일곱여덟 아름이 되는 것이 있으면 귀족이나 부잣집에서 관을 만들 재목으로 베어갔다. 그러므로 그 나무들은 천수를 다하지 못하고 중도에 도끼에 찍혀 죽고 말았다. 이 나무들은 세상 사람들에게 쓸모가 있었기 때문이다.

예로부터 액운을 제거하고 행운을 비는 해사解祠에는 이마가 흰 소나 코가 흰 돼지나 치질을 앓는 사람은 절대로 신에게 제물로 바치지 않았다. 이들은 육안으로도 이상하게 보이지만, 불길해서 신에게 바쳐서는 안 된다고 무당이나 축관들이 믿었기 때문이다. 그러나 이에 반하여 신인神人들은 오히려 크게 상서로운 것으로 생각하며 길하다고 여겼다.

예전에 이름이 지리소支離疏라는 불구자가 있었다. 그의 턱은 배꼽에 숨고, 어깨는 머리보다 높았으며, 등덜미는 하늘을 가리키고, 오장은 머리 위에 있었으며, 두 다리는 옆구리에 와 있었다. 그럴지언정 바느질을 하여 입에 풀칠하며 살기에는 충분하였다. 점을 치면 쌀을 얻으니 열 식구를 족히 먹여 살릴 수 있었다. 나라에서 병사를 징집해서 사람들이 피해 다녀도 지리소는 군의 막사 앞에서 팔을 휘저으며 놀았다. 나라에 큰 부역이 있어도 지리소는 공역을 배당받지 않았다. 그러나 나라에서 불구자들에게 곡식을 나눠줄 때에는 쌀 세 가마와 열 묶음의 땔나무를 받았다. 몸이 불구인 자도 족히 자신을 보양保養할 수 있고 타고난 목숨대로 천수를 다한다. 그런데 덕이 불구인 병신이라면 더 말해서 무엇하겠는가?

쓸모없는 것의 쓰임

공자가 초楚나라에 갔는데 접여가 객사 앞을 지나가며 이렇게 노래를 불렀다.

"봉새야, 봉새야. 어찌하여 그대의 덕이 쇠하였느냐?
미래는 기대할 수 없고, 과거는 돌이킬 수 없다네.

천하에 올바른 도가 행해지면 성인은 교화를 이루고
천하에 올바른 도가 행해지지 않으면 성인은 자기 삶을 보전한다네.
현재의 시국은 형벌을 면하기도 바쁘다네.
복은 깃털보다 가벼운데 그것을 잡을 줄 모르고
화는 대지보다 무거운데 그것을 피할 줄 모른다네.
아서라 그만두어라. 남을 덕으로 다스리는 것을!
위태롭다 위태로워, 땅을 가려가며 쫓아다니는 짓이!
미혹된 가시밭길아 나의 가는 길 그르치지 마라.
내가 가는 좁은 길아 나의 발을 해치지 마라.
나무는 스스로 자라 베어지고, 등잔불은 스스로 몸을 태우는구나.
계피는 먹을 수 있어 베이고, 옻나무는 옻 때문에 껍질이 벗겨진다.
사람들은 쓸모 있는 것은 쓸 줄 알지만, 쓸모없는 것은 쓸 줄 모른다."

붙임 말

장자는 어슬렁거리며 유유자적하게 노니는 소요유의 삶을 추구하는 사람이었을 뿐, 뒤에서 수군거리는 현실도피자들과는 거리가 멀었다. 오히려 세속적인 문제와 맞부딪혔을 때는 결코 두려워하거나 뒷걸음질 치지 않는 스타일이었다. 그는 도가의 이치를 완성한 사상가로 널리 알려져 있지만, 그의 글을 자세히 들여다보면 빼어난 시인이었다. 수려한 문장을 수놓는 수필가이며, 자기만의 완벽한 사상과 이념을 통찰하고 있는 철학자였다. 또한 장자가 만들어낸 우화나 설화들을 현대문학의 관점에서 본다면 범인들은 감히 따라갈 수도 없고 흉내 낼 수도 없는 소설가이기도 했다. 그것은 공자와 안회가 만나서 나누는 대화 속에서도 잘 나타난다. 공자와 안회는 가상의 인물이 아니라 실존했던 인물이지만 본 장에 실려 있는 이야기는 모두가 잘 만들어진 설화다. 그런데 주인공을 설정하는 과정에서 몸과 마음을 재계하라는 심재心齋를 강조하기 위해서였는지는 몰라도, 공자의 70여 명 제자들 중에서도 가장 수제자인 안회를 등장시킨 점은 괄목할 만하다. 그만큼 장자는 주연과 조연을 설정하는 데 있어서도 천재적인 안목이 있었다.

장자는 철학이 품고 있는 본질인 여유로움에 대하여 이렇게 표현하고 있다. "지각도 없이 무엇을 아는 사람이 있다는 말은 들어본 적이 없다. 방이 텅 비어 있을수록 더 많은 빛이 들어오듯이 마음이 무에 가까우면 가까울수록 도의 활동은 현저해진다. 무심의 경지에 도달하지 않는 한 잠시도 마음이 평안할 수 없다. 복된 것은 오로지 멈춤에 있는데, 멈추지 못한다면 이를 좌치坐馳라고 하는 것이다"라는 대목을 유심히 살펴볼 필요가 있다.

텅 빈 방으로 새하얀 빛이 비친다는 것은 욕심이 없는 텅 빈 마음의 길상이다. 즉 텅 빈 마음으로 삶의 진리가 깃든다는 것을 말한다. 그렇지만 모든 사람이 그렇게 하지는 못한다. 그래서 가만히 앉아 있는데도 욕심이 이리저리 치닫는 좌치의 상태에 놓인다는 뜻이다. 여기서 좌坐는 앉는다는 뜻이고, 치馳는 달린다는 뜻이다. 그러니 앉아서 달린다는 형상이다. 몸은 집에 있는데 마음은 밖으로 나가서 이곳저곳을 돌아다니고 있는 형국이다. 즉 몸과 마음이 따로따로 노는 것이니, 땡추중이 염불에는 관심이 없고 잿밥에만 관심이 있는 격이다. 따라서 좌치라는 두 글자에는 철학이 있고 뜻이 숨어 있으니 멈춰야 할 때 멈출 줄 알라는 경구다.

안합과 거백옥을 통해서는 천성적으로 거칠고 덕이 각박한 사람에 대해서 논하였다. 좀 더 솔직히 표현하자면 잔인한 권력자로부터 자기 자신을 지켜내는 수완에 대하여 말한 것이다. 그래서 사마귀가 앞발을 들어 수레를 멈추려는 것처럼 무모하게 권력자와 맞서지 말라는 뜻이다. 맞서게 될 경우에 그 결과는 처참한 죽음뿐이다. 호랑이를 사육하는 사람이 먹이를 산 채로 주지 않는 이유는 짐승을 찢어발기는 호랑이의 사나운 본성을 일깨울까봐 두려워하기 때문이다. 그래서 먹이의 조절로 호랑이를 길들이듯이 괴팍한 권력자의 성질에 따라서 그를 길들여야 한다고 하였다. 또한 말(馬)을 다루듯이 권력자를 갑작스럽게 놀래키거나 흥분시켜서는 안 된다고 하였다. 자칫 모기나 등에가 말 등에 붙어 있는 것을 보고 후려치면 말이 순간적으로 놀라서 자기를 극진히 보살펴주던 사람도 해친다는 것이다. 이는 어떤 대상과 공존공생하려면 그 대상을 사랑하는 것도 중요하지만, 상대방의 성향을 얼마나 잘 파악하고 거기에 맞게 대처하느냐가 관건이라는 뜻이다. 또한 인간 본연의 마음속에서 자연스럽게 우러나오는 행동이나 상대방의 본성을 따르는 행동이 가장 적절한 처신이라는 가르침이다.

접여가 노래한 봉새는《논어》에도 비슷하게 등장하는데,《논어》에서는 다음과 같이 기록하고 있다. "초나라의 광인인 접여가 공자의 앞을 지나가면서 이렇게 노래했다. '봉새야, 봉새야, 어째서 덕이 다했느냐. 과거는 돌이킬 수 없지만 미래는 대처할 수 있거늘. 아서라, 아서라. 지금 정치를 하는 사람은 위태롭구나.' 공자가 수레에서 내려와 그와 이야기를 나누고자 하였으나 종종걸음으로 피하여 만나지 못했다."

《장자》에는 공자가 묵고 있던 숙소 앞이라고 되어 있고,《논어》에는 공자가 타고 가던 수레 앞이라고 되어 있지만 내용은 비슷하다. 중요한 것은 접여의 이 노래는 짧고 간결하지만 인간의 지나친 욕망을 경계하는 명시名詩라고 평가를 받는다는 점이다. 이처럼 문학이라는 것은 어떤 대상을 통해 자기를 발견하는 상대성의 원리에 뿌리를 두고 있다. 그래서 예나 지금이나 인간의 모순을 솔직하게 드러내면서 인간다운 삶의 길을 찾아나서는 문학의 힘은 위대하다고 하는 것이다.

제5장

덕충부德充符

덕이 마음속에 충만하다

덕충부는 덕이 마음속에 충만하면 저절로 드러난다는 뜻이다. 언제나 도는 밖에 존재하는 것이고, 덕은 도가 어떤 사람의 내면에 체득되어 있다는 것을 말한다. 제아무리 권모술수와 속임수에 능할지라도 흑심을 품고 있으면 악취가 나게 마련이고, 선한 마음을 품고 있으면 향기로움이 배어나게 마련이다. 또한 덕이 안으로 꽉 들어찬 사람은 자신의 형체를 점차 잊게 되며, 형체를 잊게 되면 자연의 변화에 저절로 응할 수 있게 된다. 그래서 본 장에서는 사람의 겉모습만 보고 그 사람을 평가하려는 세상 사람들에게 쓴소리를 하고 있는 것이다. 그런 연유에서인지 덕충부에 등장하는 사람들은 모두 선남선녀가 아닌 육체적으로 불완전한 사람들이다. 장자는 왜 그렇게 편파적인 설정을 했을까? 예나 지금이나 실제로 불구자는 신체적 장애가 아닌, 생각이 어긋난 사람이라는 사실을 다시 한번 강조하기 위해서다. 따라서 본 장에서는 도를 체득해서 내면화한 사람은 그 덕에 부합하는 형상을 갖춘다는 이야기를 전개하고 있다.

마음으로 사귐을 맺다

신도가申徒嘉는 형벌로 다리가 잘린 사람이었다. 그는 정鄭나라 자산子産과 함께 백혼무인伯昏無人을 스승으로 모시고 동문수학하고 있었다. 하지만 자산은 다리가 잘린 신도가를 늘 창피스러운 존재로 생각하고 있었다. 그러던 어느 날 자산은 더 이상 참지 못하고 신도가에게 말했다.

자산: 내가 이곳을 떠날 테니 당신이 남아 있든지, 혹여 당신이 떠난다면 내가 남아 있겠소.

이튿날 두 사람은 백혼무인의 집에서 또다시 만났다. 자산이 이번에는 신도가에게 다그치듯이 말했다.

자산: 돌아갈 때는 따로따로 갑시다. 내가 먼저 갈 테니 당신은 뒤에 오시오. 그게 싫거든 당신이 먼저 가시오. 나는 지금 가려고 하는데 어찌하겠소? 일국의 재상인 나를 보고도 길을 비키지 않으니, 당신이 나와 신분이 같다고 생각하는 거요?

신도가: 선생님의 문하에 재상 따위가 어디 있으며, 설령 당신이 재상이라고 할지언정 남을 업신여기고 얕잡아볼 수 없는 법이오. 거울이 맑은 것은 먼지와 때가 묻지 않았기 때문이고, 먼지와 때가 묻으면 거울은 맑을 수 없다고 하였소. 당신은 선생님의 덕을 배우는 사람이면서도 이런 말을 하고 있으니 큰 잘못이 아닌가?

자산: 당신은 그런 꼴을 하고도 요임금의 반열에 들어 나와 어

깨를 나란히 하려고 하다니, 형벌을 받아 병신이 된 당신의 덕을 헤아린다면 평생을 반성해도 부족할 것이야.

신도가: 자신의 잘못을 변명함으로서 형벌을 받지 않은 자는 많지만, 자신의 잘못을 변명하지 않음으로서 형벌을 받은 자는 별로 없다네. 어쩔 수 없음을 알고 운명을 따르는 것은 덕이 있는 사람만 할 수 있는 일일세. 활 잘 쏘는 예羿의 사정거리 안에서 얼쩡거리면 모두가 화살을 맞을 자리에 있는 것이지. 그런데도 맞지 않았다는 것은 운명일세. 사람들 중에는 자기의 다리가 온전하다고 해서 나의 불완전한 다리를 보고 비웃는 사람이 많다네. 그럴 때마다 화가 나지만, 선생님 앞에만 가면 곧 다 잊고 돌아온다네. 선생님의 훌륭한 덕이 나를 씻어주는 것이지. 나는 선생님을 따라 가르침을 받은 지가 19년이 되었지만 내가 절름발이라는 것을 의식한 적이 없었다네. 지금 우리는 마음으로 사귐을 맺어야 하는데, 몸뚱어리의 겉모양만을 문제 삼고 있으니 잘못된 것이 아닌가?

자산은 그제야 부끄러운 듯 얼굴을 붉히고, 자기가 잘못하였으니 그만하자며 사과하였다.

하늘이 내린 벌은 풀 수 없다

노나라에 숙산무지叔山無趾라는 사람이 살고 있었는데, 죄를 짓고 발뒤꿈치가 잘리는 월형刖刑을 받았다. 어느 날 다리를 절뚝거리며 공자를 찾아왔다.

공자: 그대는 근신하지 않았기 때문에 죄를 범하고 이리 되었소. 이제 와서 나를 찾아온들 무슨 소용이 있겠소?

숙산무지: 저는 힘써야 할 일에 대하여 제대로 알지 못하고, 몸을 가벼이 써왔기에 다리를 잃었습니다. 제가 찾아온 것은 다리보다도 더 소중한 것이 남아 있기 때문입니다. 그것을 온전하게 지키고 싶습니다. 하늘은 모든 것을 덮어주고 땅은 실어주고 있습니다. 저는 선생을 그런 하늘과 땅처럼 여겼는데 이렇게 박대하실 줄은 몰랐습니다.

공자: 아, 내가 잠시 소견이 좁았습니다. 어서 들어오시오. 내가 아는 바를 얘기해드리겠습니다.

하지만 숙산무지는 그대로 나가버렸다. 공자가 제자들에게 말하기를 "너희들은 열심히 배우거라. 숙산무지는 죄를 받은 몸인데도 더 깨우쳐서 지난 과오를 씻고자 한다"라고 하였다. 그런 일이 있은 후 숙산무지는 노자를 찾아가서 말했다.

숙산무지: 공자는 수양할 자격이 없는 사람 같습니다. 그런데도 선생께서 자주 가르치시는 것은 무슨 까닭입니까? 그는 자신의 괴상한 명성이 알려지기를 바라고 있는 것 같은데, 결국에는 그로 인해 자신이 속박된다는 것을 모르고 있는 것 같습니다.

노자: 내 어찌 삶과 죽음을 한가지로 여기게 하고, 가능한 것과 불가능한 것이 한가지임을 가르쳐주지 않았겠소. 정 그렇다면 그대가 공자의 어리석음을 깨우쳐줄 수도 있는 것 아니겠소.

숙산무지: 공자의 어리석음은 하늘이 내린 형벌인데 어찌 제가 풀어줄 수 있겠습니까?

온전한 재주

노나라 애공哀公은 애태타哀駘它가 어떤 인물인지에 대하여 공자에게 물었다.

애공: 위나라에 추하게 생긴 사람이 있는데 이름이 애태타라고 하였소. 남자들이 그와 더불어 생활하면 그를 좋아해서 떠나지 못하고, 여자들은 첩이라도 좋으니 그의 옆에만 있게 해달라고 부모를 조른다 하오. 그러나 이 사내는 남의 이야기만 들어줄 뿐, 앞장서서 자신의 의견을 주장하는 일이 없다는 거요. 그저 언제나 사람들과 화합할 따름이라는 것이오. 벼슬도 없고 재산도 없는 데다가 천하에 둘도 없이 못생긴 남자요. 지식도 짧고 신념도 없어서 무엇 하나 취할 바가 없으나, 사람들이 좋아하니 무엇인가 특별한 게 있을 것 같아서 내가 그를 불렀다오. 과연 소문처럼 보기 드문 추남이었소. 그러나 함께 지낸 지 몇 달이 지나지 않아 과인은 그의 사람됨에 마음이 끌리기 시작했소. 그리고 1년도 못 되어 그를 신뢰하게 되었고, 마침 재상 자리가 비어 있기에 그에게 국정을 맡기려 했으나 별로 관심이 없어 보였소. 그가 몇 번 사양하기에 반강제로 떠맡겼는데 얼마 지나지 않아 어디론가 떠나버렸소. 그 뒤로 과인은 슬픔에 잠겨서 밥맛도 잃고

있소이다. 그는 도대체 어떤 인물이기에 그런 것이오?

공자: 제가 일찍이 초나라에 갔을 때, 새끼 돼지가 죽은 어미의 젖을 빨고 있는 것을 보았습니다. 조금 지나자 새끼 돼지들은 놀란 듯이 어미를 버리고 달아났습니다. 자기들을 돌보아 주지도 않고 느낄 수도 없으니 살아 있을 때의 어미가 아님을 알아차렸기 때문입니다. 새끼 돼지들은 어미의 마음이 아니라 그 몸뚱어리를 사랑한 것입니다. 전장에서 죽으면 장사 지낼 때 관에 깃털 장식을 하지 않고, 발꿈치가 잘린 자는 좋은 신에 관심이 없습니다. 그것은 외형보다는 내실을 더 중히 여기기 때문입니다. 천자를 모시는 시녀가 되면 몸에 장식을 금하고, 새 신랑은 타지 근무를 시키지 않고 공역도 면제해줍니다. 어느 것이나 몸을 보존하려는 것이니 이처럼 육체가 온전하면 족하거늘, 온전한 덕을 보존하는 것이야 두말할 나위가 있겠습니까? 지금 애태타는 자기 의견을 내세우지 않고도 신뢰를 받았고, 공적도 없이 사랑을 받았으며, 나라를 맡기면서도 받지 않을까 오히려 임금이 걱정할 정도였습니다. 그는 반드시 온전한 재능을 가졌으면서도 그 덕을 드러내지 않은 사람일 것입니다.

애공: 그렇다면 온전한 재능이란 무엇이오?

공자: 삶과 죽음, 성공과 실패, 가난함과 부유함, 현명함과 우매함, 칭찬과 비난, 명예와 오욕, 춥고 더운 것 등은 사물이 변화하는 모습이고 운명의 흐름입니다. 밤낮으로 끊임없이 우리 앞에서 전개되고 있지만, 인간의 지혜로는 그 인과관계를 알 도리가 없습니다. 그래서 변화는 만물의 조화를 어지럽히지 못하고 마음속으로 스며들지 않아야 되는 것입니다. 그런

마음으로 조화됨으로서 즐겁게 통달하고, 충실함을 잃지 않으면, 밤낮으로 변화가 들어올 틈이 없어서 만물과 어울리게 되는 것입니다. 이것을 온전한 재능이라고 합니다.

애공: 그럼 덕이 밖으로 드러나지 않는다는 것은 무슨 말이오?

공자: 고요히 멈춰 있는 물은 모든 사물의 높이를 계산하는 기준이 됩니다. 물은 본성을 안에 지니고 있으면서도 밖으로 나타내지 않기 때문에 수평을 유지할 수 있습니다. 덕이란 만물과 일체가 되어 그것을 포용하는 것입니다. 덕의 소유자는 고인 물과 같아서 사람들이 떠나지 못하게 되는 것입니다.

훗날 애공이 공자의 제자인 민자건閔子騫에게 말하였다.

애공: 나는 임금으로서 나라를 다스리고 백성들을 풍요롭게 하는 것만이 최상의 정치라고 생각했었소. 그러나 공자로부터 지인至人의 이야기를 듣고 나서야 내 실질이 없음을 알고 두려운 마음이 들었소. 하마터면 내 몸을 경솔히 하여 나라까지 망칠 뻔했소. 그것을 일깨워준 공자는 나의 신하가 아니라 덕으로 맺어진 친구요.

위대한 성인의 덕

절름발이에 꼽추인 사람이 위나라 영공에게 유세를 하였는데, 영공은 그에게 설복되었다. 그 후로 멀쩡한 사람을 보면 목덜미가 가늘고 긴 것이 오히려 이상하게 보였다. 커다란 혹이 달린 사람이 제나라 환공桓公에게 유세를 하였는데, 환공은 그에게 설복되었다. 그 후로 멀쩡한 사람을 보면 목덜미가 가늘고 긴 것이 오히려 이상하게 보였다. 그러므로 본성이 뛰어나면 겉모습의 흠 따위는 묻히게 된다. 그래서 덕은 오래가고 형체는 잊히기 쉽다고 하는 것이다. 그러나 사람들은 잊어야 할 것은 잊지 않고, 잊지 말아야 할 것을 잊는다. 이것은 경중을 가리지 못하고 앞뒤를 분간하지 못하는 것과 같다.

성인은 속박이 없는 무위자연에서 노닌다. 그래서 지혜는 번거로운 것이라 하고, 약속은 사람을 제약하는 것이라 하며, 인의의 덕은 교제하기 위함이고, 교묘히 꾸미는 것은 장사를 하기 위함이다. 그러나 성인은 일을 꾀하지 않으니 지혜를 어디에 쓸 것이며, 쪼개어 갈라놓지 않으니 새끼줄을 어디에 쓰고, 잃음이 없으니 덕을 어디에 쓸 것이며, 이익을 추구하지 않으니 상인을 어디에 쓸 것인가? 이 네 가지는 하늘의 양생이다. 하늘의 양생이란 하늘이 먹여주는 것이다. 이미 자연에서 먹을 것을 받고 있거늘 어찌 사람을 필요로 하겠는가?

성인은 사람의 형체는 지니고 있지만 사람의 감정은 지니고 있지 않다. 사람의 형체를 지니고 있기 때문에 사람들과 무리 짓고 어울린다. 그러나 사람의 감정이 없기 때문에 시비가 몸에 붙지 않는다. 작은 눈으로 바라보면 작은데 그것은 사람에 속해 있기 때문이다. 호방한 것으로 보면 덩그렇게 큰데 그것은 홀로 하늘을 이루었기 때문이다.

천하를 시끄럽게 만들고 있다

어느 날 혜자가 장자에게 물었다.

혜자: 사람이 본래는 감정이 없었습니까?

장자: 그렇습니다.

혜자: 사람이면서 감정이 없다면 어떻게 그를 사람이라고 할 수 있겠습니까?

장자: 도가 그에게 용모를 부여했고, 하늘이 그에게 형체를 부여했으므로 응당 사람이라고 말해야 합니다.

혜자: 이미 그를 사람이라 부른다면 어찌 감정이 없을 수 있겠습니까?

장자: 그것은 제가 말하는 감정이 아닙니다. 제가 감정이 없다고 말하는 것은 사람들이 좋아하고 싫어하는 마음으로서 그 몸을 상하지 않게 하는 것입니다. 즉 항상 자연에 맡기고 자기 삶에 더 보태지 않는 것을 말하는 것입니다.

혜자: 삶에 이익이 되지 않는다면 어떻게 그 자신을 지탱할 수 있겠습니까?

장자: 도가 그에게 용모를 부여했고, 하늘이 그에게 형체를 부여했으니, 좋아하고 싫어하는 것으로 인해 자신의 내면을 상하지 않게 합니다. 그런데 지금 그대는 정신을 소외시키고 정기를 수고롭게 하며 나무에 기대어 읊조리고, 마른 오동나무에 기대어 졸고 있는 격입니다. 하늘이 그대에게 형체를 갖추어주었는데도 그대는 단단하다느니 희다느니 하는 궤변으로 천하를 시끄럽게 만들고 있는 것입니다.

예나 지금이나 올바른 마음을 지니고 심성이 곧은 사람이 있다면, 자연스럽게 그를 벗으로 삼거나 이웃하고자 사람들이 모여든다. 이를 《주역》에서는 택지췌澤地萃라고 하였다. 땅 위의 물이 연못으로 모여들듯이 올바른 곳으로 가담한다는 뜻이다. 즉 사람들이 모여들고 사물은 집중되고 있는 상태를 말한다. 그래서 사람은 겉모양보다는 마음이 중요하다고 하는 것이다. 참된 삶을 추구하는 사람의 입장에서 보았을 때 겉모습이나 세속적인 신분은 무의미하다.

본 장에서는 신체적으로 불구인 사람들을 주인공으로 설정하여 전면에 내세웠다. 그 이유는 비록 장애인이라 하더라도 덕이 충만한 사람은 아무것에도 걸림이 없다는 점을 강조하려는 의도다. 그것이 바로 제목에서 가리키는 덕충부다. 덕충부는 덕이 마음속에 충만하면 저절로 드러나게 되어 있는 까닭이다. 그래서 맹자는 덕이 충만한 것을 일러 아름답다고 표현하였다. 여기서 아름답다고 하는 것은 생명에 대한 사랑이 가득 찬 상태를 말한다.

본 장에서는 발이 잘린 숙산무지와 공자와의 대화를 좀 더 자세히 살펴볼 필요가 있다. 숙산무지에서 무지無趾는 발이 없다는 뜻이니 절름발이를 가리킨다. 공자는 이름난 성인이었고 숙산무지는 무명의 절름발이에 불과했다. 그래서 숙산무지가 공자를 찾아와 가르침을 청하였는데, 예전에 이미 죄를 짓고 다리를 잃었으면서 이제 와서 자신을 찾아온들 무슨 소용이 있겠느냐며 문전박대한다. 즉 아직도 주제파악을 하지 못하고 있다는 얘기다. 또한 돌이키기에는 이미 때가 늦었다는 것이 공자의 판단이었다. 하지만 숙산무지는 아직 발보다 더 중요한 것이 남아 있어서 찾아왔다고 하였다. 장자는 그런 숙산무지를 통하여 공자는 덕이 지극한 사람이 못 된다며 비하시키고 있다. 숙산무지는 공자처럼 괴상한 명성만 추구하는 사람은 지인至人이 못 될 뿐만 아니라, 스승으로 삼을 만한 가치도 없다고 하였다. 지극한 사람이라면 삶과 죽음을 초월하고, 옳고 그른 것도 초월해야 하는데 공자는 그렇지 못하다고 말하는 것이다. 장자는 본래부터 유가의 사상을 배격하였지만 노골적으로 드러내놓고 공자를 공격하지는 않았다. 여기까지의 내편에서도 그랬지만, 이후로 이어지는 내편이나 외편과 잡편에서도 마찬가지다. 그런데 본 장에서는 공자와 절름발이를 대면시키며 공자를 신랄하게 공격하는 모습이 매우 이색적이다.

장자는 지인의 재질과 겉으로 드러나지 않는 덕을 설명하기 위해서 추남인 애태타를 등장시켰다. 그는 못생겼음에도 불구하고 말없이 사람들의 신뢰를 받았고, 이렇다 할 공이 없음에도 불구하고 많은 사람의 사랑을 받았으며, 임금이 나라를 맡기면서도 받지 않으면 어떻게 하나 걱정할 정도의 존재였다. 자고로 덕이 겉으로 드러나지 않는다는 것은 만물의 변화와 함께 어울린다는 것을 뜻하는데, 바로 애태타가 그런 인물이라는 것이다. 그는 자신의 추한 모습을 뛰어넘어 끊임없이 변화하는 세계에 자신을 맡기고, 그것들과 하나가 되었기 때문에 삼라만상의 변화가 그를 어지럽히지 못한다는 논리다. 사람이라면 누구나 그런 평화로운 경지를 갈망하기 때문에 권력이나 재물이 없고, 외모가 형편없으며, 언변도 어눌하고, 지적인 능력도 없지만, 수많은 사람이 그의 앞으로 몰려드는 것이라고 하였다. 이 말을 새겨들은 애공은 자신의 좁은 도량을 반성하면서 나라를 망치게 될지도 모른다는 두려운 마음을 갖게 된다. 그러면서 공자는 임금 자신의 신하가 아니라 벗이라면서 공자를 한껏 띄워주는 모습이 앞 구절과는 많이 상반된다. 여기서는 장자가 공자의 입을 빌려서 자신이 말하고자 하는 바를 피력하고 있기 때문이다.

제6장

대종사大宗師

크게 높여야 할 스승

대종사란 위대하고 으뜸이 되는 스승으로서 크게 높여야 할 참된 스승을 가리킨다. 굴곡진 인생을 살아가면서 훌륭한 스승이나 멘토를 만나는 것처럼 복된 일은 없다. 그런데 여기서 말하는 위대한 스승은 사람이 아니다. 위대한 스승이란 도道를 말하며, 도는 작은 지혜에 속박되지 않는 무위자연을 말한다. 노자가 말하기를 사람은 땅을 본받고, 땅은 하늘을 본받으며, 하늘은 도를 본받고, 도는 스스로 그러함을 본받는다고 하였다. 장자는 노자의 이러한 사상을 계승하여 무위자연이야말로 인간이 법도로 삼아야 할 위대한 스승이라고 말한다. 그래서 일찍이 《서경書經》에서는 능자득사자왕能自得師者王이라고 하였다. 스스로 스승을 얻을 수 있는 자는 왕이 된다는 뜻이다. 스스로 스승을 얻는다는 것은 궁극적으로 도를 터득한다는 것을 말하며, 그렇게 도를 터득해서 무위자연의 경지에 이르게 되면 왕 노릇을 해도 무방하다는 것이다. 그래서 본 장에서는 자연을 따르는 사람의 모습을 여러 각도에서 조명해보고 있다.

늘 근심이 남는다

하늘이 하는 바를 알고 사람이 하는 바를 아는 사람은 지극해진다. 하늘의 법칙을 알면 일체의 변화에 순응할 수 있게 되고, 사람이 하는 법칙을 알면 무리 없이 앎을 활용할 수 있게 된다. 그래서 하늘이 하는 바를 아는 사람은 천수를 누리고, 사람이 하는 바를 아는 사람은 중도에 일찍 죽지 않으니 이것이 바로 앎의 진수다. 그럼에도 불구하고 늘 근심이 남는다. 앎이라는 것은 대상에 의해 작용하는데, 대상 자체가 끊임없이 변화하기에 정확한 인식이 불가능하기 때문이다. 그러므로 내가 말하는 하늘이 사람이 아님을 어떻게 알 수 있으며, 내가 말하는 사람이 하늘이 아님을 어떻게 알 수 있겠는가?

진인의 한계는 알 수 없다

참된 사람을 진인眞人이라고 한다. 진인이 있어야만 참된 앎이 있게 된다. 옛날의 진인은 작은 일에도 거스르지 않고, 달성을 기뻐하지 않으며, 인위적인 노력으로 일을 꾀하지 않았다. 실패해도 후회하지 않고 성공해도 만족하지 않는다. 절벽 끝에서 있어도 두려워하지 않고, 물에 빠져도 젖지 않으며, 불속으로 들어가도 뜨거워하지 않는다. 지혜가 승화되어 도의 경지에 이르면 이와 같이 되는 것이다.

옛날의 진인은 잠을 자도 꿈꾸지 않고 깨어나도 근심이 없었다. 먹어도 맛에 이끌리지 않고 숨은 깊이 쉬었다. 보통 사람들은 목구멍으로 숨을 쉬지만 진인은 발뒤꿈치로 숨을 쉬었다. 남에게 굴복당한 사람은 목에서 나는 소리가 마치 물건을 토해내는 것 같고, 욕심이 지나친 사람은 타고난 기틀이 천박하여 힘을 고갈시킨다.

진인은 삶에 집착하지 않고 죽음을 기피하지 않는다. 세상에 나온 것을 기뻐하지 않고 세상을 떠난다고 슬퍼하지 않는다. 의연하게 오고 갈 따름이다. 삶을 자연의 현상으로 여기며 죽음에 개의치 않는다. 그래서 주어진 삶을 살다가 때가 되면 일체를 망각하고 자연으로 돌아간다. 마음으로 도를 버리지 않고 인위로 하늘을 돕지 않으니 이를 일러 진인이라고 한다. 진인의 마음은 무심하고 얼굴은 고요하며 이마는 넓고 편편하다. 추상처럼 엄하고 봄날처럼 온화하여 감정의 움직임은 계절이 바뀌듯이 자연스럽다. 정신은 바깥 사물과 조화를 이루어 무한한 자유를 누리지만 그 한계는 알 수 없다.

평판에 이끌려 본성을 포기하다

훌륭한 성인은 전쟁에서 나라를 잃어도 인심은 잃지 않는다. 이익과 은혜를 만대에까지 베풀지만 사람을 사랑해서 그렇게 하는 것이 아니라 자연을 따를 뿐이다. 그래서 만물에 통달하고자 하는 사람은 성인이 아니고, 의식적으로 근친하고자 하는 사람은 어진 사람이 아니며, 때에 앞서가고자 하는 사람은 현자가 아니고, 이로움과 해로움을 분간하지 못하는 사람은 군자가 아니다. 본래의 자신을 잃고 본성을 상실하는 것은 인간이 힘쓸 일이 못 된다. 호불해狐不偕, 무광務光, 백이伯夷, 숙제叔齊, 기자箕子, 서여胥餘, 기타紀他, 신도적申徒狄 같은 이들은 자기의 신념을 관철한 것처럼 보이지만, 실상은 남의 의사에 영합하고 세상의 평판에 이끌려 자기의 본성을 포기한 사람들이다. 그래서 그들은 남들이 가는 곳으로 따라갔을 뿐, 자기가 가고자 하는 곳으로 간 것이 아니다.

자연과 다투지 않는다

진인은 그 모습이 지극히 높아도 무너지는 일이 없고, 어딘가 부족한 듯하지만 남에게 구걸하지 않는다. 편안하게 행동하여 고고한 듯하지만 고집하지 않고, 공허하게 텅 비어 있지만 가벼운 법이 없다. 즐거워한다고 해서 진정한 기쁨이라 말할 수 없고, 세상일을 재촉하는 것 같지만 자연의 도리에 따를 뿐이다. 얼굴에는 윤기가 더해가고, 사색으로 침묵하는 것은 무아의 경지에서 노닐기 때문이다.

진인은 법을 형식으로 여기고, 예의를 날개로 여기며, 지식으로 때를 따르고, 덕으로 자연의 섭리를 따른다. 법을 형식으로 여긴다는 것은 죽이는 일에 신중하고, 예의를 날개로 여긴다는 것은 세속의 규범에서 자유롭게 벗어날 수 있으며, 지식으로 때를 따른다는 것은 필연적인 움직임에 순응하는 것이고, 덕으로 자연의 섭리에 따른다는 것은 다른 사람들과 더불어 덕을 이루는 경지에 도달하는 것을 말한다. 그러함에도 불구하고 사람이 참되려면 힘써 행실을 닦아야 한다.

그러므로 좋아하는 것도 한결같고 싫어하는 것도 한결같아야 한다. 일치하는 것도 한결같고 불일치하는 것도 한결같아야 한다. 일치하는 것은 자연과 더불어 하나가 되는 것이며, 불일치하는 것은 사람과 더불어 하나가 되는 것이다. 사람은 자연을 이기려 해서도 안 되고 자연과 다투려 해서도 안 된다. 이런 사람을 가리켜 진인이라고 하는 것이다.

삶과 죽음은 한가지다

밤낮이 바뀌는 것처럼 인간이 죽고 사는 것은 하늘의 명령이다. 만물의 근본적인 법칙은 인간이 관여할 수 없는 일이다. 사람들은 하늘을 어버이처럼 여기고 사랑하는데, 하물며 그 하늘을 만들어낸 도를 사랑하지 않을 수 있겠는가? 한 나라의 지배자인 임금은 높게 보고 목숨까지 바친다. 하물며 만물의 참 주재자인 도를 따르고 귀의하지 못할 이유가 어디 있겠는가?

연못이 마르면 물고기들은 진흙 위에 몸을 모아 서로의 거품으로 적셔준다. 그러나 이렇게 서로 돕고 사는 것보다 강물이나 호수를 자유롭게 헤엄쳐 다니면서 서로를 잊고 사는 편이 훨씬 더 좋다. 인간 역시도 속세의 범주 안에서 착한 것을 칭찬하고 악한 것을 비난하면서 사는 것보다는 선악을 초월하여 도에 따라 사는 것이 훨씬 더 자유롭다. 천지는 인간에게 형체를 부여하고 삶을 주어 우리를 수고롭게 하고, 늙게 만듦으로서 우리를 편안히 해주며, 죽음으로서 영원히 쉬게 하는 것이니, 삶을 긍정한다면 죽음도 긍정해야 한다. 그러므로 자기의 삶을 잘 사는 것은 곧 자기의 죽음을 잘 맞이하는 길이다.

천하를 천하 속에 감추다

배는 깊은 골짜기에 감춰두고, 그물은 못 속에 감춰두고 어부는 안전하다고 믿는다. 힘이 있는 자가 어둠을 타고 훔쳐갈 수도 있는데 어리석은 자는 알지 못한다. 그처럼 작은 것을 큰 것 속에 감추었다고 해서 안전한 것이 아니다. 하지만 천하를 천하 속에 감추어둔다면 훔쳐도 달아날 데가 없으니 안전하다. 사람들은 인간의 형체를 얻었음을 기뻐하는데, 인간의 형체는 무한히 변화하는 것이니, 그 변화에 마음을 맡긴다면 기쁨은 한이 없을 것이다. 그러므로 성인은 일체를 있는 그대로에 맡기고 아무것도 잃지 않는 경지에서 노닌다고 하였다. 사람들은 일찍 죽는 일에도 잘 대처하고, 늙는 일에도 잘 대처하며, 시작하는 일에도 잘 대처하고, 끝맺는 일에도 잘 대처하면서 훌륭한 성인을 본받으려고 했다. 하물며 만물이 매여 있고 무한한 변화를 낳는 도를 본받지 못할 이유가 있겠는가? 도야말로 진정한 스승이다.

도는 천지만물의 근원이다

도는 정이 있고 믿음이 있으나 하는 일도 없고 형체도 없다. 전할 수는 있으나 받을 수는 없고, 그것을 터득할 수는 있으나 볼 수는 없다. 스스로 뿌리가 되고 근본이 되는 것이어서 하늘과 땅이 생기기 전부터 엄연히 존재하고 있었다. 귀신과 황제를 신령스럽게 만들었고 천지를 낳았다. 태극보다 위에 있으면서도 위가 아니고, 육극의 아래에 있으면서도 아래가 아니다. 하늘과 땅보다 먼저 생겼으면서도 오래된 것 같지 않고, 태고보다 오래되었지만 늙은 것 같지 않다. 희위씨狶韋氏는 그것을 얻어서 천지를 열었고, 복희씨는 그것을 얻어서 음양을 조화롭게 하였다. 북두는 그것을 얻어서 영겁에 걸쳐 천체 운행의 지표가 되었고, 해와 달은 그것을 얻어 태고부터 내내 쉬지 않았다. 감배堪坏는 그것을 얻어 곤륜산을 거기에 있게 했고, 풍이馮夷는 그것을 얻어 큰 강물을 흐르게 했으며, 견오는 그것을 얻어 큰 산을 안정시켰고, 황제는 그것을 얻어 하늘로 올라갔으며, 전욱顓頊은 그것을 얻어 현궁에 거처하였고, 우강禺强은 그것을 얻어 북극을 세웠으며, 서왕모西王母는 그것을 얻어 소광산에 자리 잡았다. 그 시작도 알 수 없거니와 종말도 모른다. 팽조는 그것을 얻어 순임금 때부터 오패五覇(춘추시대의 다섯 패자. 곧 제환공齊桓公, 진문공晉文公, 송양공宋襄公, 진목공秦穆公, 초장왕楚莊王)까지 8백 년을 살았다. 부열傅說은 그것을 얻어 은나라의 재상이 되어 온 나라를 돌보았고, 죽어서는 동유를 타고 기미에 올라 별들의 무리에 합류하였다.

혼란 뒤에 비로소 안정된다

남백자규南伯子葵가 여우女偊에게 가르침을 청하며 물었다.

남백자규: 선생께서는 나이가 지긋하신 데도 안색이 마치 어린 아이와 같으니 어찌된 영문입니까?

여우: 도를 조금 배웠기 때문에 그런 것 같소.

남백자규: 도는 배울 수가 있는 것입니까?

여우: 물론이오, 하지만 당신은 배우기가 좀 어려울 것 같소. 예전에 복량의卜梁倚라는 사람이 있었는데 그는 성인의 재능은 지니고 있었지만 성인의 도는 지니지 못하고 있었소. 반대로 나는 성인의 도는 지니고 있었지만 성인의 재능은 지니지 못하고 있었소. 나는 그를 가르치고자 하였는데, 그것은 그가 성인이 될 기미가 보였기 때문이오. 성인의 도를 성인이 될 재목에게 가르치는 것은 쉬운 일이니까요.

나는 단지 그에게 스스로를 지켜가라고 가르쳤을 뿐인데, 사흘이 지나자 천하를 버리더군요. 천하를 버린 후에 나는 또다시 스스로를 지켜가라고 했더니, 이레가 지나자 만물을 잊어버리더군요. 이미 만물을 잊게 된 후에도 나는 더욱더 스스로를 지켜가라고 했더니, 아흐레가 지나자 아예 삶을 잊어버리더군요. 삶을 놓아버리자 그 후로는 눈부시게 통달해 갔소. 통달한 후에는 능히 스스로 독립할 수 있었고, 스스로 독립하니까 시간의 변화가 없게 되었고, 시간의 변화가 없게 되니까 능히 삶도 죽음도 없는 경지에 도달하였다오.

삶의 욕망을 초월하는 사람은 죽지 않고, 삶의 욕망에 집착하는 사람은 살지 못하는 법이오. 만물이란 보내지 않을 수 없고, 맞이하지 않을 수 없으며, 파괴되지 않는 것이 없고, 이루어지지 않는 것도 없다오. 그것을 일러 혼란 뒤에 비로소 안정된다는 영녕攖寧이라고 부른다오. 복양의는 결국

영녕의 경지에 도달한 것이오.

도와 하나가 된다

공자의 제자인 안회는 맹손재孟孫才의 상례에 대하여 매우 궁금해 하고 있었다. 그래서 그는 스승인 공자에게 물었다.

안회: 맹손재는 그의 어머니가 죽었을 때 우는 시늉은 했으나 눈물은 한 방울도 흘리지 않았고, 얼굴에는 슬퍼하는 기색이 없었으며, 상을 치르는 내내 정성을 다한다고 볼 수도 없었습니다. 그런데도 모범적인 상례였다고 온 나라가 칭찬을 하고 있으니 이해할 수 없습니다.

공자: 맹손재는 도리를 다하였고, 예를 아는 사람보다 훌륭하게 상례를 치렀다. 나라에서도 그동안 상례를 간소화하려 했으나 못 했던 것들을 많이 줄여서 모범을 보였다. 맹손재쯤 되면 생사를 초월하여 좋고 나쁨도 구별하지 않는다. 자연의 변화를 있는 그대로 무심히 받아들일 뿐이다. 우리는 변화라는 말을 쉽게 사용하고 있지만, 변화하는 것이나 변화하지 않는 것이나 사실은 그 한계를 정할 수 없는 것이다. 생사나 변화에 사로잡혀 있는 우리들은 어찌 보면 꿈속을 헤매고 있는 것인지도 모른다. 맹손재는 형체의 변화만 있을 뿐 마음은 미동도 하지 않았다. 죽음도 어찌 보면 이곳에서 저곳으로 집을 옮겨가는 것에 불과하다. 맹손재는 깨우친 사람이라서 남들이 곡을 하니까 자기도 하긴 했지만, 자기에게 합당

한 방법으로 한 것이다. 그러므로 사람들로부터 인정을 받은 것이다.

우리가 내 몸이라고 믿고 있는 형체는 과연 자기 자신일까? 꿈에 새가 되어 하늘로 오르거나 물고기가 되어 물속을 헤엄쳐 다닌다면, 지금 말하고 있는 것들이 꿈에서 깨어난 것인지 꿈을 꾸고 있는 것인지 알지 못한다. 시비를 앞세워 남을 비난하는 것보다는 웃으면서 용서하는 것이 좋고, 웃고 용서하는 것보다는 나와 남의 구별을 잊고 자연의 변화에 융화되는 것이 더 좋다. 그럴 때 비로소 텅 빈 하늘과 한 몸을 이루는 경지에 도달하게 되는 것이다. 이를 일러 대립을 초월한 도와 하나가 된다고 말한다.

누가 나를 궁지로 몰았는가

자여와 자상은 친한 친구 사이였다. 어느 여름에 장맛비가 열흘이나 지속되고 있었다. 자여는 가난하게 사는 자상이 염려되어 밥을 챙겨 가지고 갔다. 자상의 집 앞에 당도하니 노래하는 것 같기도 하고, 곡을 하는 것 같기도 한 목소리가 거문고 소리와 함께 흘러나왔다. "아버지인가? 어머니인가? 하늘의 짓인가? 사람의 짓인가?" 그는 소리를 내기도 힘에 겨운 듯 가사도 대충 읊고 있었다. 자여가 들어가서 물었다.

자여: 자네의 노래가 왜 이 모양인가?

자상: 나를 이 지경으로 만든 자를 아무리 생각해봐도 알 수가

없네. 부모라면 어찌 내가 가난해지기를 바랐겠는가? 하늘도 땅도 어찌 나를 가난하게 만들었겠는가? 그래서 나를 이렇게 만든 자를 찾아보았는데 찾을 길이 없다네. 그러나 이토록 궁지에 놓이게 되었으니 이것이 운명이 아닌가 생각하고 있었다네.

붙임 말

지금까지 참된 스승인 도와 무위자연에 대하여 살펴본 것처럼, 본 장에서는 훌륭한 스승인 대종사는 사람이 아닌 바로 도라고 정의한다. 도라는 이 한 글자는 지나치게 광범위하고 추상적인 개념이라서 보통 사람들은 따르기 어렵다. 그래서 도를 터득한 참된 사람인 진인을 소개하였다. 왜냐하면 도를 깨달은 사람은 우리가 눈으로 볼 수 있고 그 행위도 나타나기 때문이다.

장자는 진인에 대하여 이렇게 설명한다. 진인은 삶을 즐거워할 줄도 모르고, 죽음을 싫어할 줄도 모르며, 태어남을 기뻐하지 않고, 죽음도 거역하지 않으며, 의연히 가고 의연히 올 뿐이다. 또한 처음도 모르지만 끝을 알려고 하지 않으며, 삶을 받으면 그것을 기뻐하고, 삶을 잃으면 그것을 제자리로 돌려보낸다. 이런 사람이 바로 진인이라고 하였다. 따라서 이러한 진인이 있은 다음에야 참된 지식이 있다고 말하는 것이다. 현대사회에서의 진인 역시도 욕구를 채워가는 사람이 아니라 삶의 의미를 채워가는 사람이어야 한다는 점에 이의를 제기하는 사람은 없을 것이다. 자신의 삶에 의미가 없다면 그 삶은 공허한 메아리에 불과할 뿐이기 때문이다.

세상에는 수많은 지식이 있고 그 지식 중에서도 자신이 알고 있는 것만을 참된 지식이라고 믿는 경향이 있다. 사실 그렇게 얄팍한 지식을 넓히는 방법은 의외로 간단하다. 기존에 터득한 앎을 토대로 아직 모르고 있는 것들에 대하여 하나씩 알아나가면 된다. 그런 방식으로 앎을 확장시켜서 사람의 이치와 자연의 이치를 모두 꿰뚫어보게 된 사람은 앎이 지극하다고 할 수 있다. 하지만 앎이라는 것은 그 대상이 명확해야 하는데, 인간이 마주하는 대상은 언제나 변하고 있기 때문에 인간의 지혜로는 제대로 파악하기 어렵다. 따라서 기존의 앎을 토대로 새로운 것들에 대하여 알아 나가는 것은 한계가 있다. 본장에서는 사람의 지식에 대한 이상적인 형태를 짧게 논하면서 일찍 죽지 않고 천수를 다하는 것을 지식의 쓰임이라고 정의하였다. 그러나 지식이란 불완전한 기준에 의거해 얻어진 결과물이므로 완전한 것이 못 된다. 따라서 완전하지 못한 것을 실행하는 모든 행위는 어리석을 수밖에 없다. 한두 가지의 지식을 더 갖춘다고 해서 지식이인 되고 참다운 사람이 되는 것은 아니기 때문이다.

오히려 어긋난 인격 위에 쌓여진 지식은 사악하고 교활한 범죄를 저지르는 데 쓰이는 도구로 전락할 뿐이다. 옛사람들이 용감한 장수보다는 덕망 있는 장수가 낫고, 많이 아는 것보다는 심성이 곧아야 한다고 이른 것은 이를 두고 하는 말이다. 또한 군자가 사람을 가르칠 때는 지성보다 덕성을 함양하는 데 더 큰 목적을 두었는데, 많이 아는 것보다는 심성이 고와야 하기 때문이었다. 그래서 장자는 참된 사람인 진인을 등장시켜서 참다운 앎에 대하여 설명한 것이다. 꽃이 많지 않아도 향기는 진할 수 있는 것처럼, 세상의 모든 지식을 다 섭렵하려고 애쓸 필요가 없다. 하늘이 하는 일을 알고, 사람이 하는 일을 알면, 그것이 최고의 지식이라고 정의한 것이 바로 그런 이유다. 따라서 참다운 지식이란 사람의 모든 감정이나 욕망과 이해관계를 잊음으로서 본래 자연의 상태로 돌아가는 것이다.

제7장

응제왕應帝王

제왕이 될 자격

응제왕을 직역하면 제왕의 물음에 대답한다는 뜻이다. 그러나 당송唐宋의 학자들은 마땅히 제왕이 되어야 할 사람으로 풀이하였고, 근현대의 일부 학자들은 수양을 통하여 제왕이 된다는 뜻으로 풀이하기도 하였다. 모두가 큰 줄기에서 벗어나지 않았으므로 잘못된 해석은 없다. 하지만 수양을 통하여 제왕이 된다고 보았을 때, 장자가 말하는 수양은 자신의 마음이나 존재조차도 잊고 자연의 변화에 모든 것을 맡긴다는 뜻이다. 이러한 도가적인 수양을 통하여 모든 것을 하나로 보는 경지에서 백성들을 다스리는 것이 제왕이다. 어떤 억지도 부리지 않고 어떤 것을 고집하거나 어떤 것을 드러내지도 않는다. 법으로 얽어 매놓고 이것은 하고 저것은 하지 말라고 강제하지 않으며, 물 흐르듯 자연스럽게 다스리는 사람이 제왕이 되어야 한다는 것이다. 거울 같은 마음은 본래 인간이 가지고 있는 고유의 자아인데 이것이 세속에 가려져 있다는 논리다. 그렇기 때문에 장자는 마음공부인 수양을 통해서 본래의 마음을 찾고 그 실상을 드러내라는 것이다. 특히 혼돈왕을 통해서 이 문제를 다루었는데, 현재 우리는 과연 어떤 과정을 통해서 본연의 마음을 잃고 단절하게 되었는지에 대하여 성찰해보라는 메시지다.

사물에 얽매이지 않는다

설결이 왕예에게 네 가지 질문을 하였는데, 네 가지 다 모른다고 대답하였다. 설결은 문득 깨달은 바가 있어 뛸 듯이 기뻐하며 포의자蒲衣子에게로 달려가 말했다. 그 이야기를 들은 포의자가 대답하였다.

포의자: 이제야 그것을 깨달았는가? 순임금은 복희씨에게는 미치지 못하지만, 그래도 어짊을 마음속에 감추고 사람들을 대하였다. 그래서 사람들의 마음을 얻었으나 처음부터 남을 비난하는 입장에서 벗어난 것은 아니었다. 복희씨는 잠을 잘 때는 평온했고 깨어났을 때는 아무것도 모르는 것 같았다. 다른 사람들이 자기를 말이나 소라고 해도 개의치 않았다. 그러나 그의 지혜는 진실하고, 모두에게 신의가 있었으며, 그의 덕은 매우 참되었다. 그래서 인위적인 세계에 휩쓸려 들어가지 않았던 것이다.

참견할 필요가 없다

일중시日中始의 제자인 견오가 항간에서 광인이라고 불리는 접여를 만났다. 접여가 견오에게 먼저 물었다.

접여: 일중시는 어떻게 가르치더냐?

견오: 저희 선생님은 임금이 솔선수범하여 국가의 기강을 바로

잡아야만 백성들의 추앙을 받고 천하를 다스려나갈 수 있다 고 하였습니다.

접여: 그것은 덕을 기만하는 것이다. 천하를 다스린다는 것은 걸어서 바다를 건너는 것처럼 힘들고, 땅을 파서 강을 만들고 모기에게 태산을 짊어지게 하는 것처럼 어려운 일이다. 천하를 다스린다는 것은 겉으로 다스리는 것이 아니라 자신을 올바르게 한 연후에 행하는 것이다.

자고로 새는 높이 날아오름으로서 화살의 위험을 피하고, 생쥐는 신단 구석 깊숙이 집을 지어야 환난을 피할 수 있는 법이다. 새나 쥐는 누가 가르쳐주지 않아도 제 살길을 알고 있거늘, 지혜가 있는 사람은 어떠하겠느냐? 공연히 참견할 필요가 없는 짓이다.

무위의 정치

천근天根이 은양殷陽이라는 지역을 순회할 때 요수蓼水 근처에서 무명인無名人을 만났다. 한눈에 봐도 범상치 않다는 것을 알고 물어보았다.

천근: 천하를 어떻게 다스려야 하는지요?

무명인: 저리 가시오. 지금 무슨 말 같지도 않은 소리를 하는 거요? 나는 지금 조물주와 벗이 되어 놀고 있지만, 싫증이 나면 심원의 새를 타고 이 세상 밖으로 나가서 노닐며 살고 있소. 그런데 당신은 무엇 때문에 천하 다스리는 일 따위로 나

의 흥을 깨뜨리려는 것이오?

천근은 단념하지 않고 거듭 가르침을 청하였기에, 무명인은 마지못해 다시 입을 열었다.

무명인: 마음은 물처럼 담담한 곳에서 노닐게 하시오. 기氣는 적막한 곳에 모아놓고 함께하시오. 무엇이든 자연을 따르게 할 뿐 사사로움이 개입하지 않도록 하시오. 그러면 천하는 저절로 다스려질 것이오.

밝은 임금의 정치

양자거陽子居가 노자를 만났다. 양자거는 반가운 나머지 먼저 물었다.

양자거: 여기에 한 사람이 있는데 메아리처럼 빠르고, 바위처럼 튼튼하며, 사물의 도리에 밝고, 도를 배우는 일에 부지런합니다. 이런 사람이라면 밝은 임금에 견줄 수 있겠는지요?
노자: 그런 사람은 성인이라기보다는 말단 관리에 불과하다. 하찮은 재주에 사로잡혀 심신을 괴롭힐 뿐이지. 호랑이는 가죽무늬로 사냥꾼을 부르고, 원숭이는 민첩하기 때문에 쇠사슬에 매이게 되네. 그런 사람을 어떻게 밝은 임금에 견줄 수 있겠는가.
양자거: 그렇다면 밝은 임금의 다스림이란 어떤 것입니까?

노자: 밝은 임금의 공덕은 온 천하를 뒤덮을 만하여도 자기 힘이라 말하지 않고, 교화가 만물에 미치고 있어도 백성들은 그것을 전혀 모르고 있다네. 공로가 있어도 드러내지 않으며 만물로 하여금 스스로 기뻐하게 만드는 것이다. 이것을 밝은 임금의 다스림이라고 한다.

인위도 허식도 없는 상태

정鄭나라에는 계함季咸이라는 신통한 무당이 있었다. 그는 사람의 생사와 존망과 화와 복을 귀신처럼 맞추었다. 정나라 사람들은 그를 보면 사람이 아닌 귀신이라 여기고 모두가 슬금슬금 뒷걸음질을 쳤다.

열자는 그런 그를 보고 심취하여 스승인 호자壺子에게 말하였다.

열자: 저는 이제까지 선생님의 도만 지극한 줄 알았는데, 더 지극한 자가 있습니다.

호자: 나는 너에게 글은 다 가르쳤으나 그 실상은 다 가르치지 못하였는데, 어찌 도를 운운하며 돌아다니느냐? 암컷이 제아무리 많아도 수컷이 없으면 어찌 알을 낳겠느냐. 네가 도를 세상에 드러내 보이면 겉으로 표시가 나게 된다. 그 때문에 남으로 하여금 네 관상을 볼 수 있도록 하는 것이다. 내일 그 무당을 데리고 와서 내 관상을 보이도록 해보자.

다음날 열자는 신통하다는 무당인 계함을 데리고 와서 호자를 뵈었다. 무당이 밖으로 나와서 열자에게 말하였다.

계함: 아! 당신의 선생은 곧 죽을 것이오. 열흘을 넘기기 힘들 것 같소. 그런데 나는 이상한 것을 보았소. 축축한 재를 본 것이오.

열자는 눈물을 훔치며 들어가 계함의 말을 호자에게 고했다.

호자: 나는 아까 무당에게 땅의 무늬를 보여주었다. 움직임도 고요함도 감정도 없는 목석 같은 모습이었지. 그는 내 생기가 꽉 막힌 것을 보았을 것이다. 시험 삼아 다시 데리고 오너라.

다음 날 또다시 계함에게 호자를 보이니, 계함이 나오면서 열자에게 말하였다.

계함: 다행이오. 당신의 선생은 나를 만난 덕분에 병이 낫게 되었소. 꽉 막힌 것이 트였으니 살 수 있게 된 것이오.

열자가 들어가 계함의 말을 고하니, 호자가 말하였다.

호자: 나는 아까 하늘의 모습을 보여주었다. 이것은 이름도 형태도 없지만 발뒤꿈치로부터 생기가 발현되는 것이지. 그러니 다시 한번 데려와 보거라.

다음 날에도 열자는 계함에게 호자를 보이었다. 계함이 나와서 말하였다.

계함: 당신의 선생은 표정이 일정하지 않기 때문에 나는 더 이상 관상을 볼 수가 없소. 그러니 한결같아지면 그때 다시 한 번 관상을 보기로 합시다.

열자가 들어가 계함의 말을 고하자 호자가 말하였다.

호자: 아까 나는 태초의 혼돈을 보여주었으니 어쩔 수 없었을 것이다. 이제 겨우 평평하게 유지하는 모습을 보았을 것이다. 소용돌이치는 물을 보아도 연못이고, 고요한 물을 보아도 연못이고, 흐르는 물을 보아도 연못일 것이다. 연못은 아홉 가지가 있지만 나는 그중에서 세 가지만 들었다. 내일 한 번 더 데리고 오너라.

다음 날에도 열자는 무당 계함과 함께 호자를 알현했지만, 계함은 선 채로 얼이 빠진 채 있다가 달아나버렸다. 호자가 말하였다.

호자: 나는 아까 시작되지도 않은 나의 뿌리를 보여주었지. 나는 텅 빈 채 혼돈과 함께 있었으니 누구인지 알지 못했을 것이다. 갈대처럼 바람 부는 대로 쓸리고, 물길처럼 한없이 흘러갔으니, 무당이 도망쳐버린 것이다.

그런 일이 있은 후 열자는 배움의 부족함을 깨닫고 3년 동안이나 집 밖으로 나오지를 않았다. 아내를 위해서 밥을 짓고, 돼지를 사람처럼 기르며, 인위도 없고, 겉모습은 꾸미지도 않는 소박한 자연으로 돌아갔다. 열자는 어수선하고 소란스러운 속세를 뒤로하고 한결같이 초연한 상태로 일생을 마쳤다.

거울과 같은 마음

명성을 추구하는 자가 되지 말고, 꾀함의 중심이 되지 마라.

일의 책임자가 되지 말고, 지혜의 주인이 되지 마라.

무궁한 도를 터득하여 무위의 경지에서 노닐어라.

하늘에서 받은 본성을 다할 뿐, 이득을 추구하지 마라.

앎을 드러내지 말고 비어 있을 따름이다.

지극한 사람의 마음은 거울과 같은 것이니, 보내지 말고 맞이하지도 마라.

변화에 호응하더라도 마음에 두지 않는다.

그러므로 능히 외물을 이겨내면서도 상하지 않는 것이다.

인위를 실현하다

남해의 제왕을 숙儵이라 하고, 북해의 제왕을 홀忽이라 하며, 중앙의 제왕을 혼돈渾沌이라 하였다.

어느 날 숙과 홀이 혼돈의 땅에서 만났다. 혼돈은 이들을 극진하게 대접하였다. 그래서 숙과 홀은 혼돈의 은혜에 보답하고자 서로 상의한 끝에 그에게 구멍을 뚫어주기로 했다.

사람의 얼굴에는 모두 일곱 개의 구멍이 있어서 보고 듣고 먹고 숨을 쉬는데, 혼돈만은 유독 구멍이 없었기 때문이다.

그들은 하루에 하나씩 구멍을 뚫어주었는데, 이레째 되는 날 혼돈은 죽고 말았다.

응제왕에서는 천하는 법이나 권력으로 다스리는 것이 아니라, 사람들의 타고난 본성을 올바르게 유도하는 것이라고 하였다. 바꿔 말하면 나라를 다스린다는 명분으로 강제하지 않는다면 저절로 다스려진다는 논리다. 또한 성인은 바깥을 다스리는 사람이 아니라 자신을 바로 세우고, 자신이 할 수 있는 일을 하는 사람이라고 설명하고 있다. 왜냐하면 가장 큰 적은 바로 나 자신이며, 가장 강력한 적도 나 자신이기 때문이다.

맹자는 "혹 마음을 수고롭게 하는 자도 있고 힘을 수고롭게 하는 자도 있다. 마음을 수고롭게 하는 자는 남을 다스리고, 힘을 수고롭게 하는 자는 남에게 다스림을 당한다"라고 하였다. 다스림에 있어서도 힘으로 강제하지 않고 바른 도리로 행해져야 물처럼 자연스럽게 스며든다. 힘으로 타인을 강제하거나 굴복시키는 것은 힘만 있으면 누구나 할 수 있는 일이다. 하지만 자신을 바로 세우고 덕을 쌓는 것은 아무나 할 수 없는 일이기 때문에 그를 성인이라고 부르는 것이다. 그러므로 하늘이 생명을 부여해준 고마운 생을 마치고 자연으로 돌아갈 때, 범부로 살다가 갈 것인지 한 발자국이라도 더 성인의 경지에 가깝도록 살다가 갈 것인지는 현재 자신의 마음가짐에 달려 있다.

천근과 무명인이 등장하는 설화에서는 천근이 천하를 다스리는 정치에 대하여 물었지만, 무명인은 정치를 어떻게 하라는 말은 한마디도 하지 않는다. 여기에 나오는 무명인은 그냥 이름 없이 흔해 빠진 일반 사람이 아니다. 장자가 생각하는 최고의 가치는 언제나 자유이기 때문에 진정한 자유를 누리기 위해서는 자기를 버리고, 공을 버리고, 명예도 버려야 한다. 그렇게 지인과 신인과 성인의 경지에 이른 사람이 바로 무명인이다. 그런 무명인이 오히려 무위자연의 삶에 대하여 설명을 하고 있으니, 그 이유는 현실 세계와 장자가 생각하는 이상적인 세계와는 너무나 큰 차이가 있었기 때문이다.

그래서 결국은 자유방임의 정치를 하라는 가르침을 주었는데, 사실 이보다 더 어려운 정치는 없다. 이것은 며느리가 부엌에서 음식의 간을 하고 있는데 시어머니가 적당히 하라고 하는 것과 같다. 적당히보다 더 어려운 숫자는 없기 때문이다. 장자는 무명인을 통해서 세상의 모든 일은 사심을 버리고, 인위를 배격하며 자연의 흐름에 따르게 하는 것이라고 말한다. 즉 통치자가 백성들에 대한 걱정거리를 내려놓더라도, 백성들은 제각기 자연의 슬기를 가지고 평안한 생활을 영위할 수 있는 능력을 지니고 있다는 뜻이다. 이것이 바로 사사로움을 개입시키지 않는 무심과 무위의 정치라는 것이다.

혼돈의 일곱 구멍 이야기는 근현대의 많은 사학자들이 장자의 우화 중에서도 붕새, 포정해우, 호접몽에 버금갈 정도의 걸작으로 손꼽고 있는 작품이다. 이 혼돈칠규混沌七竅는 얼핏 보면 짧고 단순해 보이는 문장이지만, 인위와 자연을 우화적인 수법으로 설명하고 있기 때문에 가치가 있다. 본래 혼돈은 하늘과 땅이 나뉘기 전의 아득한 상태를 가리키지만, 다른 한편으로는 사물이 순수한 본성을 지닌 자연스러운 상태를 뜻하기도 한다. 그래서 혼돈을 우주 삼라만상의 근원으로 보기도 하였으며, 장엄하면서도 신비스러움의 상징으로 여기기도 하였다. 이처럼 장엄하고 신비스러운 세계에 인위가 끼어들어서 시시비비가 생기고 분별이 생겨나게 되었다는 것이 장자의 생각이다.

혼돈의 비극은 우리와 다른 삶을 사는 존재에 대하여 이해하고 수용하는 일이 얼마나 어려운 것인가에 대하여 말하고 있다. 예를 들어 아마존의 원주민들이 살아가는 생활방식이 우리에게는 미개인으로 보이지만 그들에게는 신성시되는 것과 마찬가지다. 한발 더 나아가 인위가 자신의 판단을 옳은 것으로 여기고, 어떤 행위를 계속하게 된다면 자연은 죽음에 이르게 된다는 논리다. 이와 같이 자연과 인위가 대립했을 때 발생할 수 있는 위험을 혼돈칠규에서 적나라하고 극명하게 보여주었다.

외편

外篇

제8장

변무駢拇

남의 눈으로 세상을 보다

변무란 엄지발가락과 검지발가락이 붙어 있는 기형상이다. 이 세상에는 아름답고 흉한 것이 함께 존재하고 있으나, 도에는 아름답다거나 흉하다거나, 반드시 옳다거나 그르다는 개념이 없다. 변무는 발가락의 군더더기 살이고 지지枝指는 육손이를 가리키는데, 이는 모두가 인간의 본성에 없는 불필요한 장애다. 그런데 유가와 묵가의 사람들은 모두 네 발가락을 찬미하고, 여섯 손가락을 바르다며 설교하고 있으니 천하의 정도正道가 아니라고 장자는 말한다. 즉 인의와 덕성의 논리는 한낱 허구일 뿐 실질적으로는 소용이 없다는 뜻이다. 따라서 인간의 본성을 어기고 있는 것은 변무나 육손이처럼 정상적인 삶을 가로막거나 구속하는 군더더기일 뿐이라고 비판하고 있다. 서문에서 밝히고 들어왔듯이 내편은 장자가 직접 쓴 문장들이고, 외편과 잡편은 장자의 제자들이나 장자의 사상을 추종하는 후학들에 의하여 쓰인 문장들이다. 그래서 폭넓은 마음으로 접근하고 다각적으로 보려는 시각이 필요하다.

쓸데없는 것은 무가치하다

엄지발가락과 검지발가락이 붙은 네 발가락이나, 손가락이 하나 더 있는 육손이나 선천적인 것은 매한가지이지만 정상인과 비교하면 군더더기일 뿐이다. 사마귀나 혹 같은 것은 후천적인 것이지만 그 역시도 군더더기에 불과하다.

마찬가지로 인의를 여러 가지 방법으로 내세우며 중시하는 사람들은 그것이 마치 오장에 딸려 있는 것처럼 생각하지만, 이는 올바른 형태의 도덕이 아니다. 발가락이 붙은 것은 쓸데없는 살이 붙은 것이고, 육손은 쓸데없는 손가락을 하나 더 갖고 있는 것이다. 오장에 쓸데없이 붙은 것을 존중하는 일은 인의의 행함이 지나치고 편벽된 것이며, 불필요한 의미를 첨가시켜서 쓸데없이 총명한 척해 보이려는 것에 불과하다.

눈의 밝음이 지나친 자는 오색에 혼란을 일으키고, 무늬에 치우친 나머지 아름다움에 빠져서 정신을 잃는다. 남에게 뽐내기 위해 청색과 황색의 예복에 휘황찬란하게 무늬를 수놓는 것이 그런 까닭이다. 그런 사람이 바로 공자의 문하생인 이주離朱다.

과도하게 귀가 밝은 자는 오음五音을 듣기만 해도 마음이 들뜨고, 육률六律에 이르러서는 정신을 잃도록 빠져든다. 쇠와 돌과 실로 만든 악기와 황종黃鍾과 대려大呂도 그래서 만들어진 것들이다. 그런 사람의 하나로는 유명한 악사인 사광을 들 수 있다.

과도하게 인仁에 치우치는 자는 성정을 거슬러서라도 명성을 얻고자 한다. 천하의 이목을 집중시키고, 그들이 따를 수 없는 법도를 만들어 강요하는 것이 그 증거다. 그런 사람으로는 증삼曾參이나 사추史鰌를 들 수 있다.

과도하게 변론에 치우치는 자는 기왓장을 포개놓고 먹줄을 엉키게 하는 것과 같다. 쓸데없이 옛사람들의 글귀를 훔쳐다가 궤변을 장식하기에 여념이 없고, 남을 비판하거나 칭찬하는 데 사용한다. 그런 사람으로는 양자楊子와 묵자墨子를 들 수 있다.

이와 같은 것들은 모두 쓸데없이 붙은 것을 존중하고, 쓸데없이 더 있는 것을 존중하는 무가치한 도리일 뿐 천하의 법도라고 말할 수 없다.

본성대로 살아야 한다

지극히 올바른 경지에 이른 사람은 천성을 잃지 않는다. 따라서 네 발가락을 병신이라고 하지 않고 여섯 손가락도 병신이라고 하지 않는다. 긴 것을 넘친다고 하지 않고 짧은 것을 부족하다고 하지 않는다. 오리의 다리는 비록 짧지만 이어주면 괴로워하고, 학의 다리는 비록 길지만 잘라주면 슬퍼한다. 그러므로 본성이 긴 것은 잘라내지 말아야 하며 본성이 짧은 것은 이어주지 말아야 한다. 아무것도 하지 말아야 근심과 걱정이 생기지 않는다.

아마도 인의는 사람의 본심이 아닐 것이다. 지금 인자仁者들은 세상의 환난을 걱정한다. 그러나 붙은 발가락을 찢어주면 울 것이고, 군더더기인 여섯 번째 손가락을 잘라주면 입술을 깨물고 더 크게 울 것이다. 두 경우 모두 수가 적거나 남아서 걱정한다는 점에서는 동일하다. 그러므로 인의는 사람의 진실한 모습이 아니다.

모두가 매한가지다

하夏, 은殷, 주周의 3대 이후로 천하에는 큰소리를 치는 사람이 많아졌다. 갈고리와 먹줄과 그림쇠와 굽은 자를 써서 바로잡는다는 것은 나무의 본성을 훼손시키는 일이다. 새끼로 묶고 아교와 옻칠을 하여 고정시키는 것은 본래의 형태를 침해하는 것이다. 마찬가지로 몸을 지나치게 굽히고 예의와 음악을 번거롭게 찾으며, 말과 행동을 제재하는 인의는 천하의 마음을 막히게 하므로 결국 본래의 모습을 잃게 만든다.

천하에는 항상 본래부터 그러한 것이 있다. 본래부터 그러한 것이란 굽었어도 갈고리로 굽힌 것이 아니고, 곧아도 먹줄로 곧게 한 것이 아니며, 둥글어도 그림쇠로 둥글게 한 것이 아니고, 모가 났어도 굽은 자로 한 것이 아니다. 붙어 있어도 아교나 옻칠한 것이 아니고, 묶인 것은 새끼줄로 묶은 것이 아니다. 천하에는 모두가 개성을 달리하여 살아가지만 그렇게 살고 있는 까닭은 모른다. 모두가 자기 모습을 지니고 있지만 그렇게 생긴 까닭을 모른다. 그런 것은 예나 지금이나 달라지지 않고 사람의 힘으로도 어찌할 수 없는 것들이다. 그렇다면 인仁과 의義를 마치 아교로 붙이고 새끼줄로 묶어놓고서도, 도와 덕 사이에서 노닐 수 있다는 말인가. 이는 천하의 사람들을 미혹시킬 뿐이다.

작은 미혹은 방향이 틀린 것이지만, 큰 미혹은 본성을 잃은 것이다. 어떻게 그런 줄을 아는가? 순임금이 인의로 천하를 어지럽힌 이래, 천하 사람들은 모두 인의의 편으로 달려가고 있다. 이것이야말로 인의로서 본성을 잃게 만든 것이 아니고 무엇이겠는가?

하, 은, 주 3대 이후의 임금들은 사물로서 사람의 본성을 변화시켜놓았다. 소인은 이익을 위하여 자신을 희생하고, 선비는 명예를 위하여 자신을 희생하며, 대부는 국가를 위하여 자신을 희생하고, 성인은 천하를 위하여 자신을 희생하였다. 이들은 모두 행위도 다르고 얻은 것도 다르지만, 자기 몸을 희생하면서 자신의 본성을 해쳤다는 점에서는 동일하다.

언젠가 남녀 두 사람의 종이 각각 양을 치고 있었는데 두 사람 다 양을 놓쳐버렸다. 주인이 그 이유를 추궁하자 남자종은 책을 읽고 있었고 여자종은 공기 돌을 가지고 놀았다고 하였다. 두 사람의 행실에는 차이가 있었지만 양을 잃어버렸다는 점에서는 같다. 백이는 대의명분을 고집하다가 수양산에서 굶어 죽었고, 도척盜跖은 욕심을 쫓다가 동릉산에서 죽었다. 두 사람이 죽게 된 까닭은 다르지만, 자신의 삶을 해치고 본성을 손상시켰다는 점에서는 차이가 없다. 그러므로 백이는 억울하게 죽었고 도척은 잘 죽었다고 말할 수 없다.

지금 천하의 사람들은 모두 본래의 자기를 잊고 바깥 사물의 노예로 전락했다. 그 노예로 만든 대상이 인의일 경우에는 군자로서 존경을 받고, 재물일 경우에는 소인이라 일컬어지며 천대를 받는다. 그러나 이 둘 사이에 무슨 차이가 있다는 말인가? 생명을 해치고 본성을 비뚤어지게 만든 면에서는 백이나 도척이나 매한가지다. 그런데 어찌하여 그 사이에서 군자니 소인이니 가려내면서 차별을 두는가?

인의에 결부시키지 마라

본성을 인의에 결부시키는 것은 유가들에게는 통할지 몰라도 내가 말하는 선은 아니다. 본성을 다섯 가지 맛에 결부시키는 것은 맛의 달인인 유아兪兒에게는 통할지 몰라도 내가 말하는 선은 아니다. 본성을 다섯 가지 소리에 결부시키는 것은 소리의 달인인 사광에게는 통할지 몰라도 내가 말하는 귀 밝음은 아니다. 본성을 오색에 결부시키는 것은 눈이 밝은 이주에게는 통할지 몰라도 내가 말하는 눈 밝음은 아니다. 내가 말하는 선이란 인의를 두고 하는 것이 아니라 각자의 덕성을 선하게 하는 것이다. 내가 말하는 다섯 가지 맛이란 자신의 본성에 따르도록 맡겨두면 되는 것이다. 내가 말하는 귀 밝음이란 남들의 귀로 듣는 것이 아니라 자신의 귀로 듣는 것이다. 내가 말하는 눈 밝음이란 남들의 눈으로 보는 것이 아니라 자신의 눈으로 보는 것이다.

자기 스스로 만족하지 않고 남의 것으로 만족한다면 남의 만족으로 만족하는 것일 뿐, 자기 스스로 만족하는 법을 얻지 못하는 사람이다. 남들이 가는 곳으로 따라갈 뿐 자신의 길을 가는 사람이 아니다. 이렇게 된다면 백이나 도척 같은 사람들과 마찬가지로 지나치게 치우치고 있는 것이다. 내가 허물을 묻는 것은 도와 덕에 관해서다. 그래서 위로는 감히 인의를 고집하지 못하게 하고, 아래로는 감히 지나치게 편벽된 행동을 하지 못하게 하는 것이다.

붙임 말

변무는 발가락이 네 개인 기형을 일컫는다. 본 장에 나오는 우화들은 얼핏 보면 인의仁義의 사상을 비판하는 것처럼 보이지만, 사실은 인위人爲로 몸살을 앓고 있는 모든 사람을 비판하고 있는지도 모른다. 오늘날 세상은 사랑에 대한 지나친 집착과 정의라는 미명하에 점점 더 혼란스러워져 가고 있으며, 사람들은 자신이 갈망하는 것이 무엇인지 잊어버릴 정도로 남들의 평판에 휘둘리며 살아가고 있다. 그래서 사랑과 정의는 사람을 길들이는 일종의 도구가 되어가고 있는 것이 아닌가 우려된다.

우리는 보고 싶은 것만 보려 하고, 듣고 싶은 것만 가려서 들으며, 우물 안의 개구리처럼 살아가는 데 점점 더 익숙해지고 있다. 그런 연고로 장자는 과거를 매개로 하여 현세의 우리를 훈계하고 있는 것인지도 모른다. 장자는 충분히 그러고도 남음이 있는 성인이기 때문이다. 그래서 근시안적인 시각에서 벗어나 좀 더 멀리 내다보고, 하나를 알면 둘을 깨우치며, 한쪽 귀퉁이를 보면 나머지 세 귀퉁이도 헤아릴 줄 아는 식견을 갖추어야 한다. 단순히 보는 것이 아니라 보는 것에 의미를 부여하고 관점을 달리하면, 유사한 듯 보이지만 사실은 그렇지 않은 이면의 모습까지 볼 수 있는 경지에 이른다.

21세기 현대사회는 과학과 문명의 발달로 인하여 평안하고 풍요로운 삶을 구가하고 있다. 하지만 그로 인해 몹시 불편하고 피폐하게 살아간다고 볼 수도 있다. 인간을 병들게 하고 황폐하게 만드는 것은 자연이 아니라 과학과 문명이기 때문이다.

과학과 문명은 인간이 마음 놓고 살거나 간편하게 살 수 없도록 만들어간다. 그래서 몸은 군살로 부풀어가고 마음은 삼복더위에 널어놓은 건초 더미처럼 메말라간다. 자연 속에 있는 인간은 언제나 푸릇하고 활기가 넘쳐나지만, 과학과 문명 속에 갇혀 있는 인간은 언제나 병약하고 무기력할 뿐이다. 장자가 살았던 전국시대 말기에는 유가가 인위의 우두머리였다면, 현대사회는 과학과 문명이 인위의 우두머리 노릇을 하고 있으니, 변무에 나오는 우화들이 현존하는 우리를 비웃고 있는지도 모를 일이다. 자연 속에서는 항상 자기 자신과 조화를 이루며 살아가지만, 과학과 문명 속에서는 그 조화와 균형이 어긋나거나 깨진 채 살아가기 때문이다.

장자는 인위적인 모든 행위는 사람의 본성을 상하게 하는 일이라고 정의하였다. 세상에서 인의를 행하겠다는 것도 결국은 본성을 상하게 하는 일이다. 참된 인의를 지닌 사람은 자기 자신이 인의를 지니고 있는지조차도 모른다. 그저 순수한 양심에 따라서 행동할 뿐이다. 그러나 분에 넘치도록 인의를 앞세우게 되면 그 자체가 사람을 구속하는 역할을 하게 된다. 그로 인해 인간의 참된 본성마저도 잃어버리고 겉치레와 대중들의 평판에 휘둘리게 된다. 후한의 사상가인 왕충王充은《논형論衡》에서 "많은 사람들이 좋아하고 오로지 명예롭기만 한 사람은 진정한 현인이 아니다"라고 정의했다. 본 장인 변무에서는 절의를 위해서 굶어 죽은 백이나 평생 도둑질만 일삼다가 욕심을 입에 물고 죽은 도척이나 참된 본성을 잃어버렸다는 점에서는 같다고 보았다. 따라서 사람은 본성에서 어긋나도 안 되지만 지나쳐서도 안 된다. 본성에서 어긋나면 변무처럼 발가락이 달라붙은 장애인이 되는 것이고, 지나치게 되면 육손이처럼 손가락을 하나 더 지닌 장애인이 되는 것이다. 그래서 참된 본성을 지키는 것이 선이라고 한 것이다.

제9장

마제馬蹄

스스로 교화되어야 한다

마馬는 말이고, 제蹄는 짐승의 발굽을 뜻하는 것이니, 마제는 말발굽을 가리킨다. 천하를 다스림에 있어서는 인의예지와 같은 지식과 형식에 치우치기보다 순수하고 소박한 본성을 추구해야 한다는 것에 대하여 말하고 있다. 본 장은 전편에 걸쳐 겨우 세 단락으로 구성되어 있다. 첫 번째 단락에서는 진흙의 본성이 어떻게 곱자와 먹줄에 맞겠는가에 대하여 설명하고, 두 번째 단락에서는 베를 짜서 입고 밭을 갈아서 먹는 모든 것이 타고난 덕이라는 설명을 하고 있으며, 마지막 단락에서는 성인이 나타나 인을 만들고 의를 만들어서 천하에 갈등이 시작되었다고 주장한다. 그래서 노자는 오래전부터 "아무것도 하지 않으면 자연히 교화되고, 맑고 고요하면 자연히 바르게 된다"고 하였다.

누구에게나 타고난 덕이 있다

말은 발굽이 있어서 서리와 눈을 밟을 수 있고, 털이 있어서 추위와 거센 바람을 이겨낸다. 풀을 뜯으며 물을 마시고 발을 높이 구르며 달리는 것이 말의 본성이다. 비록 높은 누대와 구중궁궐이 있다고 해도 말에게는 아무 소용이 없다. 백락伯樂이라는 사람이 나타나서 말하기를 "나는 말을 잘 다스린다"고 하면서 말에 낙인을 찍고, 털을 깎고, 말굽을 다듬고, 굴레를 씌우고, 고삐와 띠를 맨 다음 마구간을 지어 가두었다. 그러자 말이 적응하지 못하고 열에 두세 마리는 죽었다.

거기다가 굶주리고 목마르게 하며, 지나치게 뛰고, 갑자기 달리게 하며, 발맞추어 걷게 하고, 줄지어 달리게 하며, 앞에는 재갈과 멍에가 있고, 뒤에서는 채찍을 휘두르고 있으니, 살지 못하고 죽는 말이 절반도 넘었다.

한편 옹기장이는 "나는 진흙을 잘 빚는다"고 말하면서 둥근 것은 그림쇠에 맞추고 모난 것은 곱자에 맞춘다고 하였다. 또한 목수는 "나는 나무를 잘 다룬다"고 말하면서 굽은 것은 갈고리에 맞추고 곧은 것은 먹줄에 따른다고 하였다. 그러나 진흙과 나무의 본성이 어찌 그림쇠와 곱자, 그리고 갈고리와 먹줄에 따르려고 하겠는가. 그럼에도 불구하고 대를 이어 칭송하기를 백락은 말을 잘 다스리고, 옹기장이와 목수는 진흙과 나무를 잘 다룬다고 하였다. 이것 역시도 천하를 다스리는 사람들의 잘못이다.

내 생각에 천하를 잘 다스림은 그런 것이 아니다. 백성들에게는 변하지 않는 본성이 있다. 베를 짜서 옷을 입고 밭을 갈아 먹으니, 이것이 다 같이 타고난 덕인 동덕同德이다. 하나같이 평등하고 어느 집단에도 매이지 않으니, 이를 일러 하늘에 맡겨 되는 대로 그냥 놔두는 것이라고 하였다.

성인이 나타나 인의를 만들었다

지극한 덕으로 다스려지는 세상에서 백성들의 행동은 편안했으며, 생활은 순박하고 한결같았다. 이런 시절에 산에는 길이 나지 않았고, 물 위에는 배도 없었고 다리도 없었다. 만물이 무리를 지어 살듯이 사람들은 마을이라는 공동체를 이루며 살았고, 새와 짐승은 떼를 지어 다니고 초목은 저절로 잘 자랐다. 그러므로 금수에 굴레를 씌워 같이 놀았고 까치 둥지에 올라가 그 속을 들여다볼 수도 있었다.

지극한 덕으로 잘 다스려지는 세상에서는 새와 짐승과도 어울려 살았고, 만물과 가족처럼 어울렸으니 어찌 군자와 소인이 있음을 알고 차이가 있음을 알았겠는가. 똑같이 무지했으니 그 덕을 잃지 않았고, 똑같이 욕심이 없었으니 소박하다고 하였다. 소박했으므로 백성들의 본성이 보존되었던 것이다. 그러나 성인이 나타나서 인을 만들고 의를 만들어서 천하의 사람들은 서로 의심하기에 이르렀다. 방종한 음악을 만들고 번거롭게 예를 만들고부터 천하에는 비로소 명분이 생기게 되었다.

그러므로 나무의 순박함을 해치지 않고서 어떻게 소 머리 모양을 조각한 술잔을 만들 수 있겠는가. 흰 옥돌을 깨뜨리지 않고서 어떻게 옥기를 만들 수 있겠는가. 도와 덕이 무너지지 않았다면 무엇 때문에 인의를 주장하고, 성정이 흐트러지지 않았다면 무엇 때문에 예악을 쓰고, 오색이 어지럽혀지지 않았다면 무엇 때문에 무늬와 채색을 하겠으며, 오성이 어지럽혀지지 않았다면 무엇 때문에 육률을 맞추겠는가. 소박한 나무를 해쳐서 그릇을 만든 것은 목수의 죄이며, 도와 덕을 헐어서 인의를 만든 것은 성인의 잘못이다.

모두 성인의 잘못이다

말은 건장한 동물로서 마음껏 뛰어다니며 풀을 뜯고 물을 마시며, 즐거우면 서로 목덜미를 맞대고 비비고, 노여우면 서로 등지고 걷어찬다. 말의 지혜는 이것이 전부다. 그런데 말에게 멍에를 올려놓고 굴레로 제약을 가하자, 말은 멍에를 구부리고, 재갈을 뱉어내며, 고삐를 뜯는 법을 알게 되었다. 그리하여 말의 지혜가 도적같이 험악하고 교활해졌으니 이는 백락의 죄인 것이다.

고대 혁서씨赫胥氏 시대에 백성들은 편안히 살면서 다스림을 알지 못하였고, 걸어 다니면서도 가는 곳을 알지 못하였다. 입에 음식을 물고 기뻐하는 어린아이처럼 배를 두드리고 놀았으니, 백성들이 할 수 있는 일이란 이것이 전부였다. 그러나 성인이 나와서 나라를 만들고 예와 음악으로 번거롭게 하더니 천하의 모습이 바뀌었으며, 인의를 내세워 천하의 인심을 우울하게 만들었다. 그러자 백성들은 일에 힘쓰면서 지식과 지혜를 좋아하게 되었고 이익을 차지하려는 다툼이 그치지 않았다. 이것이 바로 성인의 잘못이다.

붙임 말

말은 드넓은 초원에서 풀을 뜯으며 제멋대로 살 수 있다면 그것으로 족할 뿐 호화로운 저택 따위는 필요가 없다. 인간세상에서도 세속에 사로잡힌 사람은 호화로운 저택을 갈망하겠지만, 자연과 하나가 된 사람에게는 그런 호화로움이 필요하지 않다. 속담에 "이리 새끼의 마음은 늘 들판에 가 있다"고 하였다. 누구에게나 주어진 본능이 있으며, 그 본능에 따라서 필요로 하거나 추구하는 바는 다를 수밖에 없다는 뜻이다. 공기나 물처럼 모든 생명체가 필요로 하는 공통분모도 있겠지만, 서로에게는 각자가 필요한 것이 다르기 때문에 공통분자는 필요가 없다. 그래서 자연은 그들 스스로 자연에 순응하며 그들만의 삶을 즐기고 있다.

본 장에서 말(馬)은 말을 잘 다루는 백락 같은 사람에 의해 본성을 잃게 되었다고 하였다. 그래서 말이 고삐를 물어뜯을 정도로 사나워졌고, 발길질을 할 정도로 거칠어졌으며, 재갈을 뱉을 정도로 교활해졌다고 보았다. 백락에게 길들여진 말이 심각한 지경에 이르렀듯이, 성인에게 길들여진 사람은 소박하고 순수한 본래의 모습을 잃고 서로 다투며 이익을 좇는다고 하였다. 이는 성인의 어짊과 의로움이 사람들의 본성을 잃게 만들었으므로 그 자체가 곧 폐단이라는 지적에 다름 아니다.

고전을 읽다 보면 수많은 동물 중에서도 유독 말에 대한 비유나 사례를 많이 발견할 수 있다. 《주역》에도 '빈마정이牝馬貞利'라고 하면서 암말의 바름이 이롭다고 하였다. 그런데 순한 양羊을 쓰지 않고 굳이 말로 비유한 이유는 무엇일까? 말은 모든 동물 중에서도 가장 빠르고 멀리 달릴 수 있으며 산이든 들이든 어디든지 갈 수 있다. 그만큼 말이라는 동물 자체가 강하면서도 크고 튼실하기 때문이다. 그렇게 왕성한 말을 잘 길들여놓으면 사람을 태우고 다닐 정도로 유순해진다. 그래서 길들인 말을 타는 사람은 무한한 힘을 갖추게 된다는 논리다. 그러나 장자가 논한 마제에서는 인간에게 강제로 복종시키기 위해 말을 인위적으로 길들임으로써 말의 본성을 잃게 하였다고 비난하고 있다.

본래 말의 품성이 그렇듯이 사람 역시도 누군가가 강제하지 않아도 서로 돕고 어울리며 잘 살아간다는 것이다. 그래서 덕이 이루어진 평화로운 세상에서는 사람들의 거동이 유유자적하며 눈매가 맑고 환하다고 하였다. 사람은 누구나 한결같이 타고난 본성이 있기 때문에 길쌈을 해서 옷을 지어 입고, 우물을 파서 물을 얻으며, 밭을 갈아 먹고산다. 이는 사람이라면 누구나 갖춘 본래의 면모인 동덕이다. 동덕은 모두에게 있지만 억지로 꾸미거나 조작해서 만들어낸 것이 아니다. 그렇지만 문명은 인간의 본성을 깎고 다듬어서 본의 아니게 세속의 부속품으로 전락시켜버리기 쉽다. 그러므로 인의 따위로 천하를 다스리는 짓은 잘못이니, 모든 것을 자연에 맡긴 채 함부로 인위를 가하지 말라는 장자의 인생관이자 기본적인 철학을 말하였다.

제10장

거협胠篋

성인이 죽어야 도적이 없어진다

거胠는 연다는 뜻이고 협篋은 상자라는 뜻이다. 그래서 거협은 말 그대로 도둑질을 하기 위해 남의 상자를 여는 것을 일컫는다. 상자에 자물쇠를 잠그는 것은 좀도둑을 막기 위해서인데 큰 도둑은 상자를 통째로 들고 간다. 그러므로 서투른 인간의 지혜는 아무짝에도 쓸모가 없고, 오히려 큰 도둑이 들고 가기 좋게 도와주는 결과만 초래한다. 어느 날 장자가 들길을 거니는데 뻐꾸기와 뱀이 뱁새의 둥지에서 서성거리는 것을 보았다. 가만히 보니 뻐꾸기는 뱁새의 둥지에 탁란托卵을 하려는 목적이 있었고, 뱀은 뱁새의 맛있는 알을 먹으려는 목적이 있었다. 자연은 탁란하는 뻐꾸기나 도둑질하는 뱀에게 벌을 주지 않는데, 그 이유는 그것이 그들의 타고난 본성이기 때문이다. 그러나 유독 인간만은 뻐꾸기와 뱀을 뱁새의 둥지를 탐하는 도둑이라고 여기는데, 그 이유는 그들의 타고난 본성을 무시하기 때문이다. 그래서 본 장에서는 자연의 본성을 거스르는 인의는 오히려 사람을 해치는 결과만 초래한다고 말한다.

성인이 도둑에게 봉사하다

재물을 도둑맞지 않기 위해 대부분의 사람들은 자루의 끈을 단단히 묶고, 금궤나 상자에 자물쇠를 굳게 채운다. 이것이 이른바 세상의 지혜라는 것이다. 그러나 좀도둑이 아니라 큰 도둑이라면 오히려 그런 것을 좋아한다. 궤짝과 상자와 자루를 통째로 둘러매고 달아나면서, 자물쇠와 끈이 부실하면 어쩌나 하고 오히려 걱정한다. 그러고 보면 세상에서 통용되는 지혜라는 것은 큰 도둑을 대신해서 물건들을 잘 보관해놓는 것이라고 해도 과언이 아니다. 짐작컨대 세상에 지혜로운 사람이란 큰 도둑을 위하여 재물을 쌓아놓는 사람들이 분명하다. 그러므로 성인이란 큰 도둑을 잘 지켜주는 문지기가 아니던가?

옛날 제나라는 이웃 마을이 서로 바라다보이고, 닭과 개 짖는 소리가 서로 들리며, 그물 치고 쟁기질할 땅이 사방으로 2천여 리나 되었다. 사방의 국경 안에 종묘와 사직을 세우고, 크고 작은 마을을 다스림에 있어서 어느 것 하나 성인을 본받지 않은 것이 없었다. 그런데도 신하인 전성자田成子가 임금을 죽이고 나라를 도둑질하였다. 도둑질한 것은 나라만이 아니었다. 성인의 지혜와 법까지 도둑질하여 민심을 장악했다. 그리하여 전성자는 도둑임에도 불구하고 요순임금 못지않은 안정된 지위를 누릴 수 있었다. 전성자의 불의를 꾸짖는 나라도 없었고, 징벌하고자 군사를 일으키는 나라도 없었기에 자손은 12대에 걸쳐 제나라를 지배할 수 있었다. 이것이야말로 성인과 지자가 큰 도둑에게 봉사한 좋은 예가 아니던가.

도둑에게도 도가 있다

어느 날 유명한 도둑의 수괴인 도척에게 부하들이 물었다.

부하: 공자의 무리들은 도가 있다고 하던데, 우리 도둑에게도 도가 있습니까?

도척: 물론이다. 무엇을 하든 간에 사람에게는 도가 필요한 것이다. 도적에게는 남의 집에 재물이 어디에 있는가를 꿰뚫어 보는 것이 성인이요, 맨 먼저 침입하는 것이 용기이며, 맨 뒤에 나오는 것이 의로움이다. 훔쳐도 되는지 안 되는지를 아는 것이 지혜요, 고르게 나누어 갖는 것이 인이다. 이렇게 다섯 가지를 갖추지 않고서 대도가 된 전례는 없다.

이로 미루어 볼 때 착한 사람이든 악한 사람이든 성인의 도를 체득하지 못하면, 입신할 수 없고 행세하지도 못한다. 천하에 착한 사람은 적고 악한 사람은 널려 있으니, 성인이란 천하를 이롭게 하기보다는 해롭게 하는 것이 더 많다. 입술이 없으면 이가 시리고, 조나라가 술에 물을 섞었다고 조나라의 수도가 포위당하였듯이 성인이 생기니 도둑이 일어난다고 하는 것이다.

냇물이 마르면 골짜기도 마르고, 언덕이 무너지면 못은 사라진다. 마찬가지로 성인이 없어지면 큰 도둑도 사라질 것이다. 도둑을 막기 위해 성인의 지혜를 움직이면 움직일수록 큰 도둑만 이롭게 할 뿐이다.

나라를 훔친 자는 왕이 된다

성인이 말과 되를 만드는 것은 수량을 재기 위함인데, 그렇게 된다면 말과 되까지 훔쳐갈 것이다. 저울과 추는 무게를 달기 위함인데, 그렇게 된다면 저울과 추까지도 훔쳐갈 것이다. 부신符信과 도장은 증좌를 삼기 위함인데, 그렇게 된다면 부신과 도장까지도 훔쳐갈 것이다. 인의를 세우는 것은 그릇됨을 바로잡으려는 것인데, 그렇게 된다면 인의마저도 훔쳐갈 것이다.

혁대 고리를 훔친 자는 형벌을 받지만 나라를 훔친 자는 임금이 된다. 임금이 되면 인의가 몰려드니, 이는 곧 인의와 성인의 지혜까지 훔친 것이 아니겠는가. 이처럼 나라를 훔치고 인의와 치국의 법까지 훔친 큰 도둑의 소행이 천하의 인정을 받는 세상에서 포상이나 형벌이 얼마나 효과가 있겠는가. 고작 좀도둑이나 막는 역할밖에 하지 못한다. 이처럼 큰 도둑을 살찌게 하고 악을 억제할 수 없게 만든 책임은 다른 그 누구도 아닌 성인에게 있다.

모범을 보이려다 혼란에 빠진다

옛말에 물고기는 연못을 벗어나면 안 되고, 나라의 보물은 남에게 과시하면 안 된다고 하였다. 성인은 세상의 날카로운 무기일 뿐 세상을 밝히는 수단이 아니다. 그러므로 성인을 없애고 지혜를 버리면 큰 도둑은 저절로 없어질 것이다. 옥을 버리고 진주를 깨뜨려야 좀도둑이 생기지 않는다. 부신과 도장을 없애버리면 백성들은 순박해질 것이다. 되를 부수고 저울을 망가뜨리면 백성들은 다투지 않을 것이다. 천하의 성인과 법을 없애버려야 비로소 백성들은 자신을 되찾아 자기가 하고 싶은 말을 하게 될 것이다.

음악의 음계를 없애고 악기는 태워버리며, 사광 같은 음악가의 귀를 막아야만 사람들의 귀가 밝아질 것이다. 장식과 오색의 색채를 버리고 이주 같은 예술가의 눈을 가려야만 사람들의 눈이 밝아질 것이다. 먹줄과 자를 없애고 공수工倕 같은 장인의 손가락을 못 쓰게 만들어야만 사람들의 재주가 나타날 것이다. 그래서 위대한 기교는 졸렬한 것만 못하다고 한 것이다.

증삼과 사추의 행실을 깎아내리고, 묵자와 양자의 입을 봉해버리며, 인의를 뿌리째 뽑아버려야 사람들은 진실한 덕으로 돌아갈 수 있을 것이다. 참다운 총명을 지니고 있다면 외부의 사물에 현혹되지 않는다. 참다운 지혜를 가지고 있다면 미망에 빠지지 않는다. 참다운 덕을 가지고 있다면 자기 자신을 잃지 않는다. 그런데 잘났다고 설치는 증삼, 사추, 묵자, 양자, 사광, 이주, 공수 등의 무리가 겉으로만 자기들의 덕을 내세워 세상에 모범을 보이려 했기 때문에 사회가 큰 혼란에 빠지게 된 것이다. 그들을 본받는 것은 헛된 짓이다.

독단적인 학설과 거짓

지극한 덕이 홀로 행해지던 시대는 어떠했는가? 옛날 태고시대의 제왕들이 다스릴 때는 새끼로 매듭을 지어 의사소통을 했을지언정 음식은 달게 먹었고, 의복을 아름답게 여겼으며, 자신들만의 풍속을 즐겼고, 자신들의 거처를 편안하게 여겼다. 닭 울음소리와 개 짖는 소리가 들려올 정도로 이웃나라가 가까이 있어도 사람들은 서로 넘보지 않았다. 이런 시대야말로 세상이 잘 다스려졌다고 말할 수 있다.

지금의 사람들은 지혜를 좇고 이익을 추구하여 잠시도 편안한 날이 없다. 어디에 현자가 있다는 소문을 들으면 먼 길도 마다 않고 달려간다. 부모를 버리고 제가 섬기던 주인의 명령도 버리고 달려간다. 현자를 찾아다니느라 수레의 흔적이 천 리 먼 곳에까지 미친다. 이것은 임금과 윗사람들이 지혜를 중시한 까닭이다. 임금과 윗사람들이 지혜만 좋아하고 도를 천대했기 때문에 사람들은 본래의 자기를 잃고 세상은 혼란스러워진 것이다.

사람들이 새를 잡기 위해서 활과 쇠뇌와 주살 따위를 만들수록 새는 그만큼 편안하게 살 수 없다. 낚싯바늘과 그물 따위를 만들수록 고기는 물속에서 편안하게 지낼 수 없다. 덫이나 사냥 도구를 만들수록 짐승들은 숲속에서 편안하게 살 수 없다. 마찬가지로 지혜, 속임수, 위선, 교활, 궤변, 논쟁 등의 의견 차이가 많아지자 세상의 풍습은 이론에 미혹하게 되었다. 세상이 이처럼 어지러워진 것은 통치자가 지혜를 좋아한 탓이다. 농사짓는 백성들은 버리고 교활한 아첨꾼을 좋아하며, 고요하고 맑은 무위는 버리고 제멋대로 가르치는 학설을 좋아했다. 이렇게 독단적인 학설과 거짓이 천하를 어지럽히고 있는 것이다.

붙임 말

본 장은 유가의 사상을 도둑으로 몰아 공격하면서 노자의 도를 밝히는 데 취지가 있다고 볼 수 있다. 옥구슬을 던져버려야 좀도둑이 생기지 않고, 어음 증서를 태워버려야 사람들이 소박해지며, 됫박과 저울을 부숴버려야 사람들이 싸우지 않는 것처럼, 세상에 있는 훌륭함과 앎을 잘라버려야 큰 도둑이 없어진다고 하였다. 그래서 노자는 성인이 죽지 않으면 큰 도둑은 없어지지 않는다고 말했다. 성인의 지혜란 큰 도둑을 도와줄 뿐이라는 것이다. 즉 자연의 본성에 거슬리는 인의는 오히려 악한 자들을 이롭게 할 뿐이라는 논리다. 그래서 유가에서 성인이라고 일컫는 사람들을 위시하여 보잘것없는 인간의 보잘것없는 지혜를 버리고, 자연을 자연 속에 간직하는 소박하면서도 활기가 넘치는 상태로 돌아가야 한다는 주장을 펼쳤다.

본 장은 성인이란 큰 도둑을 위한 문지기가 아닌가라는 물음을 던지면서 시작했다. 왜냐하면 세상에서 나쁜 일을 가장 크게 벌이는 악인이란 모두 큰 지혜를 가진 자들이기 때문이다. 그래서 평범한 사람들은 그에 대한 대비책을 강구하느라 노력하지만, 실은 그 자체도 큰 도둑을 도와주는 결과만 초래한다고 본 것이다. 도둑들도 성인이 말하는 도에 따라서 도둑질을 하므로 성인이라는 존재는 결국 도둑을 가르치고 있다는 논리다. 즉 성인의 지혜가 그들을 도와주는 역할을 톡톡히 하고 있기 때문이다. 그래서 세상에 있는 성인의 법을 모두 없애버려야 도둑이 없어지고 평화로운 세상이 도래한다고 본 것이다.

화려한 무늬와 오색을 버려야 세상 사람들이 나름대로 볼 수 있고, 먹줄과 곱자를 없애고 공인의 손가락을 꺾어버려야 세상 사람들이 나름대로 솜씨를 발휘할 수 있다. 그래서 위대한 솜씨는 서툴다고 한 것이다.

그 옛날 복희씨나 신농씨神農氏가 다스리던 태고시대에는 사람보다 짐승이 훨씬 더 많았고, 들이나 산으로 나가면 먹을 것이 지천으로 널려 있었다. 그래서 사람들은 훔치는 것을 몰랐다. 오히려 산짐승들이나 벌레, 뱀들의 피해를 더 걱정하면서 살았다. 아이들이 엄마는 알아도 아빠는 모를 정도로 남녀 간의 경계도 없었다. 즉 너와 나의 경계, 네 것 내 것이라는 경계가 없었음을 의미하는데, 이는 인간이 훔칠 줄을 모르고 자연에 만족하며 자연과 더불어 살았던 까닭이다.

그런데 하, 은, 주 3대 이후로 인구는 늘어나고 짐승의 숫자는 줄기 시작하였으며, 들이나 산에서 거저 채취하던 먹을거리도 줄어들었다. 그러면서 이웃집 담을 넘게 되었고, 급기야는 창과 도끼를 들고 이웃나라의 국경마저 넘나들게 된 것이다. 그러자 통치자는 백성들을 다스리기 위해서 많이 배운 사람이 필요하게 되었고, 전쟁에 승리하기 위해서는 지혜가 출중한 사람이 필요하게 되었다. 통치자는 자연스럽게 순박하고 선한 백성들은 멀리하고 약삭빠르고 교활한 사람들을 가까이할 수밖에 없었다. 많이 배우고 지혜가 출중한 사람들은 인의를 방패로 삼고 인위를 창으로 삼아 고요한 무위를 해치면서 세상을 점차 혼란스럽게 만들어갔다. 그래서 장자는 성인이 사라져야 도둑도 사라진다고 말한 것이다.

제11장

재유在宥

있는 그대로 내버려둔다

재在는 제멋대로 한다는 뜻으로 쓰였고 유宥는 권한다는 뜻으로 쓰였다. 그래서 재유는 있는 그대로 내버려둔다는 것을 말한다. 본 장에서는 무위의 다스림에 대해 논하면서 세상사를 있는 그대로 받아들이라고 말한다. 천하는 있는 그대로 내버려 두어야지 다스려서는 안 된다는 것이다. 다스리게 되면 서로 구속하고 해치게 된다는 논리다. 본 장에서도 노자에 대한 이야기와 사상을 많이 인용하고 있는 점이 눈에 띈다. 조물주가 만물을 만들어낼 때 이유 없이 빚어놓은 것은 단 하나도 없다. 길을 가다가 발에 밟히는 풀 한 포기도, 산길에 나뒹구는 돌멩이 하나도 그 나름대로의 쓸모가 있기 때문에 존재한다. 어느 것 하나 남는 것도 부족한 것도 없다. 그런데 우리 인간만은 그런 사실을 잘 모른다. 허기진 상태는 욕심을 불러일으키고 욕심은 화근을 불러일으킨다. 현재 지구상에서 벌어지고 있는 기후위기와 환경문제만 해도 인간중심주의에서 비롯된 재앙이다. 그래서 장자는 있는 그대로 내버려두라고 말한다.

무위로 다스리다

예로부터 세상을 있는 그대로 내버려둔다는 말은 들어보았어도 세상을 다스린다는 말은 들어보지 못했다. 세상을 있는 그대로 두는 것은 본래의 모습을 해칠까 두렵기 때문이며, 세상을 내버려두는 것은 타고난 덕이 변질될까 염려되기 때문이다. 천하의 사람들이 자신의 본성을 지키면서 덕을 그대로 지닐 수 있다면 굳이 천하를 다스릴 필요가 있겠는가?

옛날 요임금이 천하를 다스릴 때는 사람들로 하여금 기쁘게 살도록 했기 때문에 사람들은 천성을 즐겼다. 이것은 자연스럽게 둔 것이 아니다. 걸桀임금이 천하를 다스릴 때는 사람들로 하여금 비참하게 살도록 하였기 때문에 사람들은 자신의 본성을 괴롭혔다. 이것은 즐기도록 둔 것이 아니다. 자연스럽게 두지 않거나 즐기도록 두지 않는 것은 본래의 모습이 아니다. 본래의 모습이 아니면서 오래갈 수 있는 것은 세상에 없다.

사람이 크게 기뻐하면 양陽으로 치우치게 되고, 크게 노여워하면 음陰으로 치우치게 된다. 양이든 음이든 한쪽으로 치우치면 사시四時가 제대로 운행되지 않고 추위와 더위가 조화를 이루지 못해 사람의 몸이 상하게 된다. 또한 기쁨과 노여움이 한쪽으로 치우치면 도를 잃게 되고, 거처가 일정치 않으면 생각을 다하지 못하고 도리가 밝지 못하게 된다. 그렇게 되면 세상 사람들의 뜻도 고르지 않고 행동도 고르지 않아서 증삼이나 도척이나 사추와 같은 행실이 생겨나고, 선한 사람에게 상을 준다고 해도 선을 행하지 않고, 악한 사람에게 벌을 준다고 해도 악을 막을 수 없게 된다. 그러므로 드넓은 세상을 상과 벌로만 다스릴 수가 없는 것이다. 하, 은, 주 3대 이후로는 상벌로 다스리는 것만을 일삼았으니, 어느 겨를에 천성을 안정시킬 수 있었겠는가?

눈 밝은 것만 좋아한 결과 색에 빠지게 되었고, 귀 맑은 것만 좋아한 결과 소리에 빠지게 되었으며, 인을 좋아한 결과 덕을 어지럽게 만들었고, 의를 좋아한 결과 이치에 어긋나게 되었으며, 예를 좋아한 결과 겉치레를 중시하게 되었고, 즐거움을 좋아한 결과 음란함에 빠지게 되었으며, 성인을 좋아한 결과 재능을 따지게 되었고, 지식을 좋아한 결과 남의 허물을 찾게 되었다. 온 천하가 천성 그대로 편안하려면 이 여덟 가지는 있어도 그만 없어도 그만인 것들이다. 온 천하가 천성 그대로 편안하지 않다면 이 여덟 가지는 얽히고설키면서 천하를 어지럽힐 것이다. 그러면 온 천하가 비로소 그것들을 아끼고 존중하게 될 것이니, 천하의 미혹됨이 더욱 심해질 뿐이다. 어찌 그것들을 버리고 과오를 바로잡지 않을까? 오히려 몸과 마음을 단정히 하듯이 그것들을 말하고, 무릎 꿇고 그것들을 진언하며, 그것들을 노래하며 춤을 추고 있으니, 난들 어찌할 수 있겠는가?

군자가 부득이하게 천하를 다스리게 된다면 무위보다 더 좋은 것은 없다. 무위만이 사람의 본성을 안정시킬 수 있다. 천하보다 자신을 더 귀하게 돌보는 사람이 있다면 천하를 맡길 만하다. 그러므로 군자는 재능이 있다고 해도 오장에 깃든 생명을 흩트리지 않고 총명함을 드러내지 않아야 한다. 그리하면 고요하게 지내지만 그의 덕은 용처럼 나타나고, 연못처럼 침묵하지만 우레처럼 위용을 보이며, 신묘하게 움직이면서도 자연의 변화를 따르고, 무의하게 지내지만 만물이 저절로 다스려진다. 그렇기에 내가 새삼스럽게 천하를 다스릴 겨를이 있겠는가.

변화무쌍한 사람의 마음

최구崔瞿가 노자에게 민심에 대하여 물었다.

최구: 선생께서는 천하를 다스리지 말라고 하시는데, 그렇다면 어떻게 민심을 안정시킬 수가 있겠습니까?

노자: 민심이란 뒤흔들어서 어지럽히고 혼란스럽게 해서는 안 된다. 사람의 마음이란 추켜세울 수도 있고 깎아내릴 수도 있지만 둘 다 좋은 것이 못 된다. 부드러운 것은 강하고 딱딱한 것을 유하게 하고, 날카로운 것은 깎거나 갈아서 만물을 자극시킨다. 불같이 타오르기도 하고 얼음처럼 차가워지기도 하며, 순식간에 세상 밖으로 뛰쳐나가기도 한다. 가만히 있으면 연못처럼 고요하지만, 움직이기 시작하면 하늘로 날아오른다. 이처럼 변화무쌍한 것이 사람의 마음이다.

진정한 덕과 침묵

운장雲將이 동쪽을 유람하다가 홍몽鴻蒙을 만났다. 홍몽은 신이 나서 넓적다리를 두드리고 껑충껑충 뛰어다니며 놀고 있었다. 그 모습을 어이없다는 듯이 바라보던 운장이 다가가서 물었다.

운장: 노인장은 누구시며 왜 이러고 계십니까?

홍몽: 그냥 노는 것이라오.

운장: 묻고 싶은 것이 있습니다.

홍몽: 무엇이 궁금하시오?

운장: 지금 하늘의 기운은 조화를 이루지 못하고, 땅의 기운은 펼쳐지지 못하며, 여섯 가지 기운은 고르지 않고, 사시도 차례가 없습니다. 그래서 저는 육기六氣의 정수를 모아 만물을 기르고자 하는데 방법이 없겠습니까?

홍몽: 나는 모르오. 나는 그런 거 모른다오.

모른다고 딱 잡아떼니 운장은 더 이상 물어볼 수 없어 발길을 돌렸다. 그 후 3년이 지나서 송나라 들판을 지나다가 홍몽을 다시 만나게 되었다. 운장은 크게 기뻐하며 달려가 두 번 절하고 말하였다.

운장: 하늘 같은 분이시여, 저를 잊으셨습니까?

홍몽: 나는 세상을 떠돌아다니지만 바라는 것도 없고, 내가 어디로 가는지도 알지 못하며, 집착하는 바가 없으니 무엇이 부족하지도 않고, 다만 참된 움직임만 볼 뿐이오. 그런데 내가 무엇을 알겠소?

운장: 저 역시 자유인으로 살아왔지만, 백성들이 언제나 제 뒤를 따르고 있어서 어쩔 수 없이 그들과 함께 지내고 있습니다. 부디 한 말씀만이라도 가르침을 주시기 바랍니다.

홍몽: 천지의 법도를 어지럽히고 만물의 실정을 거스르게 되면 천지의 현묘한 조화가 이루어지지 않는 것이오. 그 결과 짐

승들은 흩어지고, 새들은 밤에도 울며, 재앙이 초목과 벌레에까지 미치게 되는 것이오. 이 모든 것은 인위적으로 다스리고자 하였기에 벌어지는 일들입니다.

운장: 그러면 저는 어떻게 처신해야 합니까?

홍몽: 먼저 마음을 수양하시오. 그대가 무위 속에 몸을 둔다면 만물은 저절로 생육될 것이오. 그대의 몸을 잊고 총명함을 버린다면 자연의 근원과 더불어 한 몸이 될 것이오. 마음의 집착을 풀어버리고 정신의 속박에서 벗어나 아무것도 알지 못하는 바가 되시오. 그렇게 되면 만물은 저절로 각자의 근원으로 돌아가게 될 것입니다. 그것들은 혼돈 속에서 다시는 근원을 떠나는 일이 없을 것이오. 하지만 만약 근원으로 돌아온 사실을 알게 된다면, 그 순간 그곳으로부터 떠나게 될 것이오. 그러므로 근원이 무엇이냐고 물어서도 안 되고, 그 모습을 알고자 해서도 안 됩니다. 그러면 만물은 저절로 나고 저절로 생육될 것입니다.

운장: 하늘 같으신 분께서 제게 진정한 덕을 가르쳐주시고, 침묵에 대해서도 가르쳐주셨습니다. 오래도록 구하고자 하였는데 이제야 얻은 것 같습니다.

운장은 두 번 절하고 머리를 조아린 뒤 일어나서 작별을 고하였다.

천지의 만물과 합치되다

세상 사람들은 모두 자신의 의견에 동의하는 것을 기쁘게 여기고, 자신의 의견과 달리하는 것은 싫어한다. 자신과 같게 하기를 바라고 자신과 다르게 하는 것을 꺼려하는 이유는 다른 사람들보다 뛰어나고 싶은 마음에서다. 그러나 남들보다 뛰어나고자 하는 마음이 있다고 해서 남들보다 뛰어날 수 있겠는가? 대중의 중론 속에서 자신의 견해를 인정받고 싶어 하지만, 여러 사람의 재주가 많아 의견을 일치시킬 수 없다. 그럼에도 나라를 인위적으로 다스리려는 사람은 하, 은, 주 3대의 이로움만 알 뿐 그 폐해는 알지 못한다. 이들이 온 나라 사람들의 의견을 일치시키려고 하는 것은 요행을 바라는 것과 같다. 요행으로 나라를 다스리려 한다면 그 나라는 보전하기 힘들다. 나라를 잃는다는 것은 한 사람의 무지함으로 인하여 만백성과 재물을 잃는 일이다.

무릇 나라를 다스린다는 것은 민생의 근본이 되는 큰 물건을 소유하는 것과 같다. 큰 물건을 소유한 사람이 작은 물건에 구애되어서는 안 된다. 사물을 다스리면서 사물에 구애받지 않는다면 모든 사물이 제대로 보존된다. 이로 미루어 천하의 백성을 다스리는 일에도 짐작함이 있어야 한다. 천지 사방을 드나들고 온 세상에 노닐더라도 홀로 갔다 홀로 오는 것을 두고 홀로 천지를 소유하는 것이라고 말한다. 천지를 홀로 가진 사람은 지극히 존귀한 사람이다.

위대한 사람의 가르침은 그림자가 형체를 따르고, 울림이 소리를 따르는 것과 같다. 물음에 응답하면서 자기가 품고 있는 생각을 다 털어놓는다. 그래서 온 천하의 반려가 된다. 아무 소리도 없는 고요함에 몸을 두고, 정해진 방향도 없이 자유롭게 운신한다. 위대한 사람은 정신없이 허둥대는 백성들을 인도하여 무한한 경지로 이끌어줄 것이다. 드나듦에는 좌우가 없고 태양처럼 시작도 끝도 없다. 용모와 말씨와 신체가 천하의 만물과 합치됨으로써 사사로운 자기가 없다. 자기가 없는데 어찌 사물을 소유할 수 있겠는가. 존재를 인식하는 사람은 옛날의 군자요, 존재를 인식하지 않는 사람은 천지의 벗이다.

관조할 뿐 돕지 않는다

천하지만 쓰지 않을 수 없는 것이 물건이다. 비천하지만 의지하지 않을 수 없는 것이 백성이다. 비록 귀찮지만 하지 않을 수 없는 것이 정사政事다. 사납지만 널리 펼치지 않을 수 없는 것이 법이다. 비록 본성과는 차이가 나지만 실천하지 않을 수 없는 것이 의로움이다. 친족을 편애하지만 넓히지 않을 수 없는 것이 인이다. 절도로 꾸미지만 실천하지 않을 수 없는 것이 예다. 잘 들어맞는 것에 불과하지만 높이지 않을 수 없는 것이 덕이다. 한결같은 것이면서 바뀔 수 없는 것이 도이다. 신령스럽지만 그것에 따르지 않을 수 없는 것이 하늘이다.

그러므로 성인은 하늘을 살피고 관조할 뿐 돕지 않는다. 덕을 이루지만 꾀하지 않고, 도를 드러내지만 매이지 않으며, 인에 합치시키지만 자랑하지 않고, 의로움에 몸을 두지만 쌓으려고 하지 않으며, 예에 맞게 하되 꺼려하지 않고, 사물을 접하되 다투지 않으며, 법을 평등하게 하여 어지럽히지 않고, 백성들에게 의지하지만 그들을 가볍게 여기지 않으며, 사물을 따르지만 근본을 저버리지 않는다. 사물이란 인위적으로 다스리지 말아야 하지만, 다스리지 않을 수도 없기 때문이다.

하늘을 밝게 알지 못하는 사람은 덕에 있어서 순수하지 못하다. 도에 통하지 못한 사람은 덕을 닦으려 해도 제대로 되지 않는다. 그러므로 도를 잘 모른다는 것은 슬픈 일이다. 도는 천도天道가 있고 인도人道가 있다. 다스림이 없어도 따르는 것이 천도요, 다스림이 있어서 따르도록 강제하는 것이 인도다. 그러므로 주인은 천도이며 신하는 인도다. 이처럼 천도와 인도는 서로 멀리 떨어져 있는 것이니 살피지 않을 수 없다.

붙임 말

재유는 천하는 그대로 내버려두어야 마땅하다는 의미다. 즉 어떤 사물도 구속하지 않고 자연에 맡겨두어야 한다. 그럼에도 불구하고 사람들은 자신의 힘과 지혜로 다스리려고 덤벼든다. 하늘이 세상의 만물을 만들 때 허술하게 만든 것은 단 하나도 없는데 말이다. 인간이 가장 하찮게 여기는 딱정벌레나 풀한 포기조차도 조물주의 설계에 따라서 만들어진 경이로운 생명체들이다. 그런데 만물의 영장이라고 하는 우리 인간만이 그 사실을 모르고 있는 것 같다. 그래서 모든 것들을 강제하고 다스리려다 보니 인간의 총명함과 지혜를 내세우게 되고, 인의를 존중하게 되어 세상은 더욱더 혼란 속으로 빠져든다. 하지만 사람의 마음이 늘 평안하고 안정되어 있으면 이목이 저절로 총명해진다. 생각해야 할 것을 생각하면 밝아지고 생각하지 말아야 할 것을 생각하면 어두워지기 때문이다. 장자는 자연의 도리에 어긋나고 인간의 지식과 지혜가 판을 치며 인간의 자유를 침해하는 획일적인 사회를 혐오하였다. 그뿐만 아니라 인간이 인간을 다스리는 일도 철저하게 싫어했다. 따라서 천하는 아무런 작위도 가하지 말고 무위로서 그냥 방치하듯이 내버려두어야 한다고 말하였다.

본 장은 노자의 제자인 최구가 천하를 인위로 다스리지 않는다면 어떻게 민심을 수습할 수 있겠느냐고 묻는 질문으로 시작하였다. 노자는 사람의 마음이란 뜨겁게 달아오르면 활활 타오르는 불길과 같고, 차갑게 식으면 꽁꽁 얼어붙은 얼음과 같으며, 가만히 있을 적에는 깊은 물처럼 고요하지만 움직이기 시작하면 하늘을 날아다닌다고 설명한다. 그래서 민심이란 종잡을 수 없이 변화가 많은 것이라고 말하였다. 변덕스럽기 짝이 없는 인간의 마음을 인의라는 도구로 어설피 건드리게 되면 걷잡을 수 없는 혼란만 초래하게 되므로 자연스러운 모양 그대로 놔둬야 한다는 뜻이다. 따라서 이러한 인위적인 행위는 모두 세상을 혼란스럽게 만드는 원인이 되는 것이니, 모든 것을 자연의 무위에 맡기라고 한 것이다.

제12장

천지天地

하늘과 땅은 조화를 이룬다

천지는 말 그대로 하늘과 땅으로서 우주 전체를 망라하고 있다. 하지만 다스림은 오로지 도道 하나뿐이다. 그래서 도를 통달하면 만사가 이루어진다고 하였다. 무위로 다스리는 것을 하늘이라 하고, 무위로 선양하는 것을 덕이라 하며, 사람을 사랑하고 만물을 이롭게 하는 것을 인이라고 한다. 그러나 나라를 다스리는 일만 큰일에 속하고, 자신을 다스리는 것은 작은 일에 속하는 것이 아니다. 자신을 다스림으로써 나라를 다스릴 수 있기 때문이다. 그러나 다스림은 잊는 것이니 사물도 잊고 하늘도 잊어라. 그것을 일러 자기를 잊는 것이라고 하였다. 즉 자기라는 존재를 잊고 자연을 따르는 것이다. 모난 돌이 정 맞는다는 속담이 있듯이 항상 우쭐대는 놈이 화를 당한다. 예를 들어 대밭에서 닭들이 모이를 찾고 있으면, 숲 뒤에서는 살쾡이가 주린 배를 채우려고 노려본다. 그런데 살쾡이 밥이 되는 것은 부지런히 알을 낳는 암탉이 아니라 항상 장닭이다. 붉은 벼슬을 뽐내며 날개털의 윤기를 자랑할 때 낚아채 가기 때문이다. 암탉을 홀리려고 재주를 부리다가 제물이 되는 것이니, 내가 조금 있거나 안다고 우쭐대지 말아야 한다.

사심이 없으면 귀신도 감복한다

하늘과 땅은 비록 크지만 그 조화는 고르고, 만물은 종류가 많다고 하지만 그것의 다스림은 하나에 의한 것이다. 사람이 비록 많다고 하지만 그 주인은 임금 한 사람뿐이며, 임금이란 덕을 근본으로 삼고 하늘의 명에 의하여 이루어지는 것이다. 그래서 옛날의 임금이 천하를 다스릴 때는 무위로써 하였고, 하늘의 덕을 따랐다.

도로써 직언을 살펴보면 천하의 임금은 바르게 되고, 도로써 명분을 살펴보면 임금과 신하의 뜻이 분명해지며, 도로써 능력을 살펴보면 천하의 관리들을 적합하게 쓸 수 있고, 도로써 모든 것을 광범위하게 살펴보면 만물의 기능을 잘 갖추게 할 수 있다.

하늘과 통하여 만물을 운행하는 것이 도이며, 윗사람이 다스리는 것을 정사라 하고, 재능이 재주를 능가하는 것을 기교라고 한다. 따라서 기교는 정사로 지배하고, 정사는 의리로 지배해야 하며, 의리는 덕으로 지배하고, 덕은 도로서 지배해야 하며, 도는 하늘에 의하여 지배된다. 예전에 천하를 부양한 사람은 아무런 욕망이 없는데도 온 천하가 풍족하였고, 아무것도 하지 않는데도 만물이 조화를 이루었으며, 조용히 앉아 있기만 하였는데도 백성들은 안정되었다. 옛 책에 이르기를 "하나를 통달하면 만사가 그물 안에 있고, 아무런 사심이 없게 하면 귀신도 감복한다"고 하였다.

생사가 다르지 않다

선생께서 말씀하셨다.

"도라는 것은 만물을 싣고 덮어주는 것이므로 크고 광대하다. 그래서 군자는 마음을 비우지 않으면 받아들일 수 없다.

무위로 다스리는 것을 하늘이라 하고, 무위로 선양하는 것을 덕이라 하며, 사람을 사랑하고 사물을 이롭게 하는 것을 인이라고 한다. 같지 않은 것을 같게 하는 것을 크다고 하며, 행동이 남들과 어긋나지 않게 하는 것을 너그러움이라 하고, 만 가지를 소유하되 똑같지 않은 것을 풍부하다고 한다. 덕을 이루는 것을 올바로 선다고 말하며, 덕을 이루는 것을 독립이라 말하고, 도에 따르는 것을 잘 갖추어졌다고 하며, 외물에 뜻이 꺾이지 않는 것을 온전하다고 한다. 군자로서 이 열 가지를 분명히 한다면 마음이 커질 것이며 만물은 종속될 것이다.

그런 사람은 산에 금을 저장해두고 물속에 진주를 저장해둔 것과 같다. 그래서 재물을 이로움이라 생각하지 않고, 부귀를 가까이하려 하지 않으며, 오래 사는 것에 매달리지 않고, 일찍 죽는 것을 애통해하지 않는다. 또한 그런 사람은 영달을 영화롭게 생각하지 않고, 궁핍한 것을 수치로 생각하지 않으며, 한평생을 이익에 초월한 채 자기 분수대로 살아갈 것이다. 천하를 다스려도 자신이 높은 자리에 있다고 여기지 않으니, 혹시 높은 자리에 있더라도 밝게 드러날 뿐이다. 그에게 만물은 한 몸이고 삶과 죽음은 같은 것이다."

지극한 덕을 지닌 사람

선생께서 말씀하셨다.

"도라는 것은 연못처럼 편안하고 호수처럼 맑고 깊지만, 금석도 그것을 얻지 못하면 소리를 내지 못한다. 그러므로 돌과 쇠는 소리를 가졌지만 두드리지 않으면 울리지 않는다. 만물의 이러한 성질을 누가 정해주었던가? 크나큰 덕을 지닌 사람은 소박하게 행동하면서도 매사에 통달해 있다. 근본적인 지혜가 신통하므로 그 덕이 넓으며, 그 마음이 출현하는 것은 무언가에 응했기 때문이다. 그러므로 형체는 도가 아니면 생성되지 않고, 모든 생성은 덕이 아니면 발현되지 않는다. 형체를 보존하면서 생성을 다하고, 덕을 세우면서 도를 환하게 밝힌다면 가히 큰 덕이라고 말할 수 있다. 홀연히 나타나 갑자기 움직이는데도 만물이 따른다면 이 또한 큰 덕을 지닌 사람이라고 말할 수 있다.

어둠 속에서도 보고 소리 없이도 듣는다. 까마득한 가운데서도 홀로 밝음을 보고, 소리 없는 가운데서도 홀로 조화의 소리를 듣는다. 깊고도 깊기에 사물을 안정시키고, 신묘하고 신령스러워서 정기를 안정시킨다. 모든 만물과 접촉함에 있어서는 지극한 무위로써 만물의 욕구를 충족시켜주고, 때에 따라 알맞은 자리를 찾아서 머무른다. 머무는 자리는 넓고도 좁으며, 길고도 짧고, 가깝고도 멀다."

형상을 잊은 상망

황제 헌원씨軒轅氏가 적수赤水의 북쪽에서 노닌 적이 있었다. 그때 그는 곤륜산에 올라 남쪽을 바라보고 돌아오다가 그만 검은 진주를 잃어버렸다. 그래서 지혜로운 신하에게 찾아보라고 하였으나 찾지 못했고, 눈이 밝은 이주에게 찾아보라고 하였으나 찾지 못했다. 이번에는 상象을 잃어버린 상망象罔에게 찾아보라고 하였더니 진주를 찾아냈다. 황제가 "이상하구나, 형상을 잊은 상망이 어떻게 진주를 찾을 수 있었다는 말인가?" 라며 감탄하였다.

요가 신선을 만나다

요임금이 화華라는 지역을 살피는데, 성문에서 봉인封人(변경을 지키던 벼슬아치)이 축원하였다.

봉인: 오오 성인이시여, 부디 오래도록 장수하십시오.
요임금: 사양하겠습니다.
봉인: 그러면 부자가 되십시오.
요임금: 사양하겠습니다.
봉인: 그럼 아드님을 많이 두시기 바랍니다.
요임금: 사양하겠습니다.
봉인: 오래 살고, 부자가 되고, 아들을 많이 두는 것은 모든 사람이 바라는 일입니다. 헌데 아무것도 원치 않으시다니 까닭

이 무엇입니까?

요임금: 아들이 많으면 걱정이 끊일 날이 없고, 부자가 되면 귀찮은 일이 많아지며, 오래 살면 욕되는 일이 많아지는 법이라오. 당신이 말한 세 가지는 덕을 기르는 데 방해가 될 뿐이오. 그래서 호의를 사양하는 것이오.

봉인: 처음에 저는 임금께서 성인인 줄 알았는데, 이제 보니 군자에 지나지 않는 것 같습니다. 하늘이 인간에게 생을 부여할 때는 그에 알맞은 직분을 줍니다. 따라서 아들이 몇 명이든 제각각 직분에 맞는 길을 가게 하면 걱정이 생겨날 리 없습니다. 부자가 되고 부유해서 남아돌면 남들에게 나누어주면 되므로 이 또한 걱정할 것이 못 됩니다. 그리고 성인은 메추라기처럼 거처를 가리지 않으며, 병아리처럼 주는 것을 먹고, 새처럼 날아다니며 자취를 남기지 않습니다. 모든 것은 자연 그대로에 맡길 뿐 인위적으로 하지 않습니다. 도가 있는 세상이면 만물과 함께 번영하고, 도가 없는 세상이면 덕이나 닦으면서 한가로이 지냅니다. 그리고 이 세상에서 살기가 싫어지면 땅을 떠나 흰 구름을 타고 하늘로 오르면 그만입니다. 이처럼 구속됨이 없이 세상에서 노니는 사람은 아무리 오래 살더라도 욕된 일을 당하지 않습니다.

순조로운 상태

태초에는 무無도 없었고, 유有도 없었으며, 이름〔名〕도 없었으니 일체의 존재 자체가 없었다. 이윽고 무에서 하나가 생겨났는데 이 또한 형체가 없는 것이었다. 하지만 만물은 그 하나로 생겨나게 되었으니 그것을 덕이라고 하였다. 이 형체도 없는 하나는 나누어지는 것이 잠시도 끊이지 않았는데, 이것을 명命이라고 하였다. 이 하나는 머물기도 하고 움직이기도 하면서 사물을 낳고, 사물이 이루어지면서 이치가 생겼는데, 그것을 형체라고 하였다. 그 형체가 정신을 가지면서 형상을 보존하게 되는데, 그것을 성품인 본성이라고 하였다.

그러므로 누구나 자신의 본성을 닦으면 본연의 덕으로 돌아갈 수 있고, 그 끝에 이르러서는 태초와 일치할 수 있다. 이렇게 태초와 일치할 수 있다는 것은 허虛와 같다는 말로서, 이 허는 일체의 원인이기에 무한히 큰 것이다. 따라서 허의 경지에 이르게 되면 입에서 나오는 말도 마치 새가 지저귀듯 흘러나오며, 그 소리가 천지와 합해지면 그것은 인위적인 것이 모두 떨어져버린 상태이기에 어리석거나 무지한 듯하다. 이를 일러 현묘한 덕이라고 말하며, 크게 순조로운 상태와 같은 것이다.

자기를 잊는다

공자가 노자를 만나서 가르침을 청했다.

공자: 사람들이 도를 닦으면서 서로를 본받고 있음에도 불구하고 옳다느니 틀리다느니, 그렇다느니 그렇지 않다느니 하면서 다툽니다. 이들의 주장은 한 개의 돌 속에서 단단한 것과 흰 것의 거리는 하늘의 별처럼 멀다는 것입니다. 이와 같은

사람도 성인이라고 말할 수 있겠습니까?

노자: 그와 같은 자들은 잔일을 하는 관리이거나 재주에 얽매인 자들로서 마음을 번거롭게 하고 몸을 수고롭게 할 뿐이다. 짐승을 잘 잡는 사냥개는 줄에 묶이는 것을 걱정을 해야 하고, 원숭이의 날렵함은 산과 숲으로부터 붙잡혀 오게 한다.

공구孔丘(공자)야, 내 너에게 한마디 해주겠다. 대체로 머리와 발은 있지만 마음과 귀가 없는 자들이 많다. 형체를 가지고 있는 사람이 형체도 모양도 없는 도를 따라 제대로 존재하는 일은 없다. 움직이고 멈추며, 죽고 살며, 망하고 흥하는 것은 다스림이 사람에게 있기 때문이다. 사물도 잊고 하늘도 잊으면 그것이 바로 자기를 잊었다고 하는 것이다. 그러므로 자기를 잊은 사람을 일러 자연의 경지로 들어갔다고 말한다.

정치라고 다 똑같은 게 아니다

장려면將呂葂과 계철季徹이 만나고 있었다.

장려면: 노나라 군주께서 제게 가르침을 청하여 한마디 해주었는데, 잘하였는지 검토해주시기 바랍니다. 제가 말하기를 반드시 공손함과 검소함을 실행하고, 공정하고 성실한 사람을 발탁하여 등용하되, 사사로이 치우치는 일이 없다면 백성들은 화목할 것이라고 하였습니다.

계철: 선생의 말을 군주의 덕에 비추어본다면 그것은 마치 사

마귀가 앞다리를 들고 수레바퀴에 대적하는 것과 같으니, 반드시 당해낼 수 없을 것이오. 또한 그렇게 한다면 그 자신이 위험에 처하게 될 것이오.

장려면: 선생님의 말씀을 들으니 정신이 아득해집니다. 방법을 알려주십시오.

계철: 위대한 성인은 천하를 다스림에 있어서 백성들의 마음을 풀어주고, 그들로 하여금 스스로 교화를 이루어 풍속을 훌륭하게 바꾸게 하오. 도적과 같이 악한 마음은 들춰내 없애고 모두가 자주적인 의지로 도를 터득하게 하는 것이오. 사람의 본성이 자연스럽게 되는 것과 같아서 백성들은 그렇게 되는 까닭을 모르오. 이와 같은 정치를 어찌 요순의 일에 견주겠으며, 같은 정치라고 하겠소? 모든 사람이 똑같은 덕을 지니고 마음이 편안하기를 바랄 뿐이오.

혼돈씨가 사는 방법

공자의 제자인 자공子貢이 초나라 유람을 마치고 진나라로 가고 있었다. 한수 남쪽 즈음에 다다랐을 때 한 노인이 채소밭에서 일하고 있는 것이 보였다. 노인은 밭에 파놓은 우물의 밑바닥까지 내려가, 물동이에 물을 길어 올라와 밭에다가 열심히 뿌려주고 있었다. 열심히 일하지만 힘은 많이 들고 성과는 적어 보였다. 보다 못한 자공이 말했다.

자공: 많이 힘드시겠습니다. 그런 수고를 하지 않아도 하루에

백 두렁의 밭을 적실 수 있는 장치가 있습니다. 한번 써보지 않겠습니까?

노인: 어떤 것이오?

자공: 나무를 뚫어서 만든 기계인데, 앞에는 두레박을 매달고 뒤에는 무거운 돌을 매달았습니다. 아래위로 움직이기만 하면 물을 빨아올리듯이 길어 올릴 수 있습니다.

노인: 나는 스승으로부터 이렇게 배웠소. 기계가 있으면 기계에 대한 작위가 생기고, 작위가 생기면 타고난 마음을 잃게 되며, 마음을 잃으면 순백의 바탕이 없어지고, 바탕이 없어지면 본성이 없어지며, 본성이 없어지면 도가 깃들 곳이 없다고 했소. 나는 기계를 모르는 것이 아니라 타락하고 싶지 않아서 쓰지 않는 것뿐이오.

자공은 부끄러워하며 고개를 숙인 채 잠자코 있었다. 조금 뒤 노인이 물었다.

노인: 그런데 당신은 뭐하는 사람이오?

자공: 노나라 공자의 제자입니다.

노인: 그럼 당신도 박식을 자랑하면서 성인인 체하고, 거만한 몸짓으로 세상 사람들을 현혹시키며, 제멋대로 이름을 팔고 돌아다니는 패거리 중 하나로군. 도라는 것은 얕은 지식과 겉만 번지르르한 형식을 완전히 벗어버리지 않으면 체득하지 못하는 것이오. 천하와 국가를 논하더라도 틈틈이 자기반성은 하면서 살아야 하지 않겠소? 일에 방해되니 그만 가보시오.

자공은 부끄러움에 낯빛이 창백해졌고, 정신없이 그 자리를 벗어났다. 그리고 30리 길을 더 걷고 난 뒤에야 정신이 들었다. 자공에게 그의 제자가 물었다.

제자: 아까 그 노인은 어떤 분이시기에 선생님께서 그토록 마음이 심란하셨습니까?

자공: 나는 지금껏 우리 선생님보다 더 훌륭한 사람은 없는 줄 알았는데, 그처럼 훌륭한 노인이 계신 줄은 몰랐다. 내가 이제껏 들은 가르침은 가장 좋은 방법으로 일의 성취를 기하고, 힘은 적게 들이면서도 공은 많도록 하는 것이 성인의 도라는 것이었다. 그런데 오늘 노인을 만나보니 그런 것이 아님을 알게 되었다. 도를 따르는 사람은 덕이 온전해야 하고, 덕이 온전한 사람이어야만 타고난 본성을 보존할 수 있다. 그렇게 되면 무심의 경지를 내 것으로 만들 수 있다. 이 무심의 경지를 보존하는 것이야말로 성인의 도이다. 아까 그 노인처럼 무심의 경지에 이른 사람은 세속 안에 살면서도 일체의 구애를 받지 않는다. 그래서 작위나 공리심도 없고, 언제나 자신의 본성에 따라서 행동하며, 세상 사람들의 칭찬이나 비난에도 마음이 흔들리지 않는다. 그 노인에 비하면 나는 바람 부는 대로 일렁이는 물결과 같은 사람이니 부끄러운 일이다.

노나라로 돌아온 자공은 스승인 공자에게 그 노인의 이야기를 했다. 공자가 말했다.

공자: 그 노인은 자신을 태고의 혼돈씨渾沌氏로 생각하고 있는 것 같다. 도를 하나만 알고 둘은 모르는 것이다. 그래서 속마음만 다스리고 현실 사회에는 등을 돌리려고 한다. 만약에 그 노인이 무심의 경지에 도달하여 순박함을 지니고 있으면서도 세속에 동화되어 있다면 네 눈에 띄었을 리가 없다. 혼돈씨가 사는 방법은 너와 내가 알 수 없는 것이기 때문이다.

널리 비추는 신인

순망諄芒이 넓은 골짜기인 대학大壑으로 가다가 동쪽의 바닷가에서 우연히 원풍苑風을 만났다. 원풍이 물었다.

원풍: 선생께서는 어디로 가시는 길입니까?

순망: 대학이라는 골짜기로 가는 길입니다. 그곳은 크고 깊어서 물을 부어도 차는 일이 없고, 아무리 퍼내도 마르는 일이 없다고 합니다. 그래서 나는 그곳에 머물면서 즐겨볼 작정입니다.

원풍: 그렇다면 선생은 세상일에는 관심이 없다는 말입니까? 제게도 성인의 정치에 대하여 한 말씀만 해주십시오.

순망: 성인의 정치란 법을 공포하고 시행함에 있어서 정당해야 하고, 인재를 공정하게 발탁하여 적재적소에 있게 하며, 백성들의 사정을 속속들이 알아서 할 바를 행하고, 스스로 언행을 삼가며 수신하는 것입니다. 그러면 저절로 교화되어 손으로 가리키고 고개만 끄덕여도 백성들이 따르게 됩니다.

원풍: 그럼 덕이 있는 사람이란 어떤 사람입니까?

순망: 가만히 있어도 근심하는 바가 없고, 일을 행하여도 꾀하지 않으며, 시비와 선악의 감정을 지니지 않습니다. 다만 온 세상을 이롭게 하는 것을 기쁨으로 삼고, 부족함이 없는 것을 편안함으로 여깁니다. 마치 어린아이가 어머니를 여읜 듯이 슬픈 모습으로 있기도 하고, 길을 잃은 듯이 멍하니 있기도 합니다. 재물에는 여유가 있지만 그것이 어디서 났는지는 알지 못하며, 음식이 충분하면서도 그것이 어디서 온 것인지는 알지 못합니다. 이런 사람을 덕이 있는 사람이라고 합니다.

원풍: 그렇다면 신인神人이란 어떤 사람입니까?

순망: 훌륭한 신인은 해와 달과 별과 같은 빛을 타고 다니지만, 정작 자신은 형체가 없습니다. 이를 일러 널리 비추는 것이라고 합니다. 만물의 실정에 깊이 관여하지만 본성에 따르니 일에 얽매이지 않고, 모든 것을 본래의 모습으로 돌아가게 합니다. 이것은 크게 한 덩어리가 되어 있는 흐릿한 어둠으로, 혼명混冥이라고 합니다. 바로 이 경지에 오른 사람이 신인입니다.

효자와 충신

효자는 부모에게 잘 보이려 하지 않고 충신은 임금에게 아첨하지 않으니, 이것이 훌륭한 자식과 신하다. 부모의 언행을 그대로 받아들이면서 부모가 행한 일을 모두 다 옳다고 여긴다면 이는 불초한 자식이다. 임금의 언행을 그대로 받아들이면서 임금이 행한 일을 모두 다 옳다고 여긴다면 이는 불충한 신하이다. 하지만 반드시 그런 것만은 아닌 것 같다.

세상에서 그렇다고 하는 것을 그렇다고 하고, 세상에서 옳다고 하는 것을 옳다고 한다면, 아첨하는 사람이라는 말은 듣지 않는다. 그렇다면 세상의 습속이 부모보다 엄하고 임금보다 존귀하다는 말인가?

자신을 아첨꾼이라고 말하면 얼굴을 붉히며 화를 낸다. 그러면서도 평생토록 아첨하면서 산다. 말을 꾸미고 비위를 맞추면서 사람들을 모으는 것은 시작과 끝이나 근원과 결과가 영원히 맞지 않는 것과 같다. 옷자락을 늘어뜨리며 치장하고, 표정을 꾸미고 온 세상에 아양을 떨면서도 자신은 아첨한다고 말하지 않는다. 사람들과 무리를 이루고 옳고 그르다는 판단을 세속과 함께 하면서도 자신은 대중과 다르다고 생각한다. 이들은 지극히 어리석은 사람이다.

자신의 어리석음을 알고 있는 사람은 크게 어리석은 사람이 아니다. 자신의 미혹됨을 알고 있는 사람은 크게 미혹된 사람이 아니다. 크게 어리석은 사람은 평생 자신의 그릇됨을 깨닫지 못하고, 크게 미혹된 사람은 평생 자신의 잘못을 이해하지 못한다.

나아가지 않으면 그만이다

세 사람이 길을 가는데 한 사람만이 미혹되었다면, 그래도 목적지까지 가는 데는 큰 무리가 없다. 그러나 두 사람이 미혹되었다면 어떻겠는가? 그런데 지금은 온 천하가 미혹되어 있으니, 내가 가고자 하는 방향이 있어도 내 맘대로 갈 수가 없다. 참으로 슬픈 일이다.

천한 귀는 위대한 음악을 받아들이지 않지만, 속된 음악을 들으면 좋아하고 환호한다. 그러므로 고상한 말도 여러 사람의 마음에는 받아들여지지 않는다. 지극한 말이 나오지 않는 것은 속된 말이 우세하기 때문이다. 이처럼 두 갈래로 미혹되어 있으면 목적지에 도달하기 어려워진다. 옹기소리와 종소리가 엇갈리는 것과 같은 격이다.

지금은 온 천하가 미혹되어 있으니 내가 향한다고 한들 도달할 수 있겠는가. 불가능한 줄 알면서도 힘쓰고 억지 부리는 것은 또 다른 미혹을 낳는 일이다. 그러므로 그냥 그대로 두고 밀고 나가지 않는 것이 가장 좋다. 밀고 나가지 않는다면 누가 근심할 것인가? 문둥이가 밤중에 아이를 낳으면 황급히 등불을 가져다가 비추어본다. 행여 자기와 닮았을까 걱정스러운 것이다.

본성에 대한 왜곡

백년 묵은 나무를 쪼개고 다듬어서 제사에 쓰는 술통과 술잔이 되면 청황의 무늬가 그려지지만, 깎이고 남은 부스러기는 도랑에 버려진다. 제기와 버려진 나무를 비교하면 아름답고 추함의 차이는 있겠지만, 본성을 잃었다는 측면에서는 마찬가지다. 걸왕과 도척이나 증삼과 사추나, 의로움을 행함에 있어서는 차이가 있지만 본성을 잃었다는 면에서는 동일한 것이다.

본성을 잃는 데는 다섯 가지 유형이 있다. 첫째는 오색五色이 눈을 어지럽혀 밝지 못하게 하고, 둘째는 오성五聲이 귀를 어지럽혀 듣지 못하게 하는 것이며, 셋째는 오취五臭가 코를 지져 코가 막히는 바람에 머리가 어지러운 것이고, 넷째는 오미五味가 입을 흐리게 하여 맛을 상하게 하는 것이며, 다섯째는 취사선택으로 마음을 어지럽혀 본성을 잃게 하는 것이다. 이 다섯 가지는 삶에 해가 되는 것이다. 그런데 양주와 묵자는 자신들의 주장을 드러내며 스스로 뜻을 얻었다고 생각한다. 그것은 내가 말하는 올바른 방법이 아니다.

본성을 따르는 사람이 어려움을 당한다면 그는 본성을 따랐다고 말할 수 없다. 만약에 그렇다면 비둘기나 부엉이가 새장 속에 있는 것 역시도 본성을 따르는 것이라고 보아야 마땅하다. 또한 좋아하고 싫어하는 것과 소리와 빛깔은 마음을 틀어막는 것이고, 가죽 관을 쓰거나 홀을 꽂고 큰 띠를 두르는 것은 외모를 제약하는 것이다. 마음은 울에 갇히고 외모는 묶인 것과 같다. 몸은 밧줄로 꽁꽁 묶인 것과 같은데 스스로는 본성을 따른다고 착각하고 있는 것이다. 이는 손발이 묶인 죄인이나 울에 갇힌 호랑이 역시도 본성을 따르는 것이라고 말하는 것과 무엇이 다른가?

붙임 말

본 장은 '천지'로서 하늘과 땅의 도리를 이야기의 중심에 두고, 도와 덕에 대하여 설명하고 있다. 큰 덕을 지닌 사람은 소박하게 행동하면서도 마음은 모든 일에 통달한다고 하였으며, 도는 항상 우리 곁에 있다고 하였다. 도는 까마득하게 멀고 먼 하늘 위에 있는 것이 아니라 세상 천지의 만물 속에 깃들어 있다. 우리 인간이 알아도 우리 곁에 있고, 설령 우리 인간이 몰라도 우리 곁에 있다. 우리가 도의 존재 자체에 대해서 잘 모르는 이유는 그것이 아무런 소리도 없고 형체도 없기 때문이다. 도는 일부러 하는 일이 없고, 말하지도 않으며, 자기조차도 없는 것을 바탕으로 하고 있기 때문이다. 그래서 인간은 도가 항상 우리를 감싸고 있어도 알아채지 못하는 것이다.

세상 천지에 사물이 아무리 많아도 그것을 다스리는 것은 하나요, 세상에 사람이 아무리 많아도 그들을 다스리는 것은 군주 한 사람이다. 그런데 그 군주의 기틀은 본래 모습인 덕에 있고, 그 덕이 실현되는 것은 자연에 달려 있다. 그러므로 천하를 다스리는 일이나 자신의 몸을 다스리는 일은 자연의 순리를 따라야 하며, 공공연하게 지식을 내세우거나 어설픈 기교를 부려서는 안 된다. 일반적인 지혜나 논리로서는 참된 도를 찾을 수 없을뿐더러, 세상은 지혜나 논리로 다스려지는 것이 아니기 때문이다. 만약에 그런 자가 천자가 된다면 천하가 다스려지기는커녕 혼란만 가중될 것이 분명하다. 인위적으로는 세상이 다스려지지 않는다. 요순 이래로 세상이 어지러워진 것은 정치를 인위적으로 했기 때문이다. 따라서 나(自我)라는 존재도 없고 아무런 마음도 없는 경지에 도달해야만 도를 터득할 수 있고 세상이 저절로 다스려진다고 말하는 것이다.

장자는 도라는 존재에 대하여 심연처럼 고요하며 맑다고 하였다. 도는 심연처럼 고요한데 인간의 내면은 언제나 소란스럽고, 도는 심연처럼 맑은데 인간의 마음은 언제나 어지럽고 흐리다. 이것이 바로 도와 더불어 지내면서도 도를 알아보지 못하는 이유다. 즉 귀가 달려 있지만 듣지 못하는 귀머거리와 같고, 눈이 달려 있지만 보지 못하는 맹인과 같은 것이다.

인간에게 지켜야 하는 오륜五倫이 있듯이 천지에도 마땅히 지켜야 할 자연의 길이 있고, 세상에는 세상의 길이 있다. 그런데 이것이 서로 어긋나면서 본래의 모습이 사라지고 있다. 본래의 모습이 사라지고 있다는 것은 도가 사라지고 있음과 같다. 그러므로 세속에서 배우고 물든 견해와 생각에서 벗어나 인간 본연의 상태로 돌아가야 한다. 그것이 도의 시작이기 때문이다. 또한 사람은 사람의 본성대로 살아야 평안함을 누릴 수 있다. 자연과 화합하여 아무런 자기의식도 없이 살아가는 것이 사람의 본성이기 때문이다.

제13장

천도天道

텅 비우고 고요해야 한다

본 장에서는 하늘의 도가 그렇듯이 제왕의 도는 고요하고 무위하여야 한다는 것에 대해 말하고 있다. 하늘이 간섭하지 않아도 만물은 스스로 조화되고, 땅이 기르지 않아도 만물이 스스로 자라는 것처럼, 제왕이 다스리지 않아도 천하는 공적을 이룬다는 것이다. 장자는 먼저 자연을 밝혀야지 도덕은 그다음이고, 도덕이 밝아지면 인의는 그다음이며, 인의가 밝아지면 분수가 그다음이고, 분수가 지켜지면 형刑과 명名이 일치된다고 하였다. 그럼에도 불구하고 본 장은 논란의 여지가 많은 게 사실이다. 오래전부터 많은 학자가 천도는 장자의 사상과 거리가 먼 내용이 많다고 지적하였다. 여불위呂不韋가 지은《여씨춘추呂氏春秋》와 문맥이 비슷하다는 이야기도 있고, 송나라 구양수歐陽脩는 아주 먼 훗날에 쓰인 것이라고 주장하기도 했다. 그러나 현대사회를 살아가는 우리의 입장에서 보았을 때, 천도가 무엇인가에 초점을 맞추고 본다면 논쟁과는 아무 상관이 없다.

성인은 고요하다

하늘의 도는 쉬지 않고 운행하며 멈추는 일이 없으므로 만물이 생성된다. 제왕의 도 역시도 쉬지 않고 작용하여 멈추는 일이 없으므로 한 나라가 그를 따른다. 성인의 도 역시도 쉬지 않고 이루며 멈추는 일이 없으므로 온 천하가 따른다. 하늘에 밝고, 성인에 통달하고, 제왕의 도에 트인 사람은 자연 그 자체이기에 고요할 뿐이다.

성인이 고요한 것은 그가 훌륭해서가 아니다. 만물이 그의 마음을 어지럽히지 못하므로 고요한 것이다. 물이 고요하면 수염이나 눈썹까지도 비춰주고, 완전한 수평을 이루면 뛰어난 목수도 그것을 법도로 삼는다. 물이 고요해도 이렇게 밝은데 하물며 성인의 마음이 고요한 경우에는 어떠하겠는가? 그것은 천지의 거울이요, 만물을 비추는 거울인 것이다.

무위가 만물의 근본이다

무릇 텅 비고 아무런 거리낌도 없으며, 적막하고 아무것도 하지 않는 것은 하늘과 땅의 화평이요, 도의 지극한 경지다. 제왕이나 성인은 그러한 경지에 머무르고 있으니 한가할 뿐이다. 그 경지에 머물면 텅 비게 되고, 텅 비면 모든 것이 가득 차게 되며, 모든 것이 가득 차면 이치가 생겨난다. 텅 비우면 고요해지고, 고요해지면 바르게 움직일 수 있으며, 바르게 움직이면 만사가 형통해진다. 고요하면 무위하게 되고 무위하면 제각기

일을 맡아서 책임을 다한다. 무위하면 즐거워지고, 즐거워지면 걱정이나 근심이 처할 수 없으므로 생명이 길어진다.

텅 비고 아무런 거리낌도 없으며, 적막하고 아무것도 하지 않는 것이 만물의 근본이다. 이것을 잘 알고 밝힘으로써 요가 임금 노릇을 했고, 이것을 잘 알고 따름으로써 순은 신하 노릇을 했다. 이러한 방법으로 윗자리에 처하는 것이 천자나 제왕의 덕이며, 이러한 방법으로 아랫자리에 처하는 것이 현묘한 성인이나 왕도를 행한 이의 도다. 이러한 방법으로 물러나서 노닌다면 산림의 선비들이 따를 것이며, 이러한 방법으로 나아가 다스린다면 공이 크고 이름이 드러나 천하가 통일될 것이다. 고요히 있으면 성인이 되고 움직이면 제왕이 된다. 아무것도 하지 않아도 존경을 받고, 소박한 채로 있어도 천하에는 그와 아름다움을 견줄 만한 상대가 없다.

근본은 위에 있다

제왕의 덕은 하늘과 땅을 머리로 삼고, 도덕을 주인으로 삼으며, 무위를 법도로 삼는다. 무위하면 천하를 다스리고도 남음이 있고, 유위하면 천하의 다스림을 받기에도 부족하다. 그러므로 옛사람들은 무위를 귀중하게 여겼다.

윗사람이 무위하고 아랫사람도 무위하다면 상하의 덕이 같게 되므로 신하 노릇을 하지 않게 된다. 윗사람이 유위하고 아랫사람도 유위하다면 상하의 덕이 같게 되므로 임금 노릇을 하지 못하게 된다. 그래서 윗사람은 반드시 무위함으로써 천하를 다스리고, 아랫사람은 반드시 유위함으로써 천하를 위하여 다스려지는 것이다. 이는 영원히 변치 않는 도리다.

옛날에 천하를 호령하던 제왕은 지혜가 비록 천지를 뒤덮을 만큼 넓다고 해도 스스로 꾀하지 않았다. 제왕의 말재주가 비록 만물을 변호할 만해도 스스로 말하지 않았다. 제왕의 능력이 비록 세상에서 으뜸이라 해도 스스로 행동하지 않았다.

하늘이 만들지 않아도 만물은 스스로 조화하고, 땅이 기르지 않아도 만물은 스스로 자라나며, 제왕이 다스리지 않아도 천하는 공적을 이룬다. 그러므로 하늘보다 신묘한 것은 없고, 땅보다 풍부한 것은 없으며, 제왕보다 위대한 것은 없다고 하였다. 따라서 제왕의 덕은 천지와 짝이 된다고 말한 것이다. 이것이 천지를 타고 만물을 달리게 하며 사람을 무리 짓게 하는 도다. 근본은 위에 있고 말단은 아래에 있다. 중요한 것은 제왕에게 있고 상세한 것은 신하에게 있다. 그러므로 삼군의 운용과 무기의 사용은 덕의 말단이며, 상벌이나 이익과 손해와 다섯 가지 형벌에 관한 법은 교화의 말단이다. 또한 예법이나 제도, 형식과 명칭이나 자세한 비교 역시도 다스림의 말단이 되는 것이다.

태평이 다스림의 극치다

그 옛날 위대한 도에 밝은 사람은 먼저 하늘을 밝히고 도와 덕은 그다음이었다. 도와 덕이 밝아지면 인의는 그다음이었고, 인의가 밝아지면 분수는 그다음이었으며, 분수가 지켜지면 형체와 명칭을 일치시켰다. 형체와 명칭이 밝아지면 일에 따른 책임은 그다음이었고, 일에 따른 책임이 밝혀지면 미루어 살피는 것은 그다음이었으며, 미루어 살피는 것이 밝혀지면 그다음은 옳고 그름을 가리고, 옳고 그름이 밝혀지면 그다음은 상벌을 시행했다.

상벌이 밝혀진 뒤에는 어리석은 사람과 지혜로운 사람이 적절한 위치에 처하게 되고, 귀한 사람과 천한 사람의 자리가 정해지며, 현명한 사람과 못난 사람이 실정에 맞게 된다. 그러므로 능력은 반드시 분별되고 그 명칭에 따르게 된다. 이로써 위를 섬기고 아래를 기르며, 이로써 사물을 다스리고 몸을 닦으면, 지혜나 계책을 쓰지 않고도 반드시 하늘로 돌아간다. 이를 두고 태평이라고 하는 것이니 다스림의 극치다.

변사는 말재주만 있다

옛글에서 말하기를 형체가 있으면 명분도 있게 마련이니 이를 형명刑名이라고 하였다. 이와 같이 옛사람들에게도 형명이 있었지만 그것을 앞세운 것은 아니었다. 옛사람들이 위대한 도를 말할 때는 다섯 번 변통한 후에 형명을 거론했고, 아홉 번 변통하고 나서야 상과 벌을 이야기했다. 갑자기 형명을 얘기해도 그 근본을 알지 못하고, 갑자기 상과 벌을 얘기해도 그 시작을 모르기 때문이다. 도를 거꾸로 얘기하고 도에 어긋나게 얘기하는 자는 남에게 다스림을 받아야 할 사람인데, 어떻게 남을 다스릴 수 있겠는가?

갑자기 형명과 상벌을 말하는 자는 다스림의 수단은 알지만, 다스림의 도는 모르는 자이니 천하에 고용될 수는 있어도 천하를 경영하기에는 부족하다. 이런 사람을 변사라고 하는데 말재주만 있는 사람을 말한다. 예의 제도나 형체, 명분이나 자세히 살피는 일은 옛사람에게도 있었다. 하지만 그것은 아랫사람이 윗사람을 섬기는 방법이지, 윗사람이 아랫사람을 기르는 방법은 아니었다.

천지를 머리로 삼다

예전에 순이 요에게 물었다.

순: 천자는 어떤 곳에 마음을 써야 됩니까?

요: 나는 의지할 곳 없는 백성에게 거만하게 굴지 않았고, 궁한 백성을 외면하지 않았으며, 죽은 백성을 슬프게 여기고, 어린 고아는 돌봐주었으며, 과부나 홀아비를 가엽게 여기었소. 이것이 내가 마음을 쓴 일들이오.

순: 훌륭해 보입니다만 그렇게 위대하지는 못합니다. 하늘에 덕이 있으면 나라가 편안해지고, 해와 달이 제대로 비추면 사시가 올바르게 운행합니다. 낮과 밤의 법도가 있고 구름이 운행하여 비가 내리는 것처럼 자연스럽게 됩니다.

요: 아, 내가 사물에 집착한 나머지 매사를 번거롭게 하였구나. 그대는 하늘과 부합했거늘 나는 사람과 부합했던 것이다.

무릇 천지는 예로부터 위대하다고 높였으며, 황제나 요순임금도 다 같이 훌륭히 여겼던 것이다. 그러므로 옛날에 천하를 호령하던 사람들도 천지를 머리로 삼고 따를 뿐이었다.

사람의 본성을 어지럽히다

공자는 주나라 궁궐의 서고에 자신의 저서를 소장케 하고 싶었다. 이에 자로子路가 꾀를 내어 건의했다.

자로: 주 왕실의 서고 관리자는 노자인데, 지금 집에 있다고 하니 찾아가서 부탁하는 것이 어떻겠습니까?

공자는 좋은 방법이라 생각하고 찾아갔으나 일언지하에 청탁을 거절당했다. 이에 공자는 십이경十二經을 펼쳐놓고 설명하였다. 노자는 일리는 있지만 지나치게 산만하니 요점만 말하라고 했다.

공자: 한마디로 말한다면 인의입니다.
노자: 인의는 사람의 본성인가?
공자: 그렇습니다. 군자는 인이 없으면 이루지 못하고, 의가 없으면 살아갈 수 없으니 인의는 사람의 참된 본성입니다.
노자: 그렇다면 무엇을 인의라고 하는 것인가?
공자: 마음은 부드럽고, 사사로움 없이 모두가 서로 사랑하는 것이 인의의 진실한 모습입니다.

노자: 다 좋은데 뒤에 한 말은 위태롭다. 모두가 서로 사랑한다는 것은 어리석은 일이며, 사사로움이 없다는 것이 바로 사사로움인 것이다. 온 천하의 사람들로 하여금 그들의 생육을 잃지 않도록 한다면 하늘과 땅에는 본래의 법도가 보존될 것이다. 해와 달은 본래의 밝음이 있으며, 별은 본래의 자리가 있고, 금수는 본래부터 무리가 있으며, 나무에게는 본래부터 서서 자라는 본성이 있다. 그대 역시도 천지의 덕을 본받아 행하고 도를 따라가면 목적한 바를 달성할 터인데, 무엇 때문에 인의를 들고 나와 북을 치고 다니면서 잃어버린 자식 찾듯이 하는가? 그대는 지금 사람의 본성을 어지럽히고 있는 것이다.

인의를 물리쳐야 한다

노자가 말하였다.

노자: 도라는 것은 크기로는 끝이 없고, 작기로는 빠뜨림이 없어서 없는 곳이 없으므로 만물에 두루 갖추어져 있다. 드넓은 광야처럼 포용하지 못할 것이 없고, 깊이는 바다처럼 헤아릴 수 없다. 덕을 인의로 잘라서 말하는 것은 말초적인 발상이다. 지극한 사람이 아니라면 뉘라서 말단의 학문을 그치게 하겠는가?

지극한 사람이 세상에 있어도 그를 위대하다고 여기지 않는다. 하지만 세상은 그를 다스려서 묶을 수 없다. 온 천하가 권세를 두고 다툰다 해도 그는 거기에 관심이 없다. 도란 의지하지 않아야 한다는 것을 알고 있으므로 이익에 따라 움직이지 않는다. 다만 천지를 표준으로 삼고 만물을 머물게 하니 그의 정신은 곤경에 처하지 않는다. 도에 통하고 덕에 합치하며 인의를 물리치고 예와 음악을 배척한다. 따라서 지극한 사람의 마음만이 안정되는 것이다.

책은 옛 사람의 껍데기다

세상에서 귀하다고 여기는 것은 책이며, 배움에 있어서 귀중한 것은 글이다. 그러나 책은 말을 옮겨놓은 것이니 말이 귀한 것이다. 말이 귀한 것은 뜻이 있기 때문인데, 뜻이란 추구하는 바가 있음이다. 그런데 뜻을 추구하는 것은 말로 전할 수가 없는데, 세상은 말을 귀하게 생각하고, 말을 전하는 책을 귀하게 여겨왔다. 그러므로 세상은 책을 귀하게 여기지만 그것은 귀하게 여길 것이 못 된다.

눈으로 보고 알 수 있는 것은 형체와 색깔이다. 귀로 들어서 알 수 있는 것은 명칭과 소리다. 그런데 세상 사람들은 형체와 색깔과 소리와 명칭으로서 그것의 진실을 알 수 있다고 생각한다. 형체, 색깔, 소리, 명칭만으로 사물의 실질을 알기는 많이 부족하다. 그러나 아는 사람은 말하지 않고 말하는 사람은 알지 못하니, 세인들이 어찌 그것을 알 수 있으리오.

어느 날 제나라 환공이 당상에서 독서를 하는데, 도공인 윤편輪扁은 당하에서 수레바퀴를 만들고 있었다. 윤편은 망치와 끌을 내려놓고 환공을 올려다보며 물었다.

윤편: 지금 임금께서 읽고 계시는 책은 무엇입니까?
환공: 성인의 말씀이다.
윤편: 그 성인은 살아계신 분인가요?
환공: 이미 돌아가셨다.
윤편: 그렇다면 임금께서 지금 읽고 계시는 책은 옛사람의 껍데기입니다.
환공: 과인이 독서를 하고 있는데 감히 도공 따위가 왈가왈부하느냐? 올바른 근거를 댄다면 무사하겠지만, 근거가 없다면 무사치 못하리라.
윤편: 신이 하고 있는 일로 미루어 말씀을 드리겠습니다. 제가 바퀴를 깎을 때 느슨하게 하면 헐거워서 견고하지 못하고, 단단하게 조이면 빡빡하여 서로 들어맞지 않습니다. 느슨하지도 않고 단단하지도 않게 하는 것은 손의 감각과 마음으로만 감응할 뿐, 입으로는 말할 수 없습니다. 거기에 이치가 존재하는데 신은 그것을 아들에게 가르쳐줄 수가 없고, 신의 아들 역시도 그것을 배울 수가 없습니다. 그래서 저는 칠십의 노인이 되어서도 이렇게 수레바퀴를 깎고 있는 것입니다. 마찬가지로 옛 성인들도 그들의 앎을 모두 전하지 못하고 죽었을 것입니다. 그렇기 때문에 지금 임금께서 읽고 계신 책은 옛 사람의 껍데기라고 말씀드렸습니다.

붙임 말

본 장에서는 천도에 대하여 논하고 있다. 하늘의 도는 한곳에 멈추는 일이 없기 때문에 만물을 이루게 된다고 하였다. 즉 자연의 작용이 끊임없이 움직여서 만물을 생성한다는 뜻이다. 지구는 이미 약 46억 년 전 탄생할 때부터 자전하고 있으며, 광활한 우주는 쉼 없이 움직이고 있다. 천도는 자연의 길이며, 자연의 길은 끝이 없지만 쌓아두지 않기 때문에 만물이 생성하고 성장한다. 낮과 밤은 매일 바뀌고, 둥근달은 한 달에 한 번씩 차고 지며, 사계절이 1년을 주기로 바뀌는 것, 이 모두가 천도이다. 바람이 불고 구름이 흘러 다니다가 모이고 흩어지면서 비가 오고 개는 것도 천도이다. 이와 같이 천도는 어디에나 존재하며, 시시비비를 가리지 않고 만물의 구석구석까지 영향을 미친다. 천도는 잠시도 쉬지 않고 모든 것을 변화시킨다. 그래서 장자는 하늘의 변화에 역행하지 말라고 그토록 강조하고 있는 것이다.

장자는 무위에 쉬고 있으면 무심해지고, 무심해지면 충실해지고, 충실해지면 잘 다스려진다고 하였다. 또한 무심하면 고요해지고, 고요해지면 잘 움직이게 되고, 잘 움직이면 모든 일이 뜻대로 된다고 하였다. 무위로 쉰다는 것은 마음이 쉰다는 것이니, 어떻게 보면 잘 놀면서 충분한 휴식을 취하라는 것이다. 그래야만 신선한 생각이나 새로운 것을 발견할 수도 있다는 취지다. 잘 노는 아이가 공부도 잘한다는 말이 그래서 생겨났다.

인간의 마음이란 항상 여백을 필요로 하기 때문에 너무 많은 것들로 가득 차 있으면 창의적으로 작동하지 못한다. 비우고 고요하게 쉬는 마음은 서서히 꿈틀거리다가 오히려 크게 움직인다. 막힘이 없으면 물이 고요히 흐르는 것처럼, 심연의 바닷물은 멈추어 있는 것 같아도 쉬지 않고 흘러가는 것과 같다. 인간에게 있어서도 가장 위에 있는 자는 반드시 무위로써 천하를 움직이고, 아래에 있는 자는 반드시 유위로써 천하를 위해 일하는데, 이것이야말로 바꿀 수 없는 도다. 가장 위에 군림하는 이상적인 인물은 이리저리 생각하지 않고 수다스럽게 말하지 않지만, 그렇다고 하여 무지하거나 무식한 것은 아니다. 단지 아는 바가 깊고 말하는 능력이 탁월해도 겉으로 나타내지 않을 뿐이다. 이것이 바로 무위다.

제14장

천운天運

하늘의 운행에 따른다

천운은 하늘의 운행이니 하늘의 이치를 따르면 천하가 잘 다스려진다는 뜻이다. 하늘과 땅의 작용은 음과 양의 조화로써 세상 만물을 자연스럽게 변화시키며, 그렇게 되지 않는 것이 없다. 본 장에서도 공자를 등장시켜서 노자를 만나게 한다. 온 천하를 인의로 다스리겠다는 신념을 가진 공자는 노자의 면전에서는 기를 펴지 못한다. 세상사는 이미 알 만큼 다 알고 통달했다고 생각하는 공자는 당당하게 노자와 한판 승부를 벌여보려 하지만 번번이 참패를 당하고 나온다. 이 모든 이야기는 실화가 아니라 장자가 만들어낸 우화다. 그래서 독자들은 처음에는 눈을 크게 뜨고 보다가 나중에는 실소를 자아내기도 한다. 물론 공자보다 노자의 나이가 약 20살이 더 많기는 했지만 동시대를 살았기 때문에 이런 설정이 가능했을 터이다. 하지만 우화를 통하여 세상에서 힘들게 일하는 사람은 자신을 괴롭힐 뿐만 아니라 온 천하를 어지럽게 한다는 주장이다.

도는 사물에 따라 변하지 않는다

송나라의 재상인 탕蕩이 장자에게 인에 대해서 묻자, 장자는 묘한 대답을 한다.

장자: 호랑이와 이리도 인을 행합니다.

탕: 어찌하여 그렇게 생각하십니까?

장자: 금수도 애비와 자식 간에 서로가 친밀한데 어찌 불인不仁이라 하겠습니까?

탕: 제가 궁금한 것은 지극한 인에 대해서입니다.

장자: 지극한 인에는 친함이 없습니다.

탕: 제가 알기로 친함이 없으면 사랑하지 않고, 사랑하지 않으면 효도 없다고 하였습니다. 그럼 지극한 인은 불효를 해도 괜찮다는 것인가요?

장자: 그렇지 않습니다. 지극한 인은 고상한 것이어서 효만으로는 설명할 수 없습니다. 효를 비난하는 것이 아니라 효에 대하여 언급하지 않아야 한다는 것입니다. 예를 들어 남쪽으로 가는 사람이 초나라 수도인 영에 이르러 북쪽을 바라보면 명산冥山은 보이지 않습니다. 그 이유는 너무 멀리 떠나왔기 때문입니다.

그러므로 공경으로써 효도하기는 쉽지만 사랑으로써 효도하기는 어렵고, 사랑으로써 효도하기는 쉽지만 어버이를 잊기는 어렵습니다. 또한 어버이를 잊는 것은 쉽지만 어버이로 하여금 자기를 잊게 하는 것은 어렵고, 어버이로 하여금 자기를 잊게 하는 것은 쉽지만 천하를 모두 잊는 것은 어렵습니다. 그래서 천하를 모두 잊는 것은 쉽지만 천하로 하여금 나를 잊게 하는 것은 어렵다고 하는 것입니다.

덕이란 요순일지라도 잊고 다스리지 않은 것이며, 이로움과 은혜를 만세토록 베풀어도 천하는 이를 알지 못해야 하는 것입니다. 그런데 어찌 한숨지으며 인과 효만을 논하겠습니까?

효도와 공경과 인의와 충성과 신의와 청렴 같은 것은 모두가 스스로 힘써서 덕을 부리는 것이므로 자랑할 것이 못 됩니다. 지극히 존귀한 사람은 나라의 벼슬도 버리고, 지극히 부자인 사람은 나라의 재물도 뿌리치며, 지극히 소망하는 사람은 명예도 물리칩니다. 그러므로 도란 사물에 따라서 변하지 않는 것입니다.

공자도 동시와 다르지 않다

공자가 위衛나라에서 유람할 때 안연顔淵이 노나라 태사 사금師金에게 물었다.

안연: 저희 선생님의 이번 유람을 어떻게 생각하시는지요?
사금: 안타깝지만 그대의 선생은 궁지에 몰리게 될 것입니다.
안연: 어째서 그리 불길하게 보십니까?
사금: 제사에 쓰는 허수아비는 제단에 놓이기 전에는 대나무 상자에 담아 아름다운 천으로 덮어둡니다. 제관이 재계를 하고 받들어 모시지만, 제사가 끝나고 나면 길에 버려져서 행

인들이 짓밟고 다니거나, 풀 베는 사람이 주워서 아궁이로 들어가는 신세가 될 뿐입니다. 만약 그것을 주워다 다시 상자에 담아 아름다운 천으로 덮어놓고, 그 아래서 눕고 자고 한다면 자주 가위에 눌린다고 합니다.

그런데 지금 그대의 선생께서는 선왕들이 이미 사용한 허수아비를 가져다가 제자들을 모아놓고는 그 곁에서 노닐며 눕고 자고 있습니다. 그렇기 때문에 송나라에서는 나무에 깔려 죽을 뻔하고, 위나라에서는 숨어 다녔으며, 송나라와 주나라에서는 곤궁을 치른 것입니다. 또한 진나라와 채나라 사이에서는 포위를 당하여 이레 동안이나 음식을 못 먹고 생사를 오갔으니 가위에 눌린 것이 아니고 무엇이겠습니까?

물 위를 다닐 때는 배만 한 것이 없고, 육지를 다닐 때는 수레만 한 것이 없습니다. 배로 물 위를 다닌다고 해서 땅에서도 그런 식으로 한다면, 평생 한 발짝도 못 나갈 것입니다. 옛날과 지금이란 물과 육지와 같은 것입니다. 그러니까 옛날의 주나라는 배요, 지금의 노나라는 육지인 것입니다. 주나라의 방식을 지금의 노나라에서 행하려는 것은 육지에서 배를 밀고 가려는 것과 같습니다. 수고롭기만 할 뿐 아무런 성과도 없이 재앙만 따를 것입니다.

그대의 선생께서는 장소를 불문하고 펼칠 수 있는 도와 그렇지 않은 도를 구분하지 못하고 있습니다. 그대는 혹시 두레박틀을 본 적이 있습니까? 줄을 당기면 밑으로 내려가고 놓으면 올라갑니다. 그것은 사람이 끌어당기는 것이지 사람을 끌어당기는 것이 아닙니다. 그래서 내려가건 올라가건 사람들이 원망하지 않습니다.

삼황오제三皇五帝의 예의와 법도가 그와 똑같아서 숭상되는 것이 아니라, 세상을 돌보기 때문에 숭상되고 있는 것입니다. 따라서 삼황오제의 예의와 법도는 돌배와 배, 유자와 귤과 같은 것입니다. 모두 다르지만 입에 넣으면 모두가 맛있습니다. 그래서 예의와 법도는 시대의 흐름에 따라서 변해야 하는 것입니다.

지금 원숭이에게 주공의 황포를 입혀준다면 물어뜯고 찢어버릴 것입니다. 옛날과 지금의 차이가 바로 주공과 원숭이의 차이와 마찬가지입니다. 그 옛날 서시는 가슴에 병이 있어서 자주 눈을 찡그렸는데, 추녀인 동시東施가 그것을 보고 따라하자 마을 사람들은 문을 닫아걸고 나가지 않았다고 합니다. 동시는 서시의 찡그린 모습이 아름다운 것만 알았지 그 까닭은 몰랐던 것입니다. 그대의 선생인 공자께서도 동시와 다르지 않습니다.

매이지 않아야 한다

노자가 공자에게 인의에 대하여 말하였다.

노자: 키질을 하다가 겨가 날리면 눈을 뜰 수가 없으니 천지사방의 위치를 분간하지 못하게 된다. 모기와 등에가 살갗을 물면 밤새도록 잠을 이루지 못한다. 마찬가지로 인의란 잔인한 것이어서 사람의 마음을 어지럽히므로 이보다 더 혼란스러운 것이 없다. 그대는 천하로 하여금 그들의 소박함을 잃

지 않도록 애써라. 그대도 바람이 부는 것처럼 자연스럽게 움직이면 모든 덕을 아우르게 될 것이다. 괜히 큰 북을 두드리고 다니면서 잃은 자식을 찾듯이 행동할 필요가 없다.

백조는 날마다 목욕을 하지 않아도 희고, 까마귀는 날마다 검은 물을 들이지 않아도 검으니, 흑백이란 본바탕이므로 분별할 것이 못 되고, 명예라는 겉모양은 볼거리에 불과한 것이므로 키울 만한 것이 못 된다. 연못이 마르면 물고기들은 메마른 땅 위에서 서로 거품으로 적셔주지만, 이는 강물이나 바닷물 속에서 각자 자유롭게 살면서 서로를 잊고 지내는 것만 못하다.

자연의 변화와 더불어 조화하다

공자가 노자에게 말하였다.

공자: 저는 《시詩》, 《서書》, 《예禮》, 《악樂》, 《주역周易》, 《춘추春秋》 이 여섯 가지 경서를 스스로 오랫동안 공부하여 그 뜻을 잘 알고 있습니다. 그래서 수많은 임금을 찾아가서 선왕의 도를 논하고 업적을 밝혔으나, 어느 임금도 저를 써주는 사람이 없으니 안타까운 일입니다. 사람을 설득시키기도 어렵고 도를 밝히기도 어려운 것 같습니다.

노자: 치세의 임금을 만나지 못한 것은 오히려 다행스러운 일이다. 무릇 여섯 가지 경서란 옛 임금들이 남겨놓은 발자취다. 어떻게 그 발자취가 근본이 되겠는가? 지금 그대가 말하

고 있는 것도 발자취다. 발자취란 신발이 만들어낸 것이므로 발자취가 곧 신발이 될 수는 없다. 백역白鶂이라는 새는 암수가 서로 바라보기만 했을 뿐, 눈동자도 움직이지 않았는데 정이 통하여 새끼를 밴다. 벌레는 수컷이 위쪽에서 울고 암컷이 아래쪽에서 호응하기만 해도 새끼를 밴다. 유類라는 짐승은 암컷과 수컷을 다 겸하기 때문에 저절로 새끼를 밴다. 이처럼 본성은 바뀔 수 없고, 천명은 변할 수 없으며, 시간은 그칠 수 없고, 도는 막을 수 없다. 만약 도를 터득한다면 뜻대로 되지 않는 것이 없으며, 도를 잃어버리게 되면 뜻대로 되는 것이 없다.

이렇게 노자와의 만남이 있은 후로 공자는 석 달 동안이나 문밖출입을 하지 않았다. 그러고는 또다시 노자를 찾아갔다.

공자: 저는 깨달은 바가 있습니다. 까치와 까마귀는 알에서 부화하고, 물고기는 물거품에 붙어서 새끼를 치며, 벌은 탈바꿈을 하는데, 사람은 아우가 생기면 형이 웁니다. 제가 이러한 변화와 더불어 사람 꼴을 못한 지 오래되었습니다. 제가 자연의 변화와 더불어 조화하지 못하면서 어찌 남을 교화할 수 있겠습니까?

노자: 허허, 되었다. 그대는 이제 도를 터득하였다.

붙임 말

본 장은 하늘의 운행인 천운에 대해 논하면서 자연을 따르면 천하가 잘 다스려진다고 하였다. 자연을 따른다는 것은 하늘을 따른다는 뜻이며, 하늘을 따른다는 것은 곧 무위로써 인위적인 행동을 하지 않는다는 것을 의미한다. 천운은 자연을 근본으로 삼고 천지의 변화는 자연스럽지 않은 데가 없는데도 애써 수고하는 자는 스스로를 지치게 하고 나아가 천하를 지치게 한다. 즉 인위적인 행동이란 종국에는 사람을 괴롭히기만 할 뿐 좋은 결과를 가져오지 못한다는 것이다. 그뿐만이 아니다. 어진 마음이나 의로움조차도 인위적인 것이기 때문에 결과적으로 모든 사람의 마음과 온 세상을 혼란에 빠뜨린다. 그래서 노자는 성스러움인 성聖을 끊고, 슬기로움인 지智를 버리라고 한 것이다.

장자는 재상인 탕과의 대화에서 '공경하는 마음으로 효도하기는 쉬우나 사랑으로 효도하기는 어렵다. 사랑으로 효도하기는 쉬우나 부모를 잊기는 어렵다. 부모를 잊기는 쉬우나 부모가 나를 잊게 하기는 어렵다. 부모가 나를 잊게 하기는 쉬우나 부모와 자식이 모두 세상을 잊기는 어렵다. 부모와 자식이 모두 세상을 잊기는 쉬우나 세상 사람 모두가 나를 잊게 하기는 어렵다'고 하였다. 이 대목에서 반드시 짚고 넘어가야 할 것이 있다. 여기서 부모를 잊는 다는 것은 헌신짝처럼 버리듯이 잊는다는 뜻이 아니다. 부모를 잊는 것이 효도라는 말은 망심亡心으로써 마음(心)을 버린다(亡)는 뜻이다. 마음을 버린다는 것은 기존의 편견이나 선입견으로 판단하지 않는다는 것을 의미한다. 또한 망심은 어디까지나 감정이나 생각이 없는 무심無心이지, 관심이나 애정이 없는 무관심과는 차원이 다른 개념이다. 따라서 이와 같이 되어야만 완전무결한 상태인 도道로 돌아갈 수 있다.

본 장에서는 물길을 다닐 때는 배만 한 것이 없고, 육지를 다닐 때는 수레만 한 것이 없다고 하였다. 《서경》에도 망수행주罔水行舟라는 말이 나온다. 물 없는 곳에 배 띄운다는 뜻으로 순리에 어긋난다는 말이다. 그러니 물이 없고 메마른 곳에서는 수레를 굴리고 물이 넘실대는 곳에서는 배를 띄우면 된다. 이처럼 세상을 살아가는 이치는 의외로 단순하고 명료하다. 사람들은 이렇게 단순한 원리를 너무 진중하게 생각한 나머지 스스로를 너무 복잡하고 어렵게 만들어놓고는 거기서 헤어나오지 못하곤 한다.

공자가 노나라에서 예전의 주나라 법을 시행하려는 것은 육지에서 배를 밀고 가는 것과 같다고 하였다. 배는 물이라는 자연을 따르는 것이고, 수레는 땅이라는 자연을 따르는 것이다. 만약 배가 땅 위로 올라오면 널빤지와 같은 나무에 불과하고, 수레가 깊은 물로 들어가면 바위처럼 가라앉을 것이 뻔하다. 이처럼 자연에 따르지 않고 역행하게 되면 제구실을 할 수 없게 된다는 뜻이다. 또한 시대가 달라지고 세대가 달라져서 세상이 바뀌었는데도, 옛날 방식을 현대사회에 적용하려고 든다면 수고롭기만 할 뿐 아무런 성과도 얻지 못한다. 그것은 마치 빵과 우유를 먹고 배를 두드리며 놀고 있는 아이들에게 보릿고개 이야기를 심각하게 늘어놓는 것과 같다.

제15장

각의刻意

뜻을 굳게 지닌다

각刻은 새긴다는 뜻이고 의意는 의중이니, 각의는 뜻을 굳게 간직한다는 의미다. 뜻을 굳게 간직한다는 것은 마음을 억제한다고 볼 수도 있으므로 결국은 언행을 고결하게 해야 한다는 것이다. 제9장 마제처럼 전편이 한 단락으로 구성된 짧은 논조로 이루어져 있지만, 편의상 세 단락으로 나누어 옮겨놓았다. 첫 단락에서는 뜻을 갖지 않고도 고상해지고, 인의가 없이도 몸이 닦이며, 공적이나 명성 없이도 세상을 돌보고, 강과 바다에 노닐지 않아도 한가로워진다면, 잃지 않으면서도 갖지 않은 것이 없다고 하였다. 두 번째 단락에서는 잡스럽지 않고, 변치 않으며, 무위하여 하늘의 운행처럼 살아야 한다고 하였다. 마지막 단락에서는 정신은 천지를 소통시키고 함께 흘러서 이르지 못하는 곳이 없고, 만물을 생성하지만 형체를 드러내지 않는다고 하였다. 이를 짧게 요약하면 정신을 잘 보호하고 수양해야 한다는 것이다.

마음이 고요해야 편안하다

뜻을 깎아 세우며 고상하게 행동하고, 세상과 동떨어져서 다르게 살며, 고답적인 이론으로 세상을 원망하고 비난하면서 스스로 잘났다고 하는 사람들이 있다. 이들은 산골짜기에 숨어 사는 선비들로서 혹은 불평하고 더러는 괴로운 나머지 연못에 빠져 죽기도 한다.

인의와 충성과 믿음을 말하고, 공손하고 검소하며, 남을 앞세우면서 겸양하는 것은 오로지 자기 몸을 닦기 위함이다. 이들은 세상을 다스리려는 선비들로서 세상을 교화하려는 사람이나 한가하게 돌아다니는 학자들이다.

위대한 공을 세우고 이름을 널리 알리며, 군신 간의 예의와 상하관계의 위계질서를 바로잡는 것으로 천하를 다스리려는 사람들이 있다. 이들은 조정의 관리들로서 임금을 높이고 나라를 강하게 하여 남의 나라를 병합시키려는 사람들이다.

수풀 우거진 연못가 한가로운 곳에 살며, 조용한 곳에서 낚싯대나 드리우면서 무위를 즐기는 사람들이 있다. 이들은 강이나 바다에서 유유자적하는 선비들로서 세상을 피하여 한가로이 지내려는 사람들이다.

심호흡을 하면서 낡은 기운을 토해내고, 신선한 기운을 빨아들이며, 곰처럼 나무에 매달리고 새처럼 목을 늘이는 사람들이 있다. 이들은 도를 닦는 선비들로서 양생을 꾀하며 팽조처럼 장수하려는 사람들이다.

하지만 뜻을 굳게 갖지 않아도 행동이 고상하고, 인의가 없이도 몸을 닦으며, 공과 명성이 없어도 나라를 돌보고, 강이나 바다가 없어도 한가롭고, 도를 닦지 않아도 장수할 수 있는 사람은 잃어버리는 것도 없고 갖지 않은 것도 없는 사람이다. 마음이 비어서 끝없이 담담하니 모든 미덕이 저절로 따라오는 것이다. 이것이 천지의 도이며 성인의 덕이다.

그러므로 담담하고 고요하며 허무 속에서 무위한 것이 가장 평화로운 생활방식이며 도와 덕의 본질이라고 말하는 것이다. 무위에서 쉬면 마음이 고요하고, 마음이 고요하면 편안해질 것이며, 편안하면 근심과 걱정이 깃들지 않고, 나쁘고 사악한 기운도 침범할 수 없다. 이렇게 되면 덕은 온전해질 수 있고 정신은 이지러지지 않는다.

순리에 역행하지 않는다

성인은 살아감에 있어서는 천지의 운행에 따르고 죽음에 이르러서는 만물과 더불어 변화한다. 그래서 움직이면 양과 같은 물결을 이루고 멈추면 음과 같은 덕을 이룬다고 하였다. 복을 위하여 노력하지 않고 화를 피하려고 애쓰지 않는다. 느끼는 대로 응하고 닥치는 대로 움직이며, 그칠 수 없으면 털고 일어나면서 지식과 기교를 버리고 자연의 이치를 따른다.

그러므로 하늘의 재앙도 없고, 사물의 얽매임도 없으며, 사람들의 비난도 없고, 귀신의 원망도 없다. 삶은 뜬구름 같고 죽음은 휴식과 같은 것이다. 그리워하거나 염려하지 않고 일을 미리 꾀하지 않는다. 빛이 있지만 겉으로 새어나오지 않고 믿음이 있지만 고집하지 않는다. 잠을 잘 때도 꿈꾸지 않으며 잠에서 깨어나도 근심하는 일이 없다. 정신은 맑고 순수하며 영혼은 지치지 않는다. 허무하고 담담함으로서 자연의 덕과 합치되는 것이다.

그러므로 즐거워하고 슬퍼하는 것은 덕의 거짓됨이요, 기쁨과 노여움은 도의 그릇됨이며, 좋아하고 싫어하는 것은 올바름을 상실한 것이다. 따라서 마음으로 근심하거나 즐거워하지 않는다면 덕이 지극한 것이고, 한결같아서 변치 않는다면 고요함이 지극한 것이며, 마음에 거슬림이 없다면 비움이 지극한 것이고, 사물과의 교섭이 없다면 맑음이 지극한 것이며, 순리에 역행하지 않는다면 순수함이 지극한 것이다.

그러므로 몸이 수고로운데 쉬지 않으면 지치게 되고, 정기를 쓰되 멈추지 않으면 피폐해지고, 피폐하면 마르게 된다. 물의 본성은 잡것들이 섞이지 않으면 저절로 맑고, 움직이지 않으면 평온하다. 따라서 순수하게 잡된 것들이 섞이지 않고, 고요하고 한결같아서 변치 않으며, 담담하고 무위하게 움직이며 하늘에 따라 운행한다. 이것이 바로 정신을 보양하는 도이다.

순수하고 소박한 사람

명검을 가진 자는 그 칼을 함부로 휘두르지 않고 상자 속에 고이 숨겨둔다. 이것이 보검을 간직하는 최고의 방법이다. 사람의 정신은 자유분방하여 이르지 못하는 곳이 없다. 위로는 하늘 끝에 이르고 아래로는 땅속에 서리면서 만물을 화육시키지만 형상은 없다. 자연과 하나가 되는 것이다. 이것을 일러 동제

同帝라고 한다.

순수하고 소박한 도가 바로 이 정신을 말하는 것이니, 잘 지켜서 잃지 않으면 신과 하나가 된다. 하나가 됨으로써 순수함으로 통하고 천륜과 부합하는 것이다. 옛말에 "보통 사람은 이익을 중시하고, 깨끗한 선비는 명예를 중시하며, 어진 사람은 뜻을 중시하고, 성인은 정신을 귀하게 여긴다"고 하였다. 따라서 순수하다는 것은 그 정신에 결함이 없다는 뜻이며, 소박하다는 것은 그 정신에 아무것도 섞이지 않았다는 것을 뜻한다. 그런 이가 바로 순수함과 소박함을 간직하고 있는 참된 사람이다. 이를 일러 진인이라고 한다.

붙임 말

본 장에서는 뜻을 굳게 세운다는 각의에 대하여 논한다. 자신의 정신을 수양하고 잘 보호해야 한다는 정신의 보양을 강조하는 내용이다. 비교적 짧고 일관된 논조로 이루어져 있으며 요지는 정신의 소중함이다. 각의의 주제를 한 글자로 말하면 '쉼'이다. 누구나 쉬면 편안해지는 것이 사실인데, 가장 큰 쉼은 죽음으로써 순수함을 지키는 길이기도 하다. 그래서 삶은 물결 따라 표류하는 것 같고, 죽음은 편히 쉬는 휴식과 같다고 하였다. 많은 학자는 '각의'에 나오는 문장의 질이 많이 떨어져 있어서 전국시대 말기보다도 훨씬 더 후세에 쓰인 글이라고 보는 견해도 있다. 하지만 "스스로 찾지 않는 것은 자포자기하는 것과 같다"는 퇴계 이황의 말처럼, 항상 진흙 속에 진주가 있다는 사실을 간과해서는 안 된다. 그래서 외편과 잡편을 접할 때는 폭넓게 보려는 관점과 시각이 필요하다고 강조하는 것이다.

각의에서는 여러 종류의 사람들이 각양각색으로 살아가는 방법을 보여주었다. 첫 번째 단락에서는 다섯 가지 인물 유형에 대하여 논하면서 세속을 피해서 방황하고 비난하다가 스스로 목숨을 던지는 사람들에 대한 냉소가 인상적이다. 그 외에 인의나 도덕이나 정치적인 관심사나 양생술에 빠진 사람들도 있었지만, 하나같이 올바른 형태가 아니라고 비판하였다. 두 번째 단락에서는 한쪽으로 치우치는 감정의 기복에 대하여 설명하였다. 즉 지나치게 슬퍼하거나 기뻐하거나 화내지 말고 항상심恒常心을 유지하라는 가르침이다.

말미에 가서는 정신을 잘 보전해야 하는 이유를 논하면서 가장 올바르고 가치 있게 사는 방법은 무엇인가에 대해 이야기한다. 가치 있고 올바르게 사는 방법이란, 인위적인 작위는 물론 자기 자신이나 사물을 인식하고 작용하는 모든 것을 잊고 하늘의 도를 따라서 살아가는 것이라고 하였다. 그것이 바로 천지의 도와 부합하는 성인의 덕이라는 것이다. 따라서 성인의 덕은 근심하지도 즐거워하지도 않고, 언제나 한결같아서 변함이 없으며, 아무것도 거스르지 않게 텅 비우고, 다른 사물과의 교섭 없이 순리에 따르는 것이라고 말한다. 또한 유가에서 내세우는 성인처럼 장자가 말하는 도가의 이상적인 인간형은 참된 사람이기에, 참된 사람이 되기 위해서는 정신이 소박하고 순수해야 한다는 점을 강조하였다.

제16장

선성繕性

지혜와 편안한 마음이 서로 길러준다

선繕은 다스린다는 뜻이고 성性은 자연 그대로의 본성을 뜻한다. 그러므로 선성은 본성을 다스려서 인간의 참모습을 찾는 것을 말한다. 예전에 뜻을 얻는다는 것은 수레와 면류관을 의미하는 것이 아니었다. 수레는 재물이고 면류관은 벼슬이니, 수레와 면류관이 몸에 붙어 있는 것은 본래부터의 본성이 아니라고 보았다. 붙어 있다는 것은 내 것이 아닌 게 갑자기 와서 잠시 맡겨진 것이다. 맡겨진다는 것은 내 의사가 아니므로 그것이 와도 막을 수 없고 그것이 가도 붙잡을 수 없다. 따라서 지금 수레와 면류관이 있다고 해서 방종해서도 안 되며, 궁핍하다고 세속을 뒤쫓는 것도 바람직하지 않다. 완전한 즐거움이란 넉넉할 때나 곤궁할 때나 똑같아야 한다. 하지만 그 어떤 경우에도 근심과 걱정이 없을 수는 없다. 이런 관점에서 보았을 때 지금 비록 기쁘고 즐겁다고 해도 그것은 허상에 불과하다. 그래서 내 것이 아닌 것에 휘둘려서 자신을 잃고, 세속을 뒤쫓느라 본성을 잃는 사람을 두고 거꾸로 사는 사람이라고 한다.

지혜가 발전할수록 혼란스러워진다

자신의 타고난 본성을 세속의 학문으로 다스려서 자신의 참된 모습을 찾으려 하고, 세속의 지혜로 자신의 지혜를 어지럽혀놓고도 밝은 지혜를 추구하려 한다. 이런 사람을 일러 본성을 잃은 몽매한 백성이라고 한다.

예전에 도를 닦는 사람은 물욕을 떠난 고요함 속에서 지혜를 길렀으며, 지혜가 생겨도 지식으로 다스리지 않았고, 인위적인 방법으로 지혜를 구하지 않았으니, 이를 두고 참다운 지혜로 고요함을 기른다고 하는 것이다. 이처럼 지혜와 고요함이 서로를 길러줌으로써 조화와 이치가 본성에서 저절로 생겨나는 것이다.

덕이란 조화를 이루는 것이며, 도라는 것은 이치에 맞는 것이다. 덕은 용납하지 않는 것이 없으니 인이다. 도는 이치에 맞지 않는 것이 없으니 의로움이다. 의가 밝아 사물과 친해지는 것이 충실함이다.

속마음을 순수하고 충실하게 하여 진실함으로 돌아가는 것이 악樂이다. 자신의 몸과 마음을 행하는 대로 맡겨두어도 자연의 질서에 따르게 되는 것이 예禮다. 예와 음악이 널리 행해지게 되면 세상이 혼란스러워지는 것이다. 사람이 올바르게 행동하면서 자신의 덕을 지키면 덕은 가려지지 않는다. 하지만 덕이 가려지게 되면 사물은 그 본성을 잃게 되는 것이다.

지식이 마음을 가렸다

옛날 사람들은 차별이 생기기 이전의 혼돈 상태에 있었으므로 세상 사람들과 더불어 살았어도 맑고 고요한 본성을 지니고 있었다. 그 당시에는 음양이 조화를 이루어 고요하였고, 귀신도 소란을 피우지 않았으며, 사시는 절도에 맞았고, 모든 생물은 수명을 다했으므로 사람이 비록 지혜를 가졌다 해도 쓸 곳이 없었다. 이를 일러 지극히 하나가 되는 것이라고 한다.

그 당시에는 일부러 하는 일도 없었고 정치라는 것도 없었다. 그러나 세상의 덕이 차츰 쇠해지자 수인씨와 복희씨가 천하를 다스리기 시작하였다. 백성들은 따르기는 했지만 통일되지 않았다.

덕이 더 쇠해지자 신농씨와 헌원씨가 나타나 천하를 다스리기 시작하였다. 이로서 안정은 되었으나 자연을 따르지는 않았다. 덕이 더욱더 쇠해지자 요와 순이 나타나 천하를 다스리기 시작하였다. 정치와 교화의 폐단이 생겨나고, 순박함이 사라졌으며, 도를 이탈하여 선을 찾았고, 덕을 저버리고 행동하게 되었다. 결국에는 사람의 참된 본성을 버리고 자신의 마음을 따르게 되었다.

마음과 마음으로 상대방을 살펴서 알기는 했으나 천하를 안정시키기에는 부족하였다. 그런 뒤에 무늬를 덧붙였고 넓은 지식을 더하였으니, 무늬는 본질을 가렸고 넓은 지식은 마음을 가렸다. 이로써 백성들은 미혹하게 되어 본래의 모습으로 돌아갈 수 없게 된 것이다.

몸을 보전하는 도

이로 미루어 본다면 세상은 도를 잃었고 도는 세상을 잃었다. 세상과 도가 서로를 잃었으니, 도인이 어찌 세상을 일으키며 세상이 어찌 도를 일으킬 수 있겠는가? 도는 세상에 일어날 수 없게 되었고 세상은 도를 따라 일어날 수 없게 되었으니, 비록 성인이 산속에 숨어 있지 않다 해도 그의 덕은 저절로 묻힐 것이다. 덕이 묻힌다는 것은 성인이 덕을 숨긴다는 말이 아니다.

옛날에 숨어 사는 선비들도 몸을 감추고 나타나지 않은 것이 아니고, 입을 봉하고 말하지 않은 것이 아니며, 지혜를 감춰두고 드러내지 않은 것이 아니었다. 그것은 시대와 운명이 크게 잘못되었기 때문이다.

만약 시대와 운명이 들어맞아서 자기의 뜻을 천하에 크게 펼쳤다면, 백성들을 예전의 지극한 하나로 되돌려놓되 자기 자신들은 흔적조차도 남기지 않았을 것이다. 그러나 시대와 운명이 들어맞지 않아서 큰 어려움에 봉착하게 된다면, 자신의 본성을 간직하고 자신의 운명을 편히 받아들이면서 때를 기다려야 한다. 이것이 몸을 보전하는 도다.

근본과 말단이 거꾸로 된 사람

옛사람들이 몸을 보전하는 데는 말로써 지혜를 꾸미지 않았고, 지식으로써 천하를 곤궁하게 하지 않았으며, 지혜로써 덕을 밝히려 들지 않았다. 의연하게 자기 자리를 지키며 본성으로 돌아갈 뿐 무엇을 하겠는가?

도는 본래 작은 행동으로 행할 수 있는 것이 아니며, 덕이란 본래 작은 지식으로 얻어지는 것이 아니다. 오히려 작은 행함은 도를 손상시키고 작은 지식은 덕을 손상시킨다. 그러므로 자기를 올바르게 할 따름이라고 말하는 것이다. 그렇게 되면 즐거움이 온전해지는데 그것이 바로 득의得意라는 것이다. 옛날에 뜻을 얻었다고 하는 것은 높은 벼슬을 말하는 것이 아니라, 즐거움을 더해줄 수 있는 것이 더 이상 없다는 의미였다. 그런데 오늘날 뜻을 얻었다는 것은 높은 벼슬을 가리킨다. 높은 벼슬을 한다는 것은 자신의 본성이나 운명이 아니다. 그것은 물건이 와서 자신에게 잠시 붙어 있는 것과 같다.

붙는 것은 와도 막지 못하고 가도 붙잡을 수 없다. 그러므로 높은 벼슬을 얻었다 하여 방자하지 않고 궁해도 좇지 않아야 한다. 벼슬을 하든 궁색하든 한 가지로 즐거워할 줄 알아야 근심이 생기지 않는다. 그러나 지금 붙어 있는 것이 떨어져 나가면 즐겁지 않은 것이 통상적이다. 이로 미루어 본다면 비록 즐긴다고 해도 마음은 본성을 버리고 있는 것이다. 그러므로 외물에 의하여 자기를 잃고, 세속 때문에 본성을 잃는 것을 두고 근본과 말단이 거꾸로 된 사람이라고 하는 것이다.

붙임 말

본 장에서는 본성을 닦는 것에 대하여 설명하였다. 앞 장의 각 의처럼 한 가지 주제로 일관되어 있다. 공자는 배우고 생각하는 것이 동시에 이루어져야 한다는 취지에서 '생각 없이 배우는 사람은 어리석고, 생각만 하고 배우지 않는 사람은 위태롭다'고 하였다. 하지만 장자는 앎으로써 본래의 모습을 회복하려는 사람을 일러 '어둠 속을 헤매는 사람들'이라고 비판하였다. 바꿔 말하자면 내가 알고 있는 지식이라는 것이 우주의 시각으로 볼 때 얼마나 보잘 것 없으며, 우리가 알고 있는 것을 모르는 것과 비교한다면 얼마나 티끌 같은 것이냐는 논리다. 그래서 세상에 널려 있는 학문을 비난하고, 세상 사람들의 사고방식을 질책하며, 고요하고 담담한 마음으로 본성을 잘 간직해야 한다고 주장하였다. 왜냐하면 속된 학문이나 속된 생각으로는 사람의 타고난 지혜와 본성을 온전하게 기를 수 없기 때문이다. 통속적인 학문으로 본성을 닦아서 원초적인 상태로 돌아가기를 바란다거나, 통속적인 생각으로 욕망을 다스려서 밝은 지혜를 추구하려는 것은 몽매한 짓이라고 하였다.

태곳적의 사람들은 순진하고 소박하여 의식적으로 어떤 일도 계획하지 않았고, 의식적으로 어떤 일도 하지 않았지만 아무 일 없이 잘만 살다가 갔다. 이를 두고《주역》에서는 '불경확불치여不耕穫不菑畬'라고 하였다. 밭을 일구지 않아도 밭이 생기고 경작하지 않아도 거둔다는 뜻이다. 바꿔 말하면 아무것도 하지 않는 노력이라고 해도 과언이 아니다. 살다보면 아무것도 하지 않고도 거저 얻을 수 있는 때가 있다. 괜히 나서지 않고 가만히 앉아 있기만 해도 내 차례가 오는 경우가 있다. 그러나 인간은 때때로 무엇인가를 하지 않으면 살아갈 수 없다고 생각하면서 조바심을 낸다. 열심히 애써서 도리어 잃어버리는 결과를 자초하고 어떤 문제는 괜히 건드려서 화근을 만드는 경우가 있다. 이것저것 손을 씀으로써 문제가 커지거나 더 나쁜 결과를 초래하는 것이다. 사람이나 동물이나 사고방식에 한계가 있고 생각이 고정되어 있어서 그렇다. 늘 하던 방식대로만 하려는 경향이 있어서 그렇기도 하다. 그래서 세상을 외곬으로만 살아가려는 아둔한 생각을 버려야 한다. 인간은 어떤 바람이나 욕망을 없앰으로써 가장 소중한 것을 얻을 수도 있기 때문이다.

그런데 태곳적 이후로 인구가 늘어나면서 사람들의 지혜는 날로 발달하기 시작하였고, 인위적인 요소들이 점점 더 늘어나면서 세상은 혼란에 빠지기 시작하였다. 그리하여 사람들은 태곳적의 순진하고 소박했던 본성을 찾을 길이 묘연해졌다. 이렇게 세상의 덕이 쇠퇴하자 수많은 제왕들이 출현하기 시작하였지만, 오히려 덕은 통일되지 않았고, 자연을 따르기는커녕 더 멀리하게 되었으며, 순박함은 사라졌다. 그렇게 되자 사람의 본래면목인 본성을 저버리게 되었고, 종당에 가서는 자신의 마음을 따르게 되었다는 논리다. 결국 세상은 도를 잃어버리게 되었고 도는 세상을 잃어버리는 안타까운 현실이 도래했다. 그러므로 세속을 떠나 자신의 몸을 깨끗하게 보전하면서 때를 기다려야 한다는 것이 본 장의 취지다.

제17장

추수秋水

눈앞의 대상에만 집착한다

'추수'를 직역하면 가을 물이지만, 여기서는 가을의 큰 홍수로 쓰였다. 가을이 되면 여름에 내린 빗물이 모두 황하로 흘러든다고 운을 떼면서, 눈앞의 대상에만 집착하는 어리석음을 우회적으로 비판하고 있다. 추수는 다른 장에 비해서 긴 편이다. 모두 우화로 구성되어 있지만, 명문장이 많이 들어 있어서《장자》중에서도 백미로 손꼽힌다. 본 장은 내편에서 '유유자적하게 어슬렁거리며 노닌다'는 소요유와 '사물은 한결같다'는 제물론의 취지를 계승하여 새로운 사상으로 전개한 문답이라고 보아도 무방하다. 새로운 사상이란 사물은 변함이 없다는 유무에 대한 비판과 더불어 지식론에서 실천론으로 승화시킨 이론이다. 그래서 우리가 경험하고 있는 시공간에서 좀 더 열린 시각으로 세상을 바라보라는 메시지를 전달하고 있다. 따라서 도를 아는 것은 사람이 아니고 자연이라는 주장을 펼치는 것이다.

바다를 보고서 깨닫다

가을이 되면 모든 물이 황하로 몰려든다. 그 물결의 흐름이 크고 넓어서 양쪽 기슭에 소가 있는지 말이 있는지 구분할 수 없을 지경이다. 이를 본 하백河伯은 황하의 신답게 스스로를 뽐내며 천하의 장관이 모두 자기에게 있다고 생각하였다. 그는 물결을 따라 유유자적하게 동쪽으로 흘러가서 북해에 이르렀다. 그런데 동쪽의 바다를 바라보니 너무도 넓어서 끝이 보이지 않았다. 하백은 깜짝 놀라서 얼굴빛이 붉어진 채 북해의 신 약若에게 고개를 숙였다. 황하의 신 하백이 말하였다.

하백: 옛말에 이르기를 겨우 백 개쯤의 도를 듣고서 천하에 자기만 한 자가 없는 줄로 안다고 하였는데, 이는 저를 두고 하는 말이었습니다. 또한 저는 공자의 지식이 보잘것없다는 말과 백이의 의리가 가볍다는 말을 듣고도 이제까지 믿지 않았습니다. 그러나 지금 선생의 끝없는 바다를 보고 나서야 비로소 깨달았습니다. 제가 선생을 찾지 않았더라면 대도가大道家들에게 큰 웃음거리가 될 뻔했습니다.

인간은 한 개의 터럭과 같다

북해의 신 약이 말하였다.

약: 우물 안의 개구리에게 바다를 얘기해도 알지 못하는 것은

공간의 제약을 받고 있기 때문이며, 매미에게 얼음을 얘기해도 알지 못하는 것은 시간의 제약을 받고 있기 때문이다. 편벽된 선비에게 도에 관하여 입이 닳도록 말해도 알아듣지 못하는 것은 헤아림에 한계가 있기 때문이다. 지금 그대는 강을 벗어나 큰 바다를 보고 나서야 비로소 스스로의 한계를 알게 되었으니, 이제라도 그대와 더불어 큰 도를 얘기해볼 만하겠구나.

자고로 천하의 물은 바다보다 더 큰 것이 없다. 모든 강물이 바다로 흘러들며 그칠 줄 모르지만 넘치지 않고, 구름이 되어 하늘로 올라가는 일이 그칠 줄 모르지만 마르지 않으며, 계절에 관계없이 가뭄도 홍수도 모른다.

바다가 장강이나 황하보다 얼마나 방대한 것인가는 비교해볼 수도 없지만, 나는 단 한 번도 이것이 크다고 자랑해본 적이 없다. 바다는 천지로부터 형체를 물려받았고 음양으로부터 기운을 물려받았으니, 큰 산에 들어 있는 작은 나무나 돌과 마찬가지인 것이다. 이와 같이 내 존재를 작게 보고 있거늘 어찌 스스로 뛰어나다고 자랑할 수 있겠는가.

사방의 바다가 하늘과 땅 사이에 존재하는 정도를 헤아려보면 큰 연못의 개미구멍과 비슷하고, 중국이 우주에서 차지하는 크기를 헤아려보면 큰 창고 안에 있는 곡식 한 톨과 비슷하다. 사물은 수도 없이 많아서 만물이라고 하는데, 사람은 그 가운데 하나일 뿐이다. 사람이 가득한 구주九州는 온갖 곡식이 자라며 배와 수레가 달리는 드넓은 곳이지만, 사람이 사는 곳은 한 모퉁이에 불과할 뿐이다. 이처럼 사람을 만물에 견주어본다면 말의 몸에 난 한 개의 터럭과 같은 것이다.

오제五帝는 천자의 자리를 서로 양보했으나 삼왕三王에 이르러서는 서로 다투었다. 어진 사람이 근심하는 것이나, 일을 맡은 사람이 수고로운 것이나 모두 같은 것이다. 백이는 왕위를 사양함으로써 명성을 얻었고, 공자는 인의를 얘기함으로써 박식하다고 여겨진다. 이들은 스스로 남들보다 뛰어났다고 자랑하지만, 방금 그대가 황하가 크다고 생각했던 것과 유사하지 않은가.

짧은 지혜에서 분별이 나온다

하백: 그럼 저는 천지는 크고 터럭은 작다고 여기면 되겠습니까?

약: 아니다. 사물의 수량이란 무궁하고, 시간은 멈추지 않고 흐르며, 각자의 분수는 일정하지 않아서 항상 변하고, 시작과 끝은 뿌리가 없다. 그러므로 지혜로운 사람은 먼 것과 가까운 것을 똑같이 여긴다. 그래서 작다고 무시하지 않고 크다고 대단히 여기지 않으니, 이는 만물의 무궁함을 알기 때문이다. 또한 과거와 현재를 밝게 알고 있으므로 수명이 길다고 근심하지 않고, 짧다고 하더라도 더 살기를 구걸하지 않는다. 시간이란 멈추지 않고 흘러가는 것임을 알기 때문이다. 또한 모든 것은 달처럼 찼다 기울었다 하는 것을 살펴서 알고 있기 때문에 재물을 얻어도 기뻐하지 않고 잃어도 근심하지 않는다. 사람의 분수란 일정하지 않다는 것을 알기 때문이다. 또한 도는 넓다는 것을 분명히 이해하고 있으므로 사는 것을 행복으로 여기지 않고 죽는 것을 불행으로 여기지

않는다. 일이란 처음부터 끝까지 그대로 있을 수 없다는 것을 알기 때문이다.

사람들이 알고 있는 것을 헤아려보면, 알지 못하는 것에 견줄 바가 못된다. 마찬가지로 사람이 살아 있는 시간이란 사람이 살지 못하는 시간에 견줄 바가 못 된다. 이처럼 지극히 작은 영역에서 지극히 큰 영역을 궁구하려 들기 때문에 미혹되고 혼란하여 깨달을 수 없게 되는 것이다. 이로 미루어 본다면 터럭의 끝이 반드시 미세한 것의 끝이라고 단정할 수 없다. 마찬가지로 하늘과 땅이 지극히 큰 영역의 전부라고 단정 지을 수도 없다.

나라는 존재가 없다

하백: 세상의 논자들이 말하기를 지극히 가는 것은 형체가 없고, 지극히 큰 것은 잴 수가 없다고 하는데, 이 말은 사실입니까?

약: 대체로 작은 것에서 큰 것을 보려면 다 볼 수가 없고, 큰 것에서 작은 것을 보려면 분명히 볼 수가 없다. 가늘다는 것은 작은 것 중에서도 가늘다는 뜻이며, 크다는 것은 큰 것 중에서도 크다는 뜻이다. 그러므로 다 볼 수 없고 분명히 볼 수 없는 것은 자연의 형세가 그러하며 모든 만물은 변화하는 상황 속에 존재하기 때문이다. 가늘거나 굵다고 하는 것은 형체가 있어서 분간할 수 있는 것이며, 형체가 없는 것은 수량으로 분간할 수 없고, 너무 커서 헤아릴 수 없는 것은 길이로

다 잴 수 없다. 그러므로 말로 다 논할 수 없고 생각으로 살펴서 인지할 수 없는 것은 가늘거나 크다고 판단할 수 없는 것이다.

따라서 대인의 행동은 남을 해치지도 않지만 인의와 은혜를 중히 여기지도 않는다. 이익을 위해서 하는 행동이 없고, 문지기나 하인을 천하게 여기지도 않는다. 재물을 다투지도 않지만 사양하는 것을 귀하게 여기지도 않는다. 일을 함에 있어서는 남의 힘을 빌리지 않으며, 그렇다고 자력으로 먹고 사는 것을 자랑하지 않고, 탐욕스럽거나 비열한 자들을 무시하지도 않는다.

대인의 행동은 세속과 다르지만 괴이한 것을 드높이지 않고, 다스림은 사람이 따르는 데 달려 있으니 영합하고 아첨하는 자들을 천시하지도 않는다. 세상의 벼슬이나 봉록으로도 그를 권면할 수 없고, 형벌이나 치욕으로도 그를 욕되게 할 수 없으니, 시비는 분별할 수 없고 대소는 나눌 수 없음을 알기 때문이다. 예로부터 도를 터득한 사람은 남들이 알아주지 않았으며, 위대한 사람에게는 나(自我)라는 존재가 없다고 하였다. 이는 절제를 알고 분수를 아는 지극한 경지다.

취향과 지조도 상대적이다

하백: 사물의 외면이나 내면은 무엇을 기준으로 하며, 어디에서 귀천의 분별이 생기고, 어디에서 크고 작다는 기준이 생기는 것입니까?

약: 도의 입장에서 보면 사물에는 귀천이 없다. 그러나 물건의 입장에서 보면 자기는 귀하고 남은 천한 것이 된다. 세속의 입장에서 보면 귀천은 자기가 정하는 것이 아니라 남들이 정해주는 것이다. 상대적인 관점에서 어떤 기준보다 큰 것을 크다고 하면 만물에는 크지 않은 것이 없고, 어떤 기준보다 작은 것을 작다고 하면 작지 않은 것이 없게 된다. 하늘과 땅을 쌀 한 톨로 여길 수도 있고, 터럭의 끝을 큰 산이라고 여길 수 있다면 차별의 이치가 분명하게 드러날 것이다.

사물에 쓰임이 있다고 인정하는 입장에서 보면 모든 만물은 쓰임이 있게 되고, 쓰임이 없다고 부정하는 입장에서 보면 모든 만물은 쓸모없는 것이 된다. 이처럼 동쪽과 서쪽은 상반되지만 서로가 없어서는 안 된다는 사실을 안다면, 곧 쓰임의 규정도 서로가 없어서는 안 되는 상대적인 것임을 알게 될 것이다.

취향의 관점에서 본다면 옳은 면에서는 옳다고 할 것이니 천지만물은 옳지 않은 것이 없고, 그른 면에서는 그르다고 할 것이니 천지만물은 그릇되지 않은 것이 없다. 이처럼 요와 걸이 자기는 옳고 상대는 그르다고 한 것을 안다면 취향과 지조도 상대적이라는 것을 알 수 있다.

시대에 따라 평가도 다르다

북해의 신 약이 이어 말하였다.

약: 옛날 요는 순에게 선양하여 훌륭한 나라가 되었으나, 자쾌子噲는 자지子之에게 선양하여 나라가 멸망하였다. 은나라 탕과 주나라 무는 전쟁으로 왕이 되었으나, 초나라 백공白公은 전쟁으로 멸망하였다. 이로 볼 때 사양하고 다투는 예절이나, 요나 걸과 같은 행위가 귀하거나 천하다고 구분되는 것은 때에 따라 달리할 뿐 일정한 기준이 없다.

들보나 기둥은 성벽을 무너뜨리는 데는 유용하지만, 작은 구멍을 막는 데는 쓸모가 없다. 그것은 용도가 다르기 때문이다. 천리마는 하루에 천 리를 달리지만 쥐를 잡는 데는 소용이 없다. 그것은 재주가 다르기 때문이다. 올빼미는 밤에는 벌레와 벼룩까지도 잡지만 낮에는 눈을 크게 부릅뜨고서도 눈앞의 큰 산을 보지 못한다. 그것은 본성이 다르기 때문이다.

그러므로 항상 올바름을 따르고 그른 것은 거스르며, 다스림을 따르고 혼란스러움은 거스르는데, 이것은 천지의 이치와 만물의 진상을 제대로 알지 못하기 때문이다. 마치 하늘은 따르며 땅은 거스르고, 음을 따르며 양은 거스르는 것과 같은 이치다. 이는 통용되지 못하며 불가능함이 명백하다. 그럼에도 불구하고 이와 같은 주장을 버리지 않는 자들이 있다면, 그들은 어리석은 자가 아니면 거짓말을 하고 있는 자다.

예전에 오제가 임금의 자리를 물려주는 방법은 제각기 달랐다. 하, 은, 주 3대가 임금의 자리를 물려주는 방법도 제각기 달랐다. 그래서 그 시대에 어긋나고 그 시대의 풍속을 거스르는 자는 찬탈자나 역적이라 하였고, 그 시대에 합당하고 그 시대의 풍속을 따르는 자는 의로운 사람이나 애국자라고 하였다.

사물은 스스로 변화한다

하백: 그렇다면 저는 무엇을 해야 하고 무엇을 삼가야 됩니까? 받고 취해야 합니까, 아니면 사양하고 버려야 합니까?

약: 도의 관점에서 보았을 때 무엇이 귀하고 무엇이 천한 것인가? 이는 자연의 광대함에 반하는 일이다. 자신의 뜻에 얽매여서는 안 된다. 그러면 자연의 도에 크게 어긋나기 때문이다. 도의 입장에서 보았을 때 무엇이 적고 무엇을 많다고 하겠느냐? 이는 결국 하늘의 은혜를 거절하는 격이 된다. 무엇이든 어느 한쪽으로 치우쳐서는 안 된다. 이 또한 도에 어긋나기 때문이다.

엄격하게 나라에 군주를 두는 것은 사사로운 덕을 없게 하려는 것이다. 제사를 받는 토지 신을 두는 것은 사사로운 복을 없게 하려는 의도이다. 넓고 넓은 천지사방의 광대함은 아무런 한계가 없다는 것을 보여주는 것이다. 만물을 평등하게 사랑한다면 누구를 받들고 공경할 것인가. 이것을 두고 차별이 없다고 하는 것이다. 만물은 하나같이 가지런한데 무엇이 짧고 무엇이 길다고 하겠는가?

도에는 시작도 없고 끝도 없지만 사물에는 삶과 죽음이 있으니 그 성대함을 기대하지 말아야 한다. 한 번 차면 한 번은 비는 것이니 그 형체를 세우지 말아야 한다. 지나간 세월은 되돌릴 수 없고 가는 세월은 붙잡을 수 없는 것이다. 소멸되면 생성하고, 비우면 다시 차고, 끝이 있으면 시작이 있는 것이니, 이것이 내가 위대한 도를 얘기하고 만물의 이치를 논하는 까닭이다.

사물의 생이란 달리는 말이 문틈 사이로 지나가는 것과 같다. 움직여서 변화하지 않는 것이 없고, 때에 따라서 옮겨가지 않는 것도 없다. 조금도 변하지 않고, 잠시도 바뀌지 않는 것은 없다. 그런데 무엇을 하고 무엇을 하지 않겠는가? 본래 사물은 스스로 변화하게 내버려두면 그뿐이다.

진리의 지극함을 말하다

하백: 그렇다면 어찌하여 도가 귀하다는 것입니까?

약: 도를 아는 사람은 반드시 이치에 통달해 있고, 이치에 통달한 사람은 반드시 임기응변에 능하며, 임기응변에 능한 사람은 반드시 외물에 의하여 해를 입지 않는다. 지극한 덕을 지닌 사람은 불로도 뜨겁게 할 수 없고, 물에 빠져도 죽지 않으며, 추위와 더위도 해치지 못하고, 금수도 해치지 못한다. 그렇다고 일련의 것들을 가벼이 여긴다는 것은 아니다. 안위를 살펴서 화와 복의 어느 것에서나 편안함을 취하고 거취를 신중하게 한다면 해칠 수 없다는 뜻이다.

옛말에 이르기를 자연을 안으로 들이고 인위적인 것들을 밖으로 내보내면 그 자신은 언제나 자연에 있게 된다고 하였다. 사람과 자연의 행위에 대해서 알고 자연을 근본으로 삼는다면 항상 올바른 위치에 있게 되는 것이다. 그렇게 되면 모든 일이 자연스럽게 성사되며 도의 경지로 돌아가서 진리의 지극함을 말할 수 있게 된다.

하백: 자연은 무엇이고 인위는 무엇입니까?

약: 소나 말은 네 발을 가졌는데 이것을 자연이라 말하고, 말에 고삐를 매거나 소의 코를 뚫는 것은 인위라고 말한다. 그래서 옛말에 인위로 자연을 해치지 말고, 지혜로 천명을 손상시키지 말 것이며, 명예를 위하여 덕을 손상시켜서는 안 된다고 한 것이다. 자연을 잘 지켜서 잃지 않는 것이 바로 자연의 도를 찾는 길이다.

성인이 승리하는 비결

외발인 기夔라는 짐승은 발이 많은 지네를 부러워하고, 지네는 발이 없어도 자유자재로 움직이는 뱀을 부러워하며, 뱀은 의지하는 데가 없이도 움직이는 바람을 부러워하고, 바람은 가지 않고도 멀리 볼 수 있는 눈(目)을 부러워하며, 눈은 보지 않고도 많은 것을 알 수 있는 마음을 부러워했다. 어느 날 기가 지네에게 말하였다.

기: 나는 지금 한 발로 껑충껑충 뛰기는 하지만 제대로 갈 수가 없다. 너는 수많은 발을 쓰고 있으니 부럽기만 하구나.

지네: 하하, 별것 아니야. 사람들이 침을 뱉는 걸 본적이 있는가? 침을 뱉으면 큰 것은 구슬처럼 크고, 작은 것은 안개처

럼 뿜어져 나오지. 그것들이 서로 섞여서 떨어지면 헤아릴 수 없이 많다네. 그렇다고 사람들이 일부러 침을 뱉는 것은 아니야. 그처럼 나 역시도 타고난 대로 움직일 뿐이지, 왜 이렇게 됐는지는 나도 모르겠네.

지네가 뱀에게 물었다.

지네: 나는 여러 개의 발로 가는데도 발이 하나도 없는 그대를 따라갈 수가 없네. 그 이유를 아는가?

뱀: 하늘의 기능을 바꿀 수 없는 것처럼, 내가 어떻게 없는 발을 쓸 수 있으며 어떻게 가는지를 알겠는가?

뱀이 바람에게 물었다.

뱀: 나는 몸을 비틀어 움직이는 것이니 발을 갖고 있는 것이나 다름없지. 그런데 그대는 형체도 없는데 어떻게 북해에서 일어나 남해까지 갈 수 있는가?

바람: 그렇기는 하지만 나는 손가락 하나로 막아도 이겨내지 못하고, 작은 발길질조차도 이겨낼 수 없다네. 그러나 큰 나무를 쓰러뜨리고 큰 집을 부숴버리는 데는 내가 능하지. 그러니까 작은 것에 지기 때문에 큰 것을 이기는 것 같아. 내가 듣기로 성인들은 그렇게 해서 크게 이긴다고 하더군.

성인의 용기

공자가 광이라는 곳에 갔을 때 송나라 군사들이 그를 겹겹으로 포위하고 해치려 하였다. 그러나 공자는 비파를 타며 노래만 불렀다. 자로가 들어가서 못마땅한 듯이 말했다.

자로: 선생님은 어찌 그리도 태평하십니까?

공자: 나는 이제까지 곤궁한 것을 싫어하였지만, 그것을 벗어나지 못한 것은 나의 운명이다. 나는 형통하기를 바란 지 오래되었지만, 뜻대로 되지 않는 것은 시세時勢일 따름이다. 요순시대에는 천하에 곤궁한 사람이 없었는데 그것은 지혜가 있었기 때문이 아니다. 걸과 주의 시대에는 천하에 뜻을 이루는 사람이 없었는데 그것은 지혜가 없었기 때문이 아니다. 모든 것은 시세가 그랬을 뿐이다.

교룡蛟龍을 피하지 않고 물길을 가는 것은 어부의 용기이고, 맹수를 꺼리지 않고 산길을 가는 것은 사냥꾼의 용기이며, 눈앞에 칼날이 번뜩여도 죽음을 초개와 같이 여기는 것은 열사의 용기다. 자기가 곤궁해진 것을 운명으로 알고, 뜻하는 대로 되려면 시세를 만나야 한다는 것을 알며, 큰 어려움을 당하더라도 두려워하지 않는 것은 성인의 용기다. 자로야, 편히 앉아라. 내 운명은 하늘이 결정할 것이니 따르면 그뿐이다.

얼마 지나지 않아서 군사를 이끄는 장수가 들어왔다. 그는 사죄하면서 이렇게 말하였다.

장수: 저희들은 선생이 양호陽虎인 줄로 잘못 알고 포위했습니다. 당장 물러가도록 하겠습니다.

개구리와 동해바다

조나라의 명문인 공손룡公孫龍이 위나라의 공자公子인 모牟를 만났다.

공손룡: 저는 어릴 적부터 선왕의 도를 배웠고, 자라서는 인의의 행실을 밝혔으며, 다르거나 같은 것을 합쳐서 논하였고, 같은 흰 돌에서도 단단한 것과 흰 것으로 분리시켰습니다. 그래서 옳고 그른지에 대한 백가의 지혜를 비판하고, 세상의 변론을 막히게 하면서 스스로 통달했다고 생각했는데 장자의 말을 듣고서는 망연자실해졌습니다. 제 이론이 그에 미치지 못하는 것인지 저의 지혜가 그만 못한 것인지 모르겠지만, 지금 저는 입도 벌릴 수 없습니다. 장자의 도에 대하여 여쭙고 싶습니다.

공자 모는 책상에 기대어 하늘을 보고 웃으면서 말하였다.

모: 그대는 무너진 우물 안의 개구리에 대해서 들어본 적이 있는가? 그 개구리가 동해의 자라에게 말하기를 "나는 참 즐겁다네. 나는 우물 위로 뛰어 올라 놀기도 하고, 우물 안에 깨진 벽 틈으로 들어가 쉬기도 하지. 장구벌레나 게를 보아도

나같이 팔자 좋은 자가 없소. 게다가 우물을 독차지하고 물을 내 마음대로 한다네. 당신도 들어와 보지 않겠소?"라고 했다네. 그래서 동해의 자라가 들어가 보려고 했는데, 왼발을 넣기도 전에 오른발이 걸리고 말았지. 이에 어정어정 뒷걸음질을 치고 나와서 개구리에게 말하기를 "바다라는 곳은 천 리보다도 멀어서 크기를 잴 수 없고, 천길 높이로도 그 깊이를 표현할 수 없다오. 우임금 때는 10년 동안 아홉 번의 장마가 있었지만 물이 조금도 불어나지 않았고, 탕임금 때는 8년 동안 일곱 번이나 가뭄이 들었지만 물이 조금도 줄지 않았소. 시간의 흐름에 따라서 변하지 않고, 물을 보태고 덜어내고에 따라서 늘고 줄지 않는 것이 동해의 즐거움이라오"라고 하자 우물 안의 개구리가 놀라서 정신을 잃고 쓰러졌다고 하오.

그런데 그대의 지혜란 옳고 그름의 한계나 현묘한 담론조차도 알지 못하면서 그저 한때의 편리함에 만족하고 있으니 우물 안의 개구리와 같지 않소? 그런데 장자는 이미 황천을 밟고 하늘로 올라가 남쪽도 북쪽도 없이 사방으로 퍼져서 헤아릴 길이 없는 경지에 이르고, 동쪽도 서쪽도 없이 혼돈의 근원에서 시작하여 위대한 도로 되돌아왔소. 그러나 그대는 맴돌 듯이 그것을 분별과 변론으로 구하려 하니 이는 대롱으로 하늘을 보고, 송곳으로 땅을 가리키면서 하늘과 땅의 넓이를 살피려는 것과 다르지 않소. 이 얼마나 옹졸한 소견이오?

연나라 수릉의 소년이 조나라의 수도인 한단에 갔었는데, 한단의 걸음걸이를 배우기도 전에 옛 걸음을 잃어버려 엉금 엉금 기어서 돌아왔다고 하오. 그대가 지금 돌아가지 않는다면 그대의 옛 마음을 잊을 것이며, 그대의 옛 기교와 학업도 잊게 될 것이오.

공손룡은 이 말을 듣고 입은 열린 채 닫히지 않았고, 혀는 말려 올라간 채 내려오지 않았다. 그러고는 멍하니 하늘만 바라보다가 이내 뒷걸음으로 물러갔다.

죽음보다 삶이 좋다

장자가 복수濮水에서 낚시를 즐기고 있는데, 초나라에서 두 명의 중신이 왕명을 받들고 사자로 왔다. 사자가 말하였다.

사자: 선생을 초나라의 재상으로 모시고자 왔습니다.

장자: 내가 듣기로 귀국에는 죽은 지 3천 년이 된 거북의 등껍질이 있다고 하던데, 임금께서는 그것을 비단보에 싸고 상자에 넣어서 묘당에 두고 소중히 여긴다고 들었습니다. 그런데 그 거북을 보십시오. 죽은 뒤에 귀하게 보살핌을 받는 것과 살아서 진흙탕 물속에서 꼬리를 끌고 다니는 것 중 어느 쪽이 나을 것 같소?

사자: 그야 살아서 꼬리를 끄는 것이 낫겠지요.

장자: 그러니 그만 돌아가십시오. 나도 진흙탕에서 꼬리를 끌고 다니며 살고 싶소.

붙임 말

본 장에서는 장자 자신이 설화의 주인공으로 등장하였으니 연출과 주연을 겸한 셈이다. 이것은 전기傳記의 자료가 많지 않은 장자에 대한 상상력을 자극하기에 충분하다. 특히 본 장에서는 논리가 아닌 직관에 의해 대상을 파악하는 장자를 묘사하고 있다는 점이 눈에 띈다. 물론 모두 꾸며낸 이야기다. 꾸며냈다는 것은 곧 창작을 의미한다. 그래서 명작이라는 찬사를 받고 있는 것이다.

오늘날 현대사회에서는 인문학이 각광을 받고 있다. 지금 우리가 보고 있는 《장자》도 작은 범주에서는 동양철학에 속하지만 큰 범주로는 인문학에 속한다. 인문학을 창작함에 있어서는 시대를 막론하고 그 시대 사람들의 요청에 응할 수 있어야 한다. 장자가 창작한 《장자》는 약 2,400년 동안 전해져 내려오는 스테디셀러로 자리 잡았으니 대단한 철학서임이 분명하다.

서두에서 가을철이 되면 불어난 모든 냇물이 황하로 흘러드는데, 그 황하에는 하백이라는 강물의 신이 살고 있다고 하였다. 우화이면서도 이렇게 말한 데는 근거가 있는데, 중국에서 제일로 크고 긴 강이 실제로 황하이기 때문이다. 한국도 그렇지만 중국에서도 늦여름이나 돼야 장마가 끝이 난다. 이 장마가 끝나면 실크로드의 주요한 경유지인 중국 서북부에서부터 물이 불어나기 시작하여 계속 흐르다가 초가을이나 되어야 황하의 동쪽 끝에 이른다. 중국이라는 나라가 인구뿐만 아니라 그 면적이 얼마나 크고 광활한지를 가늠해볼 수 있는 대목이다. 그래서 여름 물이라고 하지 않고 가을 물이라고 명명한 것이다. 황하의 신인 하백이 자신의 강을 뽐내며 자랑했던 이유다. 하백은 이렇게 멋진 황하의 물결을 타고 의기양양하게 북해에 이르렀으나, 끝없는 바다를 보고서는 얼굴을 붉히며 북해의 신에게 무릎을 꿇었다. 공손하게 가르침을 청하는 모습에서 요즘 21세기 현대사회에서는 찾아보기 드문 인간의 진솔한 모습을 발견할 수 있다.

세상 만물은 자연으로부터 각자 고유의 재질과 직분을 가지고 나왔다. 여기에는 단 하나의 실수도 없고 과잉이나 결핍도 존재하지 않는다. 이 부분에서 과잉을 말하고 결핍을 주장하는 것은 오로지 인간뿐이다. 인간은 자신이 만족할 수 없는 욕망을 자연의 탓으로 돌리며 무한한 것을 요구하지만, 그것은 신을 모욕하고 조물주를 모독하는 것이며, 자신의 존재 자체를 부정하는 것과 같다. 자연은 인간이 생각하는 것처럼 질투의 대상이 될 수 없다.

자연은 조물주의 생각대로 그저 있음이니 부러움의 대상도 아니다. 그래서 지네도 뱀을 부러워하지 않고, 뱀도 지네를 부러워하지 않는다. 또한 오리도 학의 긴 다리를 부러워하지 않고, 학도 오리의 짧은 다리를 부러워하지 않는다.

이처럼 자연 안에서는 어떤 것이 다른 어떤 것을 부러워하지 않는다. 부러워한다고 해서 바뀔 수 있는 것이 아니기 때문이다. 동시가 서시를 부러워해서 따라했지만 결국에는 사람들로부터 멸시당한 것 말고는 달리 얻은 것이 없다. 그러므로 부러움이란 인간의 머리가 만들어낸 욕망의 도구일 뿐이다. 장자는 지네와 뱀의 이야기를 통해서 하늘이 내려준 운명대로 살아가라고 말한 것이다. 언제나 자신의 분수에 맞게 최선을 다하는 것이 최고의 삶인 까닭이다.

제18장

지락至樂

지극한 즐거움이란 무엇인가

지至는 이른다는 뜻이고 락樂은 즐긴다는 뜻이니, 지극한 즐거움이란 무엇인가에 대하여 말한다. 지극한 즐거움이란 생로병사를 초월하여 기쁨이나 슬픔으로부터 벗어나 초연하는 데 있다. 장자에게 있어서 죽음은 삶의 끝이 아니라 삶의 연장선상이며 생명이 변화하는 과정일 뿐이다. 죽음의 세계와 삶의 세계가 따로 있는 것이 아니라, 죽음은 삶으로 삶은 다시 죽음으로 꼬리를 물고 이어진다는 것이다. 또한 많은 사람이 부귀와 장수와 명예를 추구하지만 그것이 실질적으로 즐겁고 편안하게 사는 근거가 되지는 못한다. 오히려 그것을 쫓다가 생명을 해치기도 하고, 장수를 갈망한 나머지 죽음에 시달리는 고통을 면할 수 없게 된다. 장자는 세속의 쾌락이란 사람의 손짓에 따라 죽도록 달리면서 그칠 수 없는 것과 같다고 하였다. 속세는 고통스러운 곳이기에 의식적으로 행동하지 않는 무위만이 진실로 즐거운 것이며, 지극한 안락은 몸을 살리는 것인데 이 또한 무위에서만 가능하다는 주장을 펼치고 있다.

명성을 얻고자 죽음을 택할 것인가

천하에 지극히 즐거운 일이란 있는 것일까 없는 것일까? 자기 몸을 온전하게 해주는 길은 있는 것일까 없는 것일까? 지금 무엇을 취하고 무엇을 버려야 하는가? 무엇을 피하고 어디에 가담해야 하는가? 무엇을 가까이하고 무엇을 멀리해야 하는가? 무엇으로 즐거움을 삼고 무엇을 기피해야 하는가?

무릇 천하의 사람들이 높이 치는 것은 부귀와 장수와 명예다. 그들이 즐기는 것은 몸의 안락함과 맛있는 음식과 아름다운 의복과 좋은 빛깔과 듣기 좋은 음악이다. 만약 이러한 것들을 얻지 못하면 어쩌나 걱정하고 심지어는 두려운 마음마저 들게 된다. 하지만 이것은 자신의 육신만을 위하는 것이니 크게 어리석은 짓이 아니겠는가.

소위 부자들은 자신을 괴롭히면서 애써 일하고 많은 재물을 쌓아두지만 다 쓰지 못한다. 몸을 위한다는 것이 오히려 버리는 꼴이 된다. 신분이 귀한 사람들은 밤낮을 가리지 않고 일의 잘못을 생각하고 고민한다. 몸을 위한다는 것이 오히려 해치는 꼴이다. 사람은 누구나 근심을 달고 태어나므로 사람이 산다는 것은 근심과 더불어 살아가는 것이다.

오래 살아도 병이 들어 정신이 혼미한 채 죽지 않는다면 얼마나 괴로운 일인가. 장수한다는 것 역시 몸을 위한다는 목적과는 거리가 멀다. 열사는 천하를 위하여 선을 드러내고 훌륭하다고 일컬어지지만 그의 몸을 보전하지는 못한다. 그것을 훌륭하다고 여기자니 제 몸을 살릴 수 없고, 고루하다고 여기자니 남들을 살릴 수 없다. 그래서 옛말에 충성스런 간언이 받아들여지지 않으면 눈치껏 물러나서 다투지 말라고 했는데, 오자서伍子胥는 임금과 다투다가 죽임을 당했다. 그러나 다투지 않았다면 이름이 새겨지지 않았을 것이다. 이러하니 진실로 선하고 훌륭한 일이란 있는 것인가 없는 것인가?

무위이지만 무불위이다

지금 세속에서 행하는 쾌락에 대하여 그것이 진정으로 즐거운 것인지 아닌지는 알 수 없다. 내가 관찰한 바로 세속의 쾌락이라는 것은 대중의 손짓을 따라 죽도록 달리면서 멈추지 못하는 것과 같다. 그러면서 모두가 한목소리로 즐거움이라고 말하지만, 그것이 즐거움인지 아닌지는 알지 못한다. 그렇다면 즐거움이란 있는 것인가 없는 것인가?

나는 무위만이 진실한 즐거움이라고 여긴다. 속세는 고통스러운 곳이므로 지극한 즐거움이란 즐거움을 초월하는 데 있고, 지극한 명예란 명예를 초월하는 데 있다. 세상일의 옳고 그름은 단정 지을 수 없다. 그러나 무위만은 그 시비를 단정할 수 있다. 지극한 즐거움과 몸을 편히 하는 길은 오로지 무위에서만 나올 수 있다.

시험 삼아 논해보자. 하늘은 무위하기 때문에 맑다. 땅도 무위하기 때문에 고요하다. 이 두 가지 무위가 서로 합하여 만물이 생성되고 성장한다. 형상이 없는 듯이 어렴풋하고 근원도 알 수 없지만, 무위를 따라 태어나고 무위에서 형상이 나온다. 만물이 번식하고 있지만 모두가 무위함으로서 불어나고 있는 것이다. 그러므로 하늘과 땅은 무위이지만 무불위無不爲라고 하는 것이다. 사람들 중에서 누가 이 무위를 알 수 있으려나.

죽음은 쉼이다

장자의 아내가 죽어서 혜자가 문상을 갔다. 장자는 두 다리를 쭉 뻗고 앉아서 바가지를 두드리며 신명나게 노래를 부르고 있었다. 혜자는 참으로 어이가 없어서 한마디했다.

혜자: 돌아가신 부인은 자네와는 부부로 살았고, 자식을 낳아 길렀으며, 자네와 동고동락하지 않았던가. 그런 부인이 숨을 거두었는데 곡은커녕 노래를 하다니, 너무 심하지 않은가?

장자: 그렇지 않다네. 나도 아내가 막 죽었을 때는 슬퍼했었지. 그러나 아내가 이 세상에 태어나기 이전을 생각해보니 생명이란 본래가 없었던 거야. 육체도 없었으며 육체를 형성하고 있는 음양이라는 두 기운도 없었다네. 모든 것이 혼돈 속에 뒤섞여 있다가 변화를 얻어 기가 생겼고, 그 기가 다시 변해서 형체를 이루었으며, 그 형체가 또 변화해서 생명이 생긴 것이라네.

그리고 이제 다시 변해서 죽음으로 돌아갔을 뿐이라네. 이는 사시가 순환하는 것과 같은 이치일세. 지금 내 아내는 천지라는 거대한 울타리 안에서 편히 쉬려고 하는데, 내가 울면서 곡을 한다는 것은 천명을 모르는 소치가 되는 것일세.

저승의 안위와 즐거움

장자가 초나라로 유람하러 갔을 때의 일이다. 앙상한 해골 하나가 들판에 나뒹구는 것을 보았다. 장자는 말에서 내려 손에 들고 있던 채찍으로 두들기며 말을 걸었다.

장자: 이게 무슨 꼴인가? 그대는 방탕한 짓을 하다가 이 모양이 되었는가, 아니면 나라를 망치려다가 들통이 나서 목이 잘린 것인가? 그것도 아니라면 부모처자에게 부끄러운 짓을 저지르고 자살이라도 했다는 말인가. 혹여 천수를 다하고서도 이 모양이 된 것인가?

말을 마친 장자는 해골을 끌어다가 베고 누워 잤다. 밤중에 해골이 나타나서 말하였다.

해골: 그대도 입을 제법이나 놀리더군. 하지만 그대가 한 말은 모두 살아 있는 사람들의 번거로운 이야기일 뿐일세. 망자의 세계에서 그런 일 따위는 없다네. 혹시 죽음의 세계에 대해 흥미가 있는가?

장자: 그렇소. 좀 들려주시오.

해골: 죽음의 세계에는 임금이나 신하의 구별이 없고, 과거와 미래도 없으며, 하늘과 땅과 함께 나이를 먹고 있지. 당신네 임금의 즐거움도 이보다 더 나을 수는 없을 것이오.

장자: 내가 염라대왕에게 부탁하여 그대의 몸을 다시 옛날로 되돌려 그리운 처자식과 친지들이 있는 곳으로 보내줄 수 있

는데, 그렇게 하시겠소?

해골: 내 어찌 임금보다도 더한 안위와 즐거움을 버리고, 산 사람의 수고로움을 반복하겠소?

복을 지속하는 방법

안연이 동쪽 제나라로 가게 되었다는 소식을 듣고 공자는 걱정하는 기색이 역력하였다. 이에 자공이 물었다.

자공: 안연이 제나라로 가는데 어찌 선생님께서는 근심하십니까?

공자: 옛날에 관자가 말하기를 주머니가 작으면 큰 것을 품지 못하고, 두레박줄이 짧으면 물을 길을 수 없다고 하였다. 이 말인즉 운명은 이미 정해진 것이 있고, 형체에는 이미 맞는 것이 있어서 여기에 더하거나 줄일 수 없다는 뜻이다. 내가 근심하는 것은 안연이 제나라에 가서 요순의 도를 이야기하고 선왕들의 말을 강조하겠지만, 제나라 임금은 이해하지 못할 것이며, 이해하지 못하면 미혹하게 되어 안연을 죽일까봐 걱정이 된다.

너는 이런 이야기를 들어본 적이 있느냐? 옛날 바닷새가 노나라로 날아들었다. 노나라 임금은 그 새를 맞이하여 묘당에서 잔치를 베풀고 음악을 연주하며 즐겁게 해주고, 쇠고기와 양고기와 돼지고기로 안주를 삼도록 하였다. 바닷새는 눈을 멍하니 뜬 채 슬퍼하면서 고기도 못 먹고 술도 못 먹다가 사흘 만에 죽었다. 이것은 사람을 부양하는 방법으로 새를 부양하였기 때문이다. 새를 기르려면 마땅히 깊은 숲속에 살게 하고, 호숫가에서 노닐며 미꾸라지와 송사리를 잡아먹게 하고, 같은 새들과 유유히 지내게 해야 하는 것이다. 새들은 사람의 말을 듣기 싫어하는데 어찌 그처럼 시끄럽게 했을까?

안연이 제나라의 뜰에서 요임금의 함지咸池와 순임금의 구소九韶를 연주한다면, 새들은 날아가버리고 물고기들은 물속으로 숨어버릴 것이다. 오직 사람만이 이를 들으면 흥이 나서 둘러싸고 구경할 것이다. 물고기는 물속에서 살지만 사람이 물속에 들어가면 죽는다. 이처럼 좋아하고 싫어하는 것이 다른 것은 근본이 다르기 때문이다. 그러므로 옛 성인들은 그들의 능력을 같게 생각하지 않았고, 그들의 일도 같게 여기지 않았다. 이름은 실물을 근거로 하고, 법도는 모두 본성에 맞도록 하였다. 이것이 조리에 통달하고 복을 지속케 하는 방법이기 때문이다.

붙임 말

본 장에서는 지극한 즐거움은 무엇인가에 대해 설명하였다. 그래서 첫 구절은 지극한 즐거움이라는 것이 정말로 있느냐는 질문으로 시작하였는데, 정답은 무위라는 것이다. 무위야말로 지극한 즐거움이며 몸을 살려주는 유일한 길이라고 단정 지었다. 세상 사람들이 존중하거나 나쁘게 여기고, 좋아하거나 싫어하는 것들이 있다. 하지만 그것은 자신의 정신과 마음은 염두에 두지 않고, 육신만을 생각하는 데서 내려진 잘못된 판단이라는 것이다. 인간은 자연의 일부이므로 대자연의 법칙에 순응하면서 살아가야 언제나 이롭다. 장자는 자신의 이익이 아닌 남들을 위해서 절의를 지킨 오자서와 같은 열사들까지도 정말로 훌륭한 것인지는 알 수 없다면서 우리에게 판단을 양보하였다.

장자는 아내의 죽음을 놓고 인간의 삶과 죽음이란 자연의 변화에 따른 현상에 불과하다고 하였다. 이 말은 내편에 수록된 '삶을 길러주는 주인'인 '양생주'와 '참스승'인 '대종사'에서도 똑같이 언급한 바 있다. 인간의 생명이란 본래는 형체도 없었고 기氣도 없었지만, 무엇인가 혼돈 속에 섞여 있다가 변하여 기와 형체가 생기고 그 속에서 생명이 생겼다고 하였다. 그리고 오늘은 다시 죽음으로 변하여 본래로 되돌아간 것뿐이라는 논리다. 한마디로 말해서 어차피 한 번 왔다가 가는 인생인데 이런저런 이유를 주렁주렁 달아놓고서 징징대지 말라는 뜻이다. 그래서 해골의 우화를 통해 죽음이 오히려 삶보다 즐겁다는 역설적인 이야기를 한 것이다. 생사에 대하여 지나치게 집착하는 나약한 인간을 위로하는 말이다.

공자는 제자인 안연이 제나라 재상으로 가는 것을 걱정하면서 바닷새 이야기를 꺼냈다. 바닷새가 인간사회에서 적응하지 못하고 죽은 것은 인간과 짐승의 본성이 달랐기 때문이다. 마찬가지로 안연은 제나라 임금과 겉모습은 같은 인간이지만, 서로의 본성은 극과 극으로 상반되기 때문에 적응하지 못하고 바닷새처럼 죽을 것이라는 걱정이었다. 사람은 타고난 본성이나 능력이 각자 다르다. 따라서 자신의 본성과 분수에 맞게 살아야 무탈하다. 그런데 타고난 본성과 분수에서 벗어나는 일을 하려다가 위험한 지경에 이르고 만다는 결론이다. 그러므로 여기서도 자연을 따르라는 것이다.

장자가 말하는 자연은 눈으로 보이는 산천초목을 가리키는 것이 아니다. 자연은 문자 그대로 스스로 자自와 그러하다는 연然이 합쳐진 글자이니, 스스로 그러함이다. 한마디로 물리적으로 존재하는 자연Nature이 아니라 도를 가리킨다. 따라서 누가 타율적으로 간섭해서 이 우주가 운행하고 있는 것이 아니라, 스스로 생겨나서 스스로 운행하는 것이니 스스로 존재할 따름이다. 그래서 노자도 장자도 자연의 섭리를 따르라고 주장한 것이다.

제19장

달생達生

삶의 진실에 통달하다

'달생'은 삶의 진실에 통달한다는 뜻이다. 삶에 대해 밝게 꿰뚫은 사람은 삶의 본질로써 할 수 없는 일은 처음부터 체념하고 어떤 노력도 보태지 않는다. 천명의 진실에 대해 훤히 꿰뚫은 사람은 지혜로 헤아릴 수 없는 일은 아예 알려고 하지도 않는다고 하였다. 결국 불가능한 삶을 추구하지 않으면 헛된 노력도 하지 않게 되고, 정신도 손상되지 않는 법이니 이것이 바로 달생인 것이다. 그래서 덕이 지극한 사람(至人)은 심신이 온전한 상태에 있다. 즉 어떤 사사로움이나 작은 인위도 없이 자연스러운 경지에 들어 있음이다. 그러므로 어떠한 외물도 그를 손상시키지 못한다. 장자는 이러한 이치를 술에 취한 사람은 수레에서 떨어져도 죽지 않는다는 우화로 설명하였다. 달생은 외편 중에서도 장자가 추구하는 가치에 가장 많이 근접해 있고, 내용 면에서도 수려한 문장이 많이 들어 있어 재미있게 음미해볼 수 있다.

하늘의 작용을 돕는다

삶의 실정에 통달한 사람은 자신이 할 수 없는 일에는 힘쓰지 않는다. 운명의 진실에 통달한 사람은 지혜로 할 수 없는 일에는 힘쓰지 않는다. 육체를 보양하려면 재물이 있어야 하는데, 재물이 넉넉해도 육체를 보양하지 못하는 경우가 있다. 삶을 지탱하자면 육체를 손상시키지 말아야 하는데, 육체는 보전하면서도 삶을 잃는 사람이 있다.

생명이 오는 것도 거부할 수 없고, 생명이 가는 것도 멈추게 할 수 없다. 세상 사람들은 육체를 보양하면 생명을 보전할 수 있다고 생각하지만, 그것만으로는 생명을 보전하기에는 부족하다. 그렇다면 세상 사람들이 말하는 방법은 무슨 쓸 만한 가치가 있을까? 세상에서 쓸 만한 가치가 못 되는데도 하는 것은 육체를 보양하려는 마음을 버리지 못하고 있기 때문이다.

육체를 보양하는 마음을 버리려 한다면 세상일을 버리는 것보다 좋은 방법은 없다. 세상일을 버리면 아무런 거리낌도 없게 되고, 거리낌이 없으면 마음이 바르고 평안해지며, 마음이 바르고 평안해지면 자연과 더불어 삶이 새롭게 거듭날 것이다. 삶이 새롭게 거듭나면 거의 도에 이르렀다고 할 수 있다. 그런데 세상일을 일부러 버리고 삶을 일부러 잊을 필요가 있는가? 세상일을 버리면 육체가 수고롭지 않게 되고, 삶을 잊으면 정신이 손상받지 않기 때문이다.

육체가 온전하고 정신이 회복되면 자연과 하나가 된다. 하늘과 땅은 만물의 부모이다. 하늘의 양과 땅의 음이 합하면 형체가 이루어지고, 흩어지면 처음의 아무것도 없는 상태로 돌아간다. 육체와 정신이 손상되지 않는 것을 두고 올바르게 변화한다고 한다. 그러므로 변화하고 또 변화하는 것이 오히려 하늘의 작용을 돕는 상천相天인 것이다.

하늘의 하늘을 열어야 한다

어느 날 열자가 관윤關尹에게 물었다.

열자: 덕이 지극한 사람은 물속에 들어가도 숨이 막히지 않고, 불을 만져도 뜨겁지 않으며, 가장 높은 곳에 올라가도 두려워하지 않는다고 하였습니다. 도대체 그것이 가능한 일입니까?

관윤: 그것은 순수한 기를 지킨 것이지 지혜가 특출하거나 기교와 용기가 있어서 그리된 것은 아니다. 무릇 모양이나 형상이나 소리나 색채를 지니고 있는 것은 모두 사물인데, 사물과 사물이 어찌 거리가 있겠느냐. 또한 어떤 것이 우선한다고 말할 수 있겠느냐. 모든 것은 사물의 형태와 빛깔에 의해 차이가 결정될 뿐이다.

그런데 덕이 지극한 사람은 사물의 형체가 이루어지기 전의 원초적인 경지에 이르고, 아무런 변화도 없었던 경지에 머무는 경우도 있다. 이러한 경지를 깊이 파고들어 체득한 사람이라면, 다른 사물들이 어떻게 그의 행동을 제지할 수 있겠는가. 이런 사람은 자기 분수를 넘지 않고, 무한히 변화하는 법도에 몸을 맡기며, 만물이 시작하고 끝나는 변화의 소용돌이 속에서 노닌다. 그는 자신의 본성을 하나로 통일하고, 자신의 기를 함양하며, 자신의 덕을 자연에 합치시켜서 만물을 이루는 조화에 통달한다. 이러한 사람은 천성을 지키는 것이 완전하고 정신에도 틈이 없으니 어떻게 외물이 끼어들 수 있겠는가.

술에 만취한 사람이 수레에서 떨어지면 다치기는 하겠지만 죽지는 않는다. 몸의 골절은 남과 같지만 해를 입는 것은 남과 다르다. 그의 타고난 신기神氣가 온전했기 때문이다. 그는 수레에 탄 것도 떨어진 것도 의식하지 못한다. 삶과 죽음은 놀랍고 두렵지만 그의 마음속에는 침입하지 못하므로 다른 사물과 뒤섞여도 두려워하지 않는 것이다. 그는 술에 취해도 완전한 정신 상태를 유지하는데, 하물며 자연에 의하여 완전한 정신 상태를 얻을 때는 어떻겠는가.

성인은 천성을 간직하고 있으므로 상할 수 없다. 복수하는 사람도 원수의 명검은 꺾지 않고, 아무리 성을 잘 내는 사람도 바람에 날려 온 기왓장을 원망하지 않는다. 그러므로 물건처럼 무심한 마음이라면 온 천하가 태평해지는 것이다. 남을 공격하여 싸우는 혼란을 없애고, 사람을 죽이는 형벌을 없애자면 이 길을 따라야 한다. 그렇기에 사람의 하늘을 열지 말고, 하늘의 하늘을 열어야 한다. 하늘을 여는 사람에게는 덕이 생기고, 사람을 여는 사람에게는 적이 생기기 때문이다.

정신을 집중하여 달인이 되다

공자가 초나라로 가다가 숲속을 빠져나오는데, 허리가 구부정한 노인이 매미를 마치 주워 담듯이 잡고 있었다. 공자가 감탄하며 물었다.

공자: 참 잘도 잡는구려, 무슨 비결이라도 있습니까?

노인: 물론 비결이야 있지요. 대여섯 달 동안 장대 끝에 흙덩이를 달아서 세우고 연습을 합니다. 흙덩이 두 개를 달아놓고 떨어뜨리지 않게 되면 매미를 놓치는 일이 적어지지요. 흙덩이 세 개를 달아놓고 떨어뜨리지 않으면 놓치는 매미가 열에 하나 정도 됩니다. 흙덩이 다섯 개를 달아놓고도 떨어뜨리지 않게 되면 지금처럼 매미를 줍듯이 잡게 됩니다. 이때 저는 몸을 편히 하기를 그루터기처럼 하고, 팔은 마른나무의 가지처럼 합니다. 천지는 크고 만물은 다양해도 나는 신경 쓰지 않습니다. 옆을 보거나 뒤를 돌아보지도 않습니다. 다른 것에는 조금도 신경 쓰지 않고 매미의 날개에게만 집중하는데 어떻게 매미를 주워 담지 못하겠습니까?

공자는 다시 한번 감탄하며 제자들을 돌아보고 말하였다.

공자: 뜻을 분산시키지 않고 정신을 집중한다더니, 바로 저 노인장을 두고 하는 말이로다.

한쪽으로만 치우치지 마라

주나라의 위공威公이 전개지田開之와 만나서 대화를 나누고 있었다.

위공: 듣건대 선생은 축신祝腎에게 양생을 배웠다던데 주로 어떤 얘기를 들으셨습니까?

전개지: 축신께서 말씀하시기를 양생을 잘하는 사람은 양치기와 같아서 뒤처진 자신을 발견하면 채찍질을 하라는 것이었습니다.

위공: 그게 무슨 뜻인지요?

전개지: 노나라에 단표單豹라는 사람이 살았는데 바위굴에서 물만 마시며 세속의 이익을 꾀하지 않았다고 합니다. 그래서인지 나이가 일흔이 되어도 얼굴이 어린아이와 같았는데, 불행히도 굶주린 호랑이를 만나 잡아먹혔습니다. 또 장의張毅라는 사람이 살았는데 부잣집이든 가난한 집이든 분주히 다니면서 이익을 꾀했습니다. 그러나 겨우 나이 마흔에 열병을 앓다가 죽었습니다. 단표는 속을 길렀으나 바깥쪽인 육체가 허술했고, 장의는 밖으로 길렀으나 몸 안으로 병이 들어왔습니다. 둘 다 처지는 쪽에 채찍질을 가하지 않은 것입니다.

닭의 덕이 온전해지다

기성자紀渻子는 임금으로부터 싸움닭을 기르라는 명을 받고 열심히 훈련을 시키고 있었다. 열흘쯤 지나자 임금이 준비가 되었느냐고 물었다.

기성자: 아직 멀었습니다. 지금은 덮어놓고 살기를 띠면서 적을 찾기만 합니다.

열흘쯤 지나자 임금이 또 물었다.

기성자: 아직도 멀었습니다. 다른 닭의 울음소리만 들어도 싸울 기세가 등등합니다.

열흘쯤 지나자 임금이 또 물었다.

기성자: 조금 더 있어야 합니다. 다른 닭의 모습만 보아도 성을 냅니다.

열흘쯤 지나자 임금이 또 물었다.

기성자: 이제 다 된 것 같습니다. 옆에서 다른 닭이 사납게 싸움을 걸어와도 전혀 움직이지도 않으니, 마치 나무로 만든 목계와 같습니다. 이야말로 덕이 온전해진 것입니다. 다른 닭들은 감히 덤비지 못하고, 그 모습만 보고도 달아날 것입니다.

나무와 하나가 되다

노나라의 이름난 목수인 재경梓慶이 나무를 깎아서 북틀을 만들었다. 완성된 북틀을 본 사람들은 귀신의 솜씨 같다며 모두 놀랐다. 노나라 임금이 이 소식을 전해 듣고 재경을 불렀다. 노나라 임금이 물었다.

임금: 그대에게는 무슨 특별한 재주라도 있는 것인가?

재경: 목수인 제게 무슨 특별한 재주가 있겠습니까? 단지 제 나름의 방법이 있을 뿐입니다. 나무를 다듬을 때는 절대로 잡념을 품지 않습니다. 그래서 제일 먼저 하는 일이 재계를 통하여 마음을 차분하게 가라앉히는 일입니다. 사흘 동안 재계를 하면 이익이나 평판에 신경 쓰지 않게 됩니다. 닷새를 하면 칭찬이나 비난에서 벗어납니다. 이레를 하게 되면 제가 사지와 형체를 지니고 있다는 것조차 잊게 됩니다. 이렇게 되면 완전한 무심의 상태여서 오로지 기교를 다하기만 하면 됩니다.

이 경지에 도달한 다음에 산으로 들어가서 재목의 성질을 살피고 모양도 완전한 것을 찾습니다. 나무가 정해지면 마음속으로 만들려는 모양을 그려보면서 가부를 결정합니다. 하지만 마음에 드는 나무가 없으면 만들지 않습니다. 결국 나무의 천성과 제 천성이 하나가 된 다음에야 비로소 원하는 작품이 만들어집니다. 귀신이 만들었다는 칭찬을 받는 것도 그 때문입니다.

너무 큰 것을 가르쳐주다

손휴孫休라는 사람이 편경자扁慶子의 집에 찾아가서 하소연을 했다.

손휴: 저는 고향에 살면서 수양이 덜 되었다는 말은 들어보지 못했고, 어려움을 당해서도 용기가 없다는 말은 들어본 적이 없습니다. 그러나 농사를 열심히 지어도 풍년을 만나지 못하고, 임금을 섬기면서도 좋은 때를 만나지 못했습니다. 오히려 고향에서는 배척을 당하고 쫓겨났으니 무슨 죄 때문인지 영문을 모르겠습니다. 이것이 저의 운명이라면 감내하고 살아가야 하는 것입니까?

편경자: 그대는 지극한 사람들의 자연스러운 행실에 대하여 들어보지 못했는가? 그들은 간과 쓸개도 잊고 귀와 눈도 잊은 듯이 망연히 속세의 밖을 거닐고, 인위가 없는 자연에서 노닌다. 이를 일러 일을 하고도 공을 내세우지 않는다고 하며, 우두머리이면서도 남을 지배하지 않는다고 하는 것이다.

지금 그대는 지식을 꾸며서 어리석은 사람들을 우롱하고, 몸을 닦은 뒤 남의 더러움을 밝히며, 해와 달처럼 자신을 드러내는 행동을 하고 있다. 그대와 같은 사람이 몸을 온전히 하고 아홉 구멍을 다 유지하며, 길거리에서 귀머거리나 절름발이에게 해코지를 당하지 않고, 남들과 어울려 살 수 있는 팔자를 얻었으니 참으로 요행이라 할 것이다. 그런데도 하늘을 원망할 수 있다는 말인가? 그대는 그만 돌아가라.

손휴가 나가자 편경자는 한숨을 길게 내쉬며 걱정스러워하는 기색이 역력했다. 그러자 제자들이 어리둥절해하며 그 까닭을 물었다.

제자: 선생님께서는 손휴에게 좋은 말씀만 해주셨는데 어찌하여 한숨을 쉬고 계십니까?

편경자: 아까 손휴가 왔을 때 진인의 덕을 말해주었는데 의혹에 빠지지 않을까 걱정스럽구나.

제자: 그렇지 않을 것입니다. 만약 손휴가 말한 것이 옳고 선생님이 말한 것이 그른 것이라면, 본래 그른 말은 옳은 말을 미혹할 수 없습니다. 이와 반대로 만약 손휴가 말한 것이 그르고 선생님이 말한 것이 옳은 것이라면 손휴는 애초부터 미혹되어 온 것이니 어찌 선생님에게 죄가 있겠습니까.

편경자: 그렇지 않다. 손휴는 열리지 못하고 배움이 적은 사람이다. 그런 내가 진인의 덕을 말해주었으니 이는 생쥐를 수레나 말 등에 태워주고, 작은 새에게 종소리와 북소리로 즐겁게 해준 것과 다를 바가 없다. 그래서 손휴가 내 말을 이해할 수 있을까 근심하는 것이다.

붙임 말

본 장에서는 삶의 진실에 통달한다는 달생에 대해서 알아보았다. 여러 이야기 중에서도 노나라의 단표와 장의를 불러와서 양생의 길은 가깝고도 멀다고 말한 것이 으뜸이다. 양생의 길이 가깝다고 하는 것은 그렇게 많은 노력과 힘을 쏟지 않고서도 자연과 하나가 되는 길은 의외로 쉽다는 뜻이다. 양생의 길이 멀다고 하는 것은 제아무리 많은 노력을 기울이고 애를 써도 자연에 다가가기는커녕 실패하기 십상이라는 것이다.

단표가 바위굴에서 물만 마시며 세속의 이익과 다투지 않은 것처럼 내부에 집중하여 정신력만 함양시킨다고 능사는 아니다. 또한 장의가 사람을 가리지 않고 세속의 이익을 추구한 것처럼 외부에 집중하여 재력과 세력만 기른다고 하여 능사도 아니다. 너무 한쪽으로 치우치거나 세상의 흐름과 동떨어진 수양은 세상의 변화에 적응하기가 어렵다. 그래서 도태되는 것이다. 단표나 장의처럼 오히려 해로 돌아와 그들을 죽음으로 몰아간다.

그러므로 양생을 하려면 몸 안의 정기를 키우는 일과 동시에 몸 밖에 대한 경계도 게을리 해서는 안 된다. 《사기》에서는 이를 '미생지신尾生之信'이라고 하였다. 어리석은 믿음이라는 뜻이다. 쓸데없는 명분에 구애된 나머지 너무 고지식하고 변통이 없는 것을 말한다. 즉 하나만 알고 둘은 모르는 사람을 가리키는 것이니 바로 단표와 장의가 그러했던 것이다.

역사학자들은 '목계지덕木鷄之德'을 장자의 우화 중에서도 명문장으로 손꼽는다. 최고의 경지에 오른 싸움닭을 목계에 비유한 것이다. 교만하지 않고, 상대에게 민감하게 반응하지 않으며, 부드러운 눈매를 가진 목계는 흔히 연상되는 싸움닭의 모습과는 거리가 먼 듯하지만 다른 닭들은 이 닭을 바라보기만 해도 도망쳤다고 한다. 이처럼 주위에서 아무리 자극해도 늘 평온한 마음으로 관용과 덕을 베푸는 사람이 진정한 승자라는 것이다. 그래서 본 장에서는 인간의 양생을 싸움닭의 훈련 과정을 통하여 설명하였다. 옛사람들이 수양을 할 때 실제로 목계를 앞에 두고 정진을 했다는 이야기가 여기저기에 기록되어 있다. 장자가 싸움닭을 통해서 완전한 덕이 무엇인가를 보여주었기 때문이다.

덕이 전혀 갖추어지지 않았을 때는 온갖 허장성세만 부렸지만, 차츰 훈련을 통해 자기순화 과정을 거치면서 덕이 갖추어지기 시작했으며, 마침내는 덕이 완전히 가득 차서 무심의 경지에 이르게 되었다. 따라서 사람도 단계적으로 양생을 쌓아서 자기 자신마저도 의식하지 않는 완전한 덕을 지녀야 한다는 점을 강조했다. 하지만 양생은 천편일률적으로 하는 것이 아니라 각자의 본성에 맞게 해야 한다는 점을 유념해야 한다.

제20장

산목山木

담백하니 친해지고 달콤하니 끊어진다

'산목'은 글자 그대로 산속의 큰 나무다. 장자는 나무와 거위를 통하여 혼탁한 세상에 살면서 해로움을 피하는 기술에 대하여 설명하고 있다. 여기서 해를 피하는 기술이란 한마디로 말해 무용과 유용의 사이에 머무르면서 천지자연과 시세에 순응하라는 것이다. 무용으로 천수를 누린 산속의 나무와 우는 재주가 없어서 일찍 죽게 된 거위의 상반된 이야기를 통해 험한 세상에서 생존하기가 얼마나 어려운지를 보여주고 있다. 의료宜僚의 이야기에서는 이상적 삶의 모습을 보여준다. 여기서 장자는 무위자연의 도를 체득하여 자신을 비우면 남을 해치지 않게 되고, 자신도 남에게 해를 당하지 않게 된다는 건강한 삶을 말하고 있다. 그래서 빈 배를 통하여 자신을 비우는 무욕의 자세를 보여준다. 이런 취지로 볼 때 본 장은 '사람들이 살아가는 세상'인 제4장 인간세의 뜻을 이어서 우화로 재탄생시켰다고 보아도 무방하다.

조화를 표준으로 삼는다

장자가 어느 산길을 지나던 중 가지와 잎이 무성하게 자란 큰 나무를 보았다. 하지만 나무꾼은 바로 옆에 있으면서도 그것을 베려고 하지 않았다. 장자는 궁금해서 이유를 물었다.

나무꾼: 아무짝에도 쓸모가 없기 때문입니다.
장자: 아, 이 나무는 쓸데가 없는 탓으로 제 수명을 다하는구나.

장자는 그렇게 혼잣말을 하면서 산을 내려와 친구의 집에서 하룻밤을 묵게 되었다. 친구는 반가운 나머지 하인에게 거위를 잡으라고 했다. 이에 하인이 물었다.

하인: 한 놈은 잘 울고, 한 놈은 울지 못하는데 어느 놈을 잡을까요?
친구: 당연히 울지 못하는 쓸모없는 놈을 잡아야지.

그다음 날 제자가 장자에게 물었다.

제자: 어제 산속의 나무는 쓸모가 없어서 천수를 누리게 되었는데, 거위는 쓸모가 없어서 상에 올랐습니다. 이럴 때 사람은 어떻게 처신해야 합니까?
장자: 나라면 쓸모가 있는 것과 없는 것의 중간에 처하겠다. 그러나 그 중간이 그럴듯한 것 같아도 사실은 화를 면할 수 없을 것이다. 하지만 자연의 도와 무위의 덕을 타고 노닌다면

상황은 달라진다. 그렇게 되면 칭찬도 비난도 없을 것이며, 한 번은 용이 되었다 한 번은 뱀이 되었다 하고, 자유로이 시간과 더불어 변화하면서 오로지 한 가지만 하려 들지 않을 것이다. 한 번 올라갔다 한 번 내려오며 조화를 표준으로 삼을 것이다. 만물의 근원에서 노닐며 사물은 저마다 다른 사물을 위한 사물이 되지 않으니 허물이 될 수 없다. 이것이 바로 신농과 황제의 법칙이다.

그러나 만물의 실정과 인륜의 변화는 다르다. 합해지면 갈라지고, 이루면 다시 허물어지며, 모가 나면 깎이게 되고, 어질면 계략을 당하게 마련이며, 어리석으면 속임을 당하게 된다. 이쯤 되니 어떻게 재앙을 면할 수 있겠느냐. 오로지 도와 덕만이 구제할 수 있을 뿐이다.

빈 배처럼 자기를 비우라

남쪽의 의료라는 사람이 노나라 임금을 알현하였는데, 임금은 근심이 가득 찬 얼굴이었다. 의료가 무슨 일이 있느냐고 물었다.

임금: 나는 선왕의 도를 배웠고 선왕의 유업을 닦았으며, 귀신을 공경하고 현자를 존중하며, 매사에 몸소 솔선수범하는 일을 잠시도 멈추지 않았소. 그런데도 환난을 면치 못하고 있으니 그 때문에 걱정하고 있는 것이오.

의료: 걱정을 없애는 방도가 미약해서 그렇습니다. 살찐 여우와 고운 무늬의 표범이 깊은 산속에 살면서도 바위굴에 숨어 있

는 것은 고요함을 위해서입니다. 밤에 다니고 낮에 쉬는 것은 경계를 강화하기 위해서입니다. 배고프고 목이 말라도 멀리 있는 강과 호수에서 물을 구하는 것은 주거의 안정을 위해서입니다. 그런데도 그물과 덫의 재앙은 피하지 못합니다. 그들에게 무슨 잘못이 있기 때문이겠습니까? 원인은 그들의 좋은 털과 가죽 때문입니다. 임금의 입장에서 볼 때 지금 노나라는 여우의 털이나 표범의 가죽과 같습니다. 그러니 임금께서는 털과 가죽을 벗겨내듯 형체를 버리고, 마음을 정화하여 욕심을 버린 후 아무도 없는 들판에서 노닐듯이 하십시오.

의료는 계속 말을 이어나갔는데, 이번에는 마치 시를 읊조리는 것 같았다.

"한 사람이 배를 타고 강을 건너는데
빈 배 하나가 와서 부딪치면
그가 아무리 성질이 못된 사람일지라도
화를 내지 않을 것입니다.
왜냐하면 그것은 빈 배니까요.
그러나 배 안에 사람이 타고 있다면
그는 그 사람에게 당장 비키라고 소리칠 것입니다.
한 번 소리쳐서 듣지 못하면
다시 소리칠 것이고
마침내는 욕을 퍼붓기 시작할 것입니다.
왜냐하면 그 배 안에 누군가 있기 때문입니다.
만약 그 배가 비어 있다면

그는 소리치지도 화를 내지도 않을 것입니다.
세상 사람들이 모두 자기를 비우고
인생의 강을 흘러간다면
뉘라서 그를 해하겠습니까?"

무탈하려면 공명을 버려야 한다

공자가 진陳나라와 채蔡나라 사이에 포위되어 이레 동안이나 더운밥을 먹지 못하였다. 그때 공역을 맡은 대공임大公任이라는 사람이 찾아왔다.

대공임: 선생은 곧 죽게 될 것 같은데, 혹시 죽음을 싫어하시오?
공자: 그렇습니다. 인간이 죽음을 마다하는 것은 당연합니다.
대공임: 그럼 내가 죽지 않는 도에 대하여 말해보겠습니다. 동해에는 의태意怠라는 새가 있습니다. 그 새는 느리고 낮게 날아가므로 무능해 보입니다. 다른 새들이 이끌어주어야 날고, 다른 새들에게 떠밀려서 내려옵니다. 나아갈 때도 앞서지 않고 물러설 때도 뒤지지 않습니다. 음식은 먼저 먹지 않을뿐더러 다른 새들이 먹고 남긴 것을 먹습니다. 이런 까닭으로 의태는 무리에서 배척당하지 않고 해를 입지도 않습니다.
곧은 나무는 먼저 베이고, 단 샘물이 먼저 마릅니다. 선생은 의태와 다르게 지식을 꾸며 어리석은 자를 놀라게 하고, 몸을 닦아 다른 이의 더러움을 밝히며, 해와 달처럼 드러내기 위해 행동하고 있으니 재앙을 면치 못하는 것입니다.

내가 노자에게 들은 바에 의하면 스스로 자랑하는 자는 공이 없고, 이룩한 공을 드러내면 추락하며, 명성을 휘날리는 자는 화를 당한다고 하였습니다. 그렇지만 누가 공과 명성을 버리고 보통 사람으로 돌아오려 하겠습니까?

자기가 터득한 도가 행해져도 자기를 밝히지 않고, 순수하고 변치 않는 마음으로 행동하며, 무심하고 자유로운 경지에 부합되는 사람이어야 합니다. 자신의 업적을 없애고, 권세를 버리며, 공명을 추구하지 않는 사람이어야 합니다. 그렇게 되면 남을 원망하는 일이 없고, 남도 그를 원망하는 일이 없게 됩니다. 이처럼 지극한 사람은 세상에 알려지지 않는 법인데, 선생은 어찌하여 공명을 좋아하십니까?

공자: 듣고 보니 과연 지당하신 말씀입니다.

이후로 공자는 모든 교류를 끊고 제자들과도 헤어졌다. 그리고 대택大澤이라는 큰 연못가로 도망가다시피 가서 숨어 지냈다. 거기서는 삼베옷과 갈옷을 걸치고 도토리와 밤을 주워 먹으며 살았다. 그리하여 짐승들 사이로 들어가도 무리를 어지럽히지 않고, 새들 틈새로 들어가도 그들이 날던 행렬을 어지럽히지 않게 되었다. 새와 짐승도 그를 싫어하지 않는데 하물며 사람들이야 어떠했겠는가?

자기를 꾸미지 않는다

공자가 상호桑雽에게 어이가 없다는 듯이 물었다.

공자: 저는 자주 환난을 당하고, 제자와 벗들은 갈수록 흩어지는데 도대체 무슨 영문인지 모르겠습니다.

상호: 선생은 가假나라의 임회林回라는 사람이 도망친 이야기를 들어보셨습니까? 그는 나라가 망하자 천금의 보물을 내버려둔 채 갓난아이만 업고 달아났습니다. 그것을 본 누군가가 값으로 치더라도 보물이 낫고 도망치기에 편리한 것도 보물인데 어찌 갓난아이를 업고 달아나느냐고 물었답니다. 임회는 "보물은 나와 이익으로 맺어졌지만, 아이는 나와 천륜으로 맺어졌습니다"라고 답했습니다. 이익으로 맺어진 관계는 궁지에 몰리거나 재앙을 만나면 서로 버리기 마련입니다. 하지만 하늘에 의해 맺어진 관계는 서로 거두어주어야 합니다. 서로 버리는 것과 거두어주는 것은 그 거리가 먼 것입니다. 또한 군자의 사귐은 담담하지만 오래가고, 소인의 사귐이란 달콤하지만 쉽게 끊어집니다. 이유 없이 맺어진 관계는 이유 없이 떨어지게 마련입니다.

공자: 그렇군요. 귀한 가르침을 소중히 간직하겠습니다.

공자는 가벼워진 마음으로 천천히 걸으며 집으로 향하였다. 그는 책을 버리고 학문을 끊었다. 제자들도 공자 앞에서 더 이상 절을 하지 않았다. 하지만 공자와 제자들의 사랑은 갈수록 깊어져만 갔다. 뒷날 상호가 다시 말하였다.

상호: 순임금이 임종을 앞두고 우에게 유언하기를 "육체는 자연을 따르는 것보다 더 좋은 것이 없으며, 감정은 본성을 따르는 것보다 더 좋은 것이 없다. 자연을 따르면 서로 떨어지

지 않게 되고 본성을 따르면 수고롭지 않게 된다. 그리된다면 굳이 학문을 추구하여 자신을 꾸미지 않아도 된다. 자신을 꾸미지 않게 되면 외물에 의지할 일이 없게 되는 것이다"라고 하였다. 그러므로 무언가를 꾸미려 하지 않으면 무언가에 의존하지도 않게 된다.

능력을 발휘할 수 없어 고달프다

장자가 위나라 혜왕惠王을 알현했다. 장자의 옷은 많이 헐었으나 잘 기워 입었고, 신발은 떨어졌으나 끈으로 잘 묶은 모습이었다. 하지만 가난에 찌든 티가 줄줄 흘렀다.

혜왕: 선생은 어쩌다가 이토록 고달픈 신세가 되었습니까?

장자: 가난할 뿐이지 고달픈 것은 아닙니다. 선비에게는 자연의 도와 덕이 있는데, 그것을 실행하지 못하는 것이 더 고달픈 것입니다. 가난은 이른바 때를 만나지 못한 것뿐입니다.

혹시 왕께서는 높은 곳에 오른 원숭이를 본 적이 있으신지요? 원숭이가 가래나무처럼 큰 나무에 올라 득의양양할 때는 활의 명수인 예羿나 봉몽蓬蒙도 맞추지 못합니다. 그러나 원숭이가 가시나무처럼 작은 나무에 있을 때는 위태로운 듯이 곁눈질을 하며 두려워합니다. 이것은 그가 처해 있는 형세가 불안정하여 그의 능력을 마음껏 발휘할 수 없기 때문입니다. 지금 혼란스러워하는 왕과 어지러운 신하들 사이에 처하여 고달프지 않기를 바란다면 그것이 가능한 일이겠습니까? 이는 충신이었던 비간의 심장을 도려내게 되었던 일로도 증명이 됩니다.

욕심이 눈앞을 가리다

장자가 조릉雕陵의 숲을 거닐다가 이상한 새 한 마리가 남쪽에서 날아오는 것을 보았다. 날개는 일곱 자나 되고 눈은 한 치나 될 법한 놈이 장자의 이마를 스치고 밤나무 숲에 앉았다.

장자: 이상한 새다. 큰 날개가 있으면서 제대로 날지도 못하고, 큰 눈을 달고 있으면서 제대로 보지도 못하다니.

장자는 이렇게 중얼거리며 화살을 겨누었다. 그런데 자세히 보니 새는 나무에 붙어 있는 사마귀를 노리고 있었고, 그 사마귀는 나무 그늘에서 신나게 노래하고 있는 매미를 노리고 있었다. 큰 새 역시도 먹이에 마음을 빼앗긴 나머지 제 몸을 잊고 있었다. 장자는 갑자기 두려운 생각이 들었다.

장자: 지금 먹이를 좇는 자도 자신의 천적에게는 먹잇감에 불과하구나. 그러니 이익을 좇는 자는 해를 부르는 것이다. 나 역시도 어떤 위험에 처해 있는지 알 수 없는 일이다.

장자는 혼잣말로 이렇게 중얼거리면서 급히 밤나무 숲을 빠져나왔다. 그러나 뒤쫓아온 밤나무지기에게 붙잡혀 밤을 훔치러 온 도둑놈이라며 실컷 곤욕을 치렀다. 그 뒤 장자는 석 달 동안이나 방에 틀어박혀서 뜰에도 나오지 않았다. 제자 인차藺且가 안으로 들어가 물었다.

인차: 도대체 무슨 영문이십니까? 일절 두문불출하고 계시니 걱정이 됩니다.

장자: 나는 외물에 마음을 빼앗겨 내 자신의 우매함을 모르고 있었다. 흐린 물에 마음을 빼앗긴 나머지, 맑은 물에만 몸을 비출 수 있다는 사실을 잊고 있었다. 옛말에 세속에 살고 있다면 세속의 규칙에 따르라는 말이 있다. 그런데 석 달 전에 조릉에서 큰 새에게 정신이 팔려 밤나무 숲으로 들어갔다가 꼼짝없이 도둑으로 몰려 욕을 보았다. 그런 내 자신이 부끄러워서 이렇게 홀로 자숙의 시간을 갖는 것이다.

스스로 낮추어라

양자가 송나라를 여행하다가 어느 여관에 묵게 되었다. 여관 주인에게는 첩이 둘 있었는데 한 사람은 예쁘고 한 사람은 추하게 생겼다. 그런데 주인은 못난 여인을 더 귀여워했다. 이상히 여긴 양자가 이유를 물어보았다.

주인: 예쁜 여자는 제 얼굴이 예쁜 것만 믿고서 설치는 통에 점점 더 보기가 싫어졌지만, 못난 여자는 못난 것을 부족하게 여기고 모든 일에 겸손하고 조신하기에 그 마음 씀씀이가 가

상하여 못난 것도 잊게 되었지요.

양자는 깨달은 바가 있어서 제자들에게 이렇게 말하였다.

양자: 너희들은 잘 기억해두어라. 훌륭한 일을 하고도 훌륭한 일을 했다는 생각 자체를 버려야 한다. 그러면 어디로 간들 인정받지 못하겠느냐.

붙임 말

본 장에서는 산속의 나무를 이야기하면서 인간의 양생과 처세의 방법에 대하여 논하였다. 쓸모의 유무로만 판단하는 세상에서는 쓸모가 있어도 죽고 쓸모가 없어도 죽는다. 이런 세상에서 어떻게 처신해야 옳은지 묻는 제자에게 장자는 무엇이든 있는 그대로 받아들이고 쓸모로 판단하지 말라고 대답했다. 한마디로 요약하면 쓰일 데가 있는 것과 쓰일 데가 없는 것의 한계를 초월해야 한다는 뜻이다. 그래야만 아무런 재앙이나 환난에도 엮이지 않고 천수를 누릴 수 있다는 얘기다. 따라서 쓸모가 있거나 없거나 어떤 한 가지에 집착해서는 안 된다. 두 경우 모두 곤란한 처지에 놓일 수 있기 때문이다.

《사기》에 '재소자처在所自處'라는 말이 있다. 어디에 가담하고 어떻게 처세하느냐에 따라서 인생이 결정된다는 뜻이다. 이에 대한 일화를 소개하면 다음과 같다. 진시황을 도와 진나라의 체제를 완성한 이사李斯라는 재상이 있었다. 그는 젊어서 순경荀卿으로부터 제왕학을 터득했으나 겨우 시골에서 말단 관리로 세월만 축내고 있었다. 그러던 어느 날 쥐 두 마리를 보고 인생의 이치를 깨달았다. 변소에 사는 쥐는 사람이나 개가 나타나면 기겁을 하고 도망쳤다. 그런데 창고 안에 사는 쥐는 쌓여 있는 곡식을 실컷 먹으면서도 사람이나 개는 안중에도 없었다. 이를 본 이사는 사람이 잘나고 못난 것은 자신이 처한 곳에 달려 있다며 한탄했다. 이런 이치를 깨달은 이사는 곧바로 진나라의 승상 여불위를 찾아가 그의 집사가 되었다. 그 후 진시황에게 소개되어 공을 세우고 객경客卿의 자리까지 올랐다.

그러므로 누구에게나 소중한 인생을 살아가면서 어디에 가담하고 어떻게 처신하느냐는 삶의 중요한 이정표가 된다. 또한 당장은 세상에서 쓸모가 없고 하찮게 보일지라도 때를 만나고 상대를 만나면 귀하게 쓰일 때가 있다. 불이 무엇인가에 붙어서 타오르듯이 물건이나 사람도 마땅한 곳에 합류함으로써 그 힘을 몇 갑절로 늘려서 발휘할 수 있기 때문이다. 그러나 사람은 자신을 드러내려고 애쓰는 가운데 근심이 생겨나고 위해를 당하기도 한다. 하지만 순수하고 소박한 자연에 따라서 스스로의 본성만 지킬 수 있다면, 남을 해칠 이유도 없고 남에게 해를 당하지도 않는다는 논리다. 이것이 바로 노장사상이며 도가적인 처세의 방법이다.

장자는 본 장을 통하여 시를 한 편 썼는데 다름 아닌 '빈 배'다. 늘 넉살스럽고, 때로는 날카로운 시선으로 세상을 관조하고, 그것을 풍자하는 우화나 일화로만 일관해오다가 아름다운 시 한 편을 빚어놓았다. 역사라는 큰 물줄기를 타고 내려오면서 그동안 적지 않은 사학자들과 평론가들이 서정성이 넘쳐나는 우아한 시라고 찬사를 아끼지 않았다. 우리가 살아가는 인생의 모든 과정은 배로 강을 건너가는 것과 다르지 않다고 본 것이다.

물결이 고요할 때도 있지만 폭풍우가 휘몰아칠 때도 있고, 홍수로 물이 넘쳐날 때도 있으며, 결빙으로 앞이 꽉 막힐 때도 있다. 그래서 그것을 인간이 삶을 살아가면서 겪는 희로애락에 견주어본 것이다. 그런데 배라는 한정된 공간에다가 높은 벼슬과 수많은 재물을 싣고 있는데, 한술 더 떠서 내 자신의 무게가 너무도 큰 비중을 차지한다. 내 자신의 무게란 몸무게가 아니라 가슴속에 가득 들어차 있는 마음의 짐이다. 그 모두를 싣고 달리니 매일매일 다른 배와 부딪힐 가능성에 위태롭기만 하다. 그래서 비키라고 고래고래 소리를 지르며 욕을 하고 삿대질을 하기도 한다. 그런데 아무도 타지 않은 빈 배가 다가와 부딪혀서 침몰한다면 누구를 원망하고 누구를 탓할 것인가? 이는 자기 자신의 짐을 먼저 비우고 욕심도 감정도 없는 무심의 경지에서 노를 젓는다면, 인생이라는 항로에 별다른 걱정도 없고 해도 없을 것이라는 가르침이다.

제21장

전자방田子方

완전한 덕이란 어떤 것인가

전자방은 위나라의 현인이다. 그는 위나라 문후文侯의 학문을 지도 편달한 스승으로 많이 알려져 있는데, 근현대 사학자들은 공자의 제자인 자하 계열의 유학자로 추정하기도 한다. 굳이 추정이라고 말하는 까닭은 역사의 여러 기록 중에서 신빙성이 높기 때문이다. 장자는 임의로 설정한 주인공을 통해 완전한 덕이란 무엇인가에 대해 설명하고 있다. 본 장에서 말하는 슬픔 중에서 마음이 죽는 것보다 더 큰 것은 없으니, 육신이 죽는 것은 그다음이라는 논리다. 그래서 내면이 충실한 사람은 겉모양을 꾸미지 않는다. 또한 이미 지나가버린 과거의 일은 잊는다 해도 과거의 나[我]까지 잊어서는 안 된다는 것이다. 풀을 뜯어먹는 짐승은 풀밭이 바뀌는 것을 싫어하지 않고, 물에 사는 물고기는 물이 바뀌는 것을 싫어하지 않는다. 따라서 사람 역시도 대자연의 변화에 순응하는 것이 진정한 자유의 길이라고 이야기하고 있다.

완전한 덕이 답이다

전자방은 위나라 문후를 모시고 앉은 자리에서 자주 계공谿工에 대한 이야기를 꺼냈다. 그래서 하루는 문후가 물었다.

문후: 계공은 선생이 모시는 스승이오?

전자방: 아닙니다. 저와 동향인데 자주 도에 합당한 말을 하므로 제가 훌륭하다고 말씀드리는 것입니다.

문후: 그럼 선생의 진짜 스승은 뉘신가요?

전자방: 동곽순자東郭順子입니다.

문후: 그런데 선생은 어찌하여 한 번도 그분 얘기를 꺼내지 않으셨소?

전자방: 그분의 사람됨은 진실 그 자체입니다. 비록 외모는 다른 사람들과 비슷하지만, 정신은 자연과 일체가 되어 있습니다. 자연에 순응하여 진실을 보존하고 밝은 마음으로 만물을 포용합니다. 무도한 사람에게는 엄격한 태도를 취함으로써 그 잘못을 스스로 깨닫게 하고, 악인에 대해서는 그 사악함을 없애줍니다. 그러니 그분의 훌륭함을 제가 어찌 함부로 말씀드릴 수 있었겠습니까?

전자방이 물러간 뒤 문후는 멍하니 앉아서 온종일 침묵을 지켰다. 그러다가 앞에 있는 신하에게 이렇게 말했다.

문후: 나는 완전한 덕을 이룬 군자와는 너무나도 동떨어진 먼 곳에 있는 것 같다. 처음에 나는 성인이나 지자의 말과 인의

의 행동을 최고라고 생각했었다. 그런데 오늘 전자방의 말을 듣고 보니 온몸에 힘이 쭉 빠져서 입을 열기조차도 힘들어졌다. 돌이켜보건대 그동안 내가 배운 것은 진흙으로 만든 인형과 같은 것이 아니겠느냐? 나는 이제야 이 나라도 내게 번거로운 방해물밖에 안 된다는 사실을 깨달았다.

현재의 존재로 살아가면 그뿐이다

어느 날 공자가 안회에게 말하였다.

공자: 슬픔 중에서 마음이 죽는 것보다 더 큰 것은 없으니 육신의 죽음은 그다음이다. 해는 동쪽에서 떠서 서쪽으로 들어가는데, 만물은 이 방향을 따르지 않는 것이 없다. 눈이 있고 발이 있는 사람들은 이 해를 기다렸다가 일을 시작한다. 만물은 모두 이와 같으니 이를 따라서 죽고 이를 따라서 살아간다. 인간 역시도 그중 하나를 받아서 형체를 이룬 것이니 스스로 망가뜨리지 말고, 스스로 다하기를 기다리며 만물을 따라서 움직여야 한다.

낮과 밤의 변화는 쉬는 틈이 없으니 그것이 끝나는 때를 알 길이 없다. 만물이 다 같이 형체를 가지고 나왔지만, 운명을 미리 알아서 앞날을 규정지을 수도 없다. 그리하여 언제나 자연의 변화를 따라갈 뿐이다. 내가 반평생을 너와 함께 지낸다고 해도 결국은 서로 헤어지게 될 것이니 슬픈 일이 아니겠느냐.

안회야 너는 대부분 겉으로 드러난 것만을 부각시키려 하는데, 그것은 이미 다해버린 과거나 마찬가지일 뿐이다. 그런데 너는 그것을 현존하는 것으로 생각하며 추구하고 있다. 그것은 텅 빈 시장의 마구간에서 말을 찾는 것과 다름없는 일이다. 그러나 내 마음속에 있는 너도 곧 잊힐 것이며, 네 마음속에 있는 나도 곧 잊힐 것이다. 설령 그렇다 해도 근심할 것은 없다. 비록 다해버린 과거는 잊는다고 할지언정 나는 현재의 존재로 살아가고 있기 때문이다.

아름답고 즐거운 인생의 경지

공자가 노자를 만나러 갔다. 노자는 막 머리를 감고서 흐트러뜨린 채 말리고 있었는데, 오싹한 느낌이 드는 것이 사람 같지가 않았다. 공자는 한참을 비켜서 있다가 말을 걸었다.

공자: 제가 요즘 들어 눈이 침침해진 것인지, 조금 전 선생님의 모습은 마른나무 같았으며, 바깥 사물과 사람을 잊고 홀로 우뚝 서 있는 것 같았습니다. 무슨 연유라도 있으신가요?

노자: 나는 만물이 생겨나던 처음의 경지에서 노닐고 있었다. 마음이 닫혀 있으면 깨달을 수 없고, 입이 열려 있으면 말을 할 수 없다. 하지만 그대를 위하여 한 가지 말해주겠다. 지극한 음기는 고요하고, 지극한 양기는 움직임이 크다. 고요함은 땅으로부터 나오고 움직임은 하늘에서 비롯되니, 서로 통하여 조화를 이룸으로써 만물이 생겨나는 것이다. 어느 누가

그 법도를 다스리고 있는 것 같지만 그 형체를 드러내지 않는다. 만물은 없어지면 생겨나고, 가득 차면 비워지며, 한 번 어두워지면 한 번은 밝아진다. 날마다 바뀌고 달마다 변화하는 현상은 지속되지만, 그 조화의 공은 드러내지 않는다. 생명은 싹이 터서 나온 곳이 있고 죽음은 돌아갈 곳이 있으나, 처음과 끝은 서로 돌고 돌아 실마리가 없으니 그 궁극을 알지 못한다. 이것이 음양의 도가 아니라면 무엇이 만물의 근원이 될 수 있겠는가?

공자: 그렇다면 이 도에서 노니는 것은 무엇인지 여쭙고자 합니다.

노자: 도를 얻으면 지극히 아름답고 지극히 즐거운 법이다. 이러한 경지에서 노니는 사람을 지인이라고 한다.

공자: 그 방법에 대해서도 알고 싶습니다.

노자: 풀을 먹는 짐승은 그의 풀밭이 바뀌는 것을 싫어하지 않으며, 물에 사는 벌레는 물이 바뀌는 것을 싫어하지 않는다. 일상생활에서 작은 변화가 일어났을 뿐, 별다른 차이가 있는 것은 아니기 때문이다. 그래서 희로애락이 가슴속에 들어와서 머물지 않는다.

무릇 천하라는 곳은 만물이 일체가 되는 장소다. 거기에 일체가 되어 함께 동화될 수 있다면 자신의 육체는 티끌과 다름없고, 죽고 사는 것이나 시작과 끝은 낮과 밤처럼 여기게 될 것이니, 아무것도 그를 어지럽히지 못할 것이다. 하물며 세속의 이해득실이나 화와 복이 끼어든다고 어지럽혀질 수 있겠는가.

벼슬을 진흙처럼 버리는 것은 몸이 벼슬보다 귀한 것임을 안 것이며, 내 몸보다도 귀한 도는 항상 나에게 있으니 변화에 의하여 잃을 수 있는 존재가 아니다. 도는 만물을 변화하게 하여 무궁할 것이므로 걱정할 일이 무엇이 있겠는가. 이미 도를 터득한 사람은 이러한 변화에서 해방된 것이다.

공자: 선생님의 덕은 천지의 짝이 될 만한 데도 지극한 말씀을 빌려서 마음을 닦고 계십니다. 옛날의 군자라도 뉘라서 이보다 더 훌륭할 수 있겠습니까?

노자: 그렇지 않다. 물이 고요한 것은 무위하면서도 그 성질이 자연스럽기 때문이다. 지극한 사람이 덕을 지니고 있는 것은 의식적으로 덕을 닦지 않아도 저절로 이루어지기 때문이다. 하늘은 스스로 높고 땅은 스스로 두터우며 일월은 스스로 밝은 것과 같다.

공자가 물러나와 안회에게 말하였다.

공자: 이제까지 내가 지닌 도라는 것은 독 안에 든 초파리와 같았구나. 노자 선생께서 독의 뚜껑을 열어주지 않았다면 나는 천지의 위대함과 완전함을 알지 못했을 것이다.

대세에 따랐을 뿐이다

주나라 문왕文王이 장臧이라는 지역으로 유람을 나갔다가 낚시하는 사람을 보았다. 그런데 자세히 보니 그의 낚시는 고기를 낚는 것이 아니었다. 낚시질을 하지 않고 낚는 자야말로 최상의 낚시꾼이라는 생각이 들었다. 문왕은 그를 등용해 정사를 맡기고 싶었으나 대신들과 측근들이 시기하거나 불안해할까 봐 염려되었다. 그렇다고 버리자니 백성들이 의지할 하늘이 없는 현재의 상황이 너무도 참담하였다. 그리하여 다음 날 중신들을 불러놓고 넌지시 말하였다.

문왕: 과인이 간밤의 꿈에 신선을 본 것 같소. 검은 얼굴에 구레나룻이 났는데 붉은 얼룩말을 타고 있었소. 그분이 말하기를 장 땅에 사는 노인에게 정치를 맡기면 백성들의 고통이 낫게 될 것이라 말하지 않던가?

중신들: 돌아가신 선왕께서 환생하신 것 같습니다.

문왕: 그렇다면 어서 점을 쳐보시오.

중신들: 선왕께서 명하신 것이 분명한데, 어찌 불충하게 점을 칠 수 있겠습니까?

그리하여 낚시질하던 노인에게 정사를 맡기게 되었다. 그는 법령도 고치지 않았고, 특별한 조치도 취하지 않았다. 문왕이 3년 만에 나라를 시찰해보니 토호들은 무너졌고, 붕당은 해산했으며, 관청의 우두머리들은 공을 자랑하지 않았고, 제후들은 두 마음을 갖지 않았다. 반면에 백성들은 태평가를 부르며 모두가 평안해 보였고 국경은 든든하기가 태산의 준령 같았다. 이렇게 되자 문왕은 그를 태사로 삼고 제자의 예로써 대하였다. 문왕이 말하기를 "이러한 정치를 온 천하에 미치게 해주실 수 있겠습니까?"라고 물었다. 노인은 아무것도 모르는 듯이 대답을 미루고 있다가 밤을 타고 도망하여 종신토록 소식이 없었다.

안회가 공자에게 물었다.

안회: 문왕의 덕이 부족했던 것은 아닐까요? 그게 아니라면 어찌 꿈을 빙자하여 그럴 수 있습니까?

공자: 함부로 말하지 말거라. 문왕은 극진했는데 네가 어찌 그 일을 논한다는 말이냐. 그분은 바른 마음으로 대세에 따랐을 뿐이다.

내주는데 오히려 많아진다

견오는 항상 손숙오孫叔敖의 초연한 태도가 궁금했다.

견오: 선생께서는 세 번이나 초나라 재상이 되었으나 그것을 영화로 생각지 않았고, 세 번 물러났으나 그때마다 근심하지 않았습니다. 저도 처음에는 이상하다고 여겼지만, 지금 선생의 온화한 얼굴을 보니 마음이 흐뭇해 보이십니다. 어떻게 그리 초연하실 수 있습니까?

손숙오: 내가 어찌 남들보다 뛰어나겠습니까? 그저 오는 것을 물리치지 않고 가는 것을 붙잡지 않았을 뿐입니다. 얻고 잃는 것은 내 탓이 아니라고 생각하기 때문에 근심하지 않을 따름입니다. 나는 고귀함이 재상 자리에 있는지 나에게 있는지도 알지 못합니다. 고귀함이 재상 자리에 있었다면 내게는 고귀함이 없는 것이요, 고귀함이 내게 있었다면 재상 자리는

고귀한 것이 아닙니다. 그저 유유자적하면서 사방팔방에 노닐고자 하거늘 어느 겨를에 사람의 귀천에 마음을 쓰겠습니까?

공자가 그 소문을 전해 듣고 말하였다.

공자: 옛날의 참된 진인은 지혜로운 사람도 그를 설득시킬 수 없었고, 미인도 그를 홀릴 수 없었으며, 도덕도 그를 겁박하지 못했고, 복희씨와 황제도 그와 벗할 수 없었다. 죽고 사는 것처럼 큰 것도 그를 변화시킬 수 없었는데 벼슬이야 말해서 무엇 하겠느냐. 그런 사람은 큰 산도 그를 가로막지 못하고, 빈천한 자리에 들어도 고달프지 않다. 언제나 하늘과 땅에 충만하여 남들에게 내주기만 하는데도 자기는 더욱 많아지는 것이다.

붙임 말

본 장은 전자방의 이야기로 시작했다고 해서 전자방이라는 제목이 붙었다. 큰 의미 없이 그냥 첫머리 세 글자를 딴 것이다. 그의 스승인 동곽순자는 하늘처럼 공허하고, 성품은 자연을 따르며, 맑음으로 만물을 수용한다고 하였다. 또한 남이 무도한 짓을 하더라도 자신의 태도를 바르게 함으로써 스스로 깨닫게 만든다고 하였다. 이처럼 훌륭한 스승은 모든 것을 있는 그대로 받아들이고 모범을 보이는데, 장자는 전자방으로 하여금 동곽순자를 불러내서 인간이란 자연을 따르는 완전한 덕을 지녀야 한다는 것을 강조하였다. 만약 그렇지 않다면 바깥의 모든 일이나 사물이 재앙의 원인이 되어 다가올 수 있다는 것이다.

공자와 노자의 문답을 통해서는 지극히 아름답고 즐거운 인생이란 과연 어떤 경지를 말하는 것인지 설명하였다. 내면을 충실하게 한 사람은 겉을 꾸미는 데 치중하지 않고, 지인至人은 세속의 평가나 상식을 초월한다. 즉 생사와 존망을 잊어버리고 자신의 몸을 먼지나 티끌처럼 여기며 마음은 사물의 근원에서 노닐게 하는 것이다. 결론적으로 사람은 의식적인 수양보다는 무궁무진한 자연의 변화에 자기 자신을 부합시킬 줄 알아야 한다고 말한다. 당연히 형식적인 변화보다는 근본적인 원리에 의하는 것이 우선이고 선결 과제다. 이 대목에서 공자는 노자의 말을 듣고 이제껏 자신이 주장해온 인의나 예와 음악이 얼마나 부질없는 것이었는지 자성한다고 하였다.

본 장은 주나라 문왕을 전격적으로 등장시키면서 그의 치세에 대해서도 살짝 설명하였다. 여기에 나오는 장이라는 지역의 노인은 강태공을 가리킨다. 강태공은 문왕의 신하가 되어 무위의 다스림을 실천으로 증명하였지만, 문왕이 천하를 맡기려 하자 자신의 능력이 미치지 못한다는 것을 자각하고 사양하였다. 큰 정치를 맡기는 사람이나 맡는 사람이 이미 정치에 대한 이면의 의식을 품고 있다면, 강태공이 추구하는 무위의 다스림은 현실적으로 구현되기가 어렵기 때문이다. 강태공은 실존하였던 인물로 주나라 초기의 정치가이자 공신이다. 문왕의 초빙을 받아 그의 스승이 되었고, 무왕을 도와 상나라 주왕을 멸망시키고 천하를 평정하였으며, 그 공으로 제齊나라 제후에 봉해져 그 시조가 되었던 인물이다.

손숙오를 소개하면서는 그가 바깥 사물의 변화에 마음이 동요되지 않고 자연 그대로 적응한다고 하였다. 손숙오는 고귀함이 영윤令尹의 자리에 있는지 자신에게 있는지 알 수 없다고 말했다. 만약 고귀함이 영윤의 자리에 있다면 자신에게는 고귀함이 없는 것이고, 고귀한 것이 자기 자신이라면 영윤의 자리는 고귀한 것이 아니라고 하였다. 그러므로 벼슬이라는 것은 해도 그만 버려도 그만인 것으로 여겨야 하며, 한 발 더 나아가서는 죽고 사는 자체까지도 초월해야 한다는 것을 강조하였다.

여기서 한 가지 짚고 넘어가야 할 것이 있다. 손숙오가 말하는 고귀함이 내게 있는 것이라면 그것은 무용의 큰 쓰임이 된다. 무용은 통상적으로 개인의 무능은 될 수 있어도 사회적으로 큰 해가 되지는 않는다. 그렇지만 고귀함이 높은 벼슬에 있는 것이라면 유용의 큰 쓰임이 된다. 유용은 얼마든지 사회적 악역을 담당할 수 있다. 한술 더 떠서 시대적인 요구에 부응하여 정당성을 확보한다면 긍정의 위력을 발휘할 수도 있지만, 엄청난 재앙을 불러일으켜서 많은 사람들에게 피해를 줄 수도 있기 때문이다. 따라서 장자는 항상 쓸모 있음의 쓰임보다는 쓸모없음의 쓰임을 알아야 한다고 강조하고 있다.

제22장

지북유知北遊

도를 말하는 자 도를 알지 못한다

지북유는 말 그대로 지知가 북쪽 땅에서 노닌다는 뜻이다. 내편 제6장에서 '크게 높여야 할 참된 스승'인 '대종사'를 다루었는데, 본 장은 대종사에서 말했던 성인의 뜻을 설명하고 있다. 따라서 도에 대한 이야기를 많이 하고 있는데, 특히 거침없이 길을 가는 무위의 자연은 말이 없다고 하였다. 도는 형체가 없으며 보고 들을 수 없기 때문이다. 노자는 도를 잃은 후에 덕이 생기고, 덕을 잃은 후에 인이 생기며, 인을 잃은 후에 의가 생기고, 의를 잃은 후에 예가 생긴다고 하였다. 그래서 예는 도의 겉치레이며 혼란을 조장하는 앞잡이라고 거칠게 표현하였다. 모든 사물에는 도가 있으며 그 도가 발현되는 것을 덕이라고 한다. 덕이 발현되는 것은 인간과 만물이 다 어질고 올바르기 때문이다. 그러니 도와 덕이 있으면 되었지 인의예지가 무슨 소용이 있느냐는 논리다. 그러므로 도를 행함은 날마다 덜어내는 것이니, 덜고 또 덜어내서 다스림이 없는 무위의 경지에 이르는 것이다.

도를 말하는 자 도를 알지 못한다

지知가 북쪽 현수가에서 노닐다가 은분이라는 언덕에서 우연히 무위위無爲謂를 만났다. 지가 무위위에게 말을 걸었다.

지: 그대에게 묻고 싶은 것이 있습니다. 무엇을 생각하고 무엇을 헤아려야 도를 알 수 있겠습니까? 어떤 곳에 살고 어떤 일을 하면 되겠습니까? 무엇을 따르고 무엇을 말미암아야 합니까?

지가 세 번이나 질문을 하였지만, 무위위는 대답하지 않았다. 대답하지 않은 것이 아니라 사실은 대답할 줄을 몰랐다. 지는 더 이상 묻지 못하고 호결이라는 산을 찾아가서 광굴狂屈을 만났다. 지는 광굴에게도 같은 질문을 하였다.

광굴: 그건 내가 알고 있소. 그대에게 말해주리다.

그러나 하려던 말을 잊어버렸는지 더 잇지를 못했다. 할 수 없이 지는 궁으로 돌아가 황제를 알현하고 똑같이 물어보았다.

황제: 아무것도 생각하지 않고 아무것도 헤아리지 않아야 도를 알 수 있다. 처하는 곳이 없고 행하지 않는 것이 도의 시작이며, 따르는 것이 없고 말미암은 것이 없어야 도를 얻는다.

지: 그런데 왜 무위위는 모른다고 말하고, 광굴은 대답하지 못하였을까요? 그들은 정말로 모르는 것이었을까요?

황제: 내가 알기로 무위위는 도에 대하여 해박한 사람이며, 광굴도 그에 가깝다고 볼 수 있다. 하지만 그대와 나는 도에서 멀리 떨어져 있다. 그래서 옛사람이 말하기를 참으로 아는 자는 말하지 않고, 말하는 자는 그것을 모르는 자라고 하였다. 그러므로 성인은 말 없는 가르침을 행한다고 한 것이다.

무위의 다스림

황제는 이어서 말하였다.

황제: 도는 취득할 수 없고, 덕은 이를 수 없으며, 인은 행할 수 있고, 의는 사람을 해칠 수 있으며, 예는 서로 속이는 것이다. 그러므로 옛말에 이르기를 도를 잃은 뒤에 덕이 중시되고, 덕을 잃은 뒤에 인이 중시되며, 인을 잃은 뒤에 예가 중시된다. 예는 도의 겉치레이며 혼란의 시작이라고 하였다.

따라서 도를 닦는 사람은 매일같이 덜어내는 것이니, 덜고 또 덜어내서 다스림이 없는 무위에 이른다고 하였다. 종당에는 다스림이 없는 무위로써 다스려지게 되는 것이다. 지금은 만물을 인위의 다스림에 묶어놓고 있으니 근원으로 돌아가려고 해도 어렵지 않겠는가? 그것을 할 수 있는 것은 오직 위대한 사람뿐이다.

천하는 하나의 기로 통한다

황제는 계속 말을 이어나갔다.

황제: 삶은 죽음을 쫓는 것이며, 죽음은 삶의 시작이니 누가 그 실마리를 알 수 있겠는가. 인간의 삶이란 기가 모여 있는 것이다. 기가 모이면 태어나고 기가 흩어지면 죽는다. 만약 생사가 같은 것이라면 우리에게 무슨 걱정이 있으리오.

그러므로 만물은 하나인 것이다. 이것이 신비로우면 아름답다고 하고, 이것이 냄새나거나 고약하면 추하다고 한다. 그러나 냄새나고 고약한 것은 변하여 신비로운 것이 되고, 신비로운 것은 변하여 냄새나고 고약한 것이 된다. 그래서 천하는 하나의 기로 통한다고 말하는 것이며, 성인은 이 하나를 귀하게 여긴다고 하는 것이다.

모든 것이 도에 의한다

하늘과 땅은 위대한 아름다움을 간직하고 있으나 말이 없고, 사시는 밝은 법도를 간직하고 있으나 논하지 않으며, 만물은 생성의 원리를 간직하고 있으나 설명하지 않는다. 성인은 천지의 아름다움에 근원하여 만물의 이치를 통달하는 것이다. 그러므로 지극한 사람은 무위하며 위대한 성인은 작위가 없다.

자연의 신령스럽고 밝은 도는 지극히 정교하여 만물을 조화하니, 살고 죽고 모나고 둥근 형체를 갖게 하지만 그 근원은 알지 못한다. 그러나 만물은 예로부터 이미 존재하고 있었다. 우주가 크다고 해도 도의 손바닥을 벗어나지 못하고, 가을의 짐승 터럭이 작다고 해도 도에 의해 형체가 이루어진 것이다.

천하는 끊임없이 작용하니 처음부터 끝까지 그대로 있지 않고, 음양과 사시는 올바르게 운행되어 각자 자신의 차례를 얻는다. 어둑어둑하여 없는 것 같으나 존재하고, 구름처럼 형체가 없으면서도 신령스러운 것이 도다. 만물은 도에 의하여 자라고 있지만 알지 못한다. 이를 일러 만물의 근원이라고 말하며 이것에 의하여 자연에 통달하고 하나가 될 수 있는 것이다.

피의가 노래하다

설결이 피의被衣에게 도에 대해서 물어보았다. 피의가 다음과 같이 말하였다.

피의: 먼저 온몸의 힘을 빼고 시선을 편하게 하십시오. 자연의 조화가 갖추어지게 될 것입니다. 그다음 사려와 분별을 쫓아버리고 마음을 텅 비우면 신명이 깃들게 될 것입니다. 그러면 도와 한 몸이 되고 도의 움직임에 따르게 될 것입니다. 갓 태어난 송아지처럼 모든 일의 까닭을 의식하지 않게 될 것입니다.

이야기 도중에 설결은 어느 사이엔지 아기처럼 곱게 잠이 들어 있었다. 피의는 더할 수 없는 만족감을 느끼며 아래와 같이 노래를 부르면서 돌아갔다.

“몸은 마른 나무
마음은 죽은 재
슬기를 버리고
참으로 돌아간다
망연히
그저 황홀히
텅 비어
밑바닥도 모르고
사람이면서
또
사람이 아니다.”

천지는 강한 기운이다

순임금이 그의 스승인 승丞에게 물었다.

순임금: 도를 터득하여 지닐 수 있을까요?
승: 임금의 몸도 임금의 소유가 아니거늘 어찌 임금이 도를 소유할 수 있겠습니까?
순임금: 내 몸도 내 것이 아니라면 누구의 것이란 말입니까?

승은 잠시 침묵하더니 입을 열었다.

승: 몸은 천지가 임금에게 잠시 맡겨놓은 형체입니다. 마찬가지로 생명도 천지가 맡겨놓은 음과 양의 화합일 뿐입니다. 본성과 운명도 임금의 것이 아니라 천지가 맡겨놓은 순리일 뿐입니다. 자손들도 임금의 소유가 아니라 천지가 맡겨놓은 허물입니다. 그러므로 길을 가면서도 가는 곳을 알지 못하고, 살아가면서도 그 이유를 알지 못하며, 먹으면서도 맛있다는 것을 알지 못합니다. 천지는 강하게 발산하는 기운이거늘 어찌 임금이 체득하고 소유할 수 있다는 말입니까?

듣지 않는 것이 터득하는 길이다

공자가 노자에게 조심스레 가르침을 청하였다.

공자: 오늘은 좀 한가하신 것 같아서 지극한 도에 대하여 여쭙고 싶습니다.

노자: 중국에 사람들이 존재하는데 그들은 음도 아니고 양도 아니어서 하늘과 땅 사이에 살고 있다. 그들은 잠시 동안 사람의 형체로 있다가 결국은 근본으로 되돌아간다. 그 근본에서 본다면 생명은 기가 엉켜 있는 물건에 불과하다. 비록 오래 살고 일찍 죽는 차이는 있겠지만 그 차이가 얼마나 되겠는가. 그렇게 잠깐이라는 점에서 본다면 요는 성군이고 걸은 폭군이라는 시비 따위가 중요하겠는가?

하찮은 나무열매나 풀뿌리도 모두가 원리에 의해서 이루어지고, 사람의 윤리는 모두 추구하기 어렵지만 이빨이 물리듯 서로 어울려 사는 것이다. 성인은 만나는 일마다 거스르지 않고 지나간 과거에도 집착하지 않는다. 조화하고 순응하는 것이 덕이며 짝이 되어 순응하는 것이 도다. 이러한 덕과 도를 바탕으로 제왕이 생겨나고 왕도가 이루어지는 것이다.

사람이 천지 사이에 살아 있는 것은 날랜 말이 문틈을 지나는 것처럼 홀연히 끝난다. 만물은 자연의 변화에 따라서 생겨나고, 자연의 변화에 따라서 없어진다. 이에 대하여 생물들은 서러워하고 사람들은 슬퍼하고 있다. 그러나 죽음이란 활집에서 활을 풀어놓는 것과 같다. 육체에서 혼백이 떨어져 나갈 때, 혼백이 어디론가 가버리면 육체도 이를 따라 대자연으로 귀향하는 것이다.

형체가 없는 것이 형체를 만들고 그것이 다시 형체가 없는 상태로 변하는 것은 사람들이 다 알고 있는 사실이나, 이러한 논의는 도에 이르려는 자가 힘쓸 일이 아니다. 거기에 대해서 여러 대중들과 함께 논하게 되면 지극한 도에 이르지 못할 것이다.

도는 밝게 드러내려 해도 드러나지 않는 것이니, 이론을 펴는 것은 침묵을 지키는 것만 못하다. 도는 들어서 알 수 있는 것이 아니며, 그에 대해 듣는 것은 귀를 막고 듣지 않는 것만 못하다. 이렇게 하여 도에 합치되는 것을 큰 깨달음이라고 한다.

사물의 존재는 그침이 없다

염구冉求가 스승인 공자에게 질문을 하였다.

염구: 천지가 있기 이전의 일도 알 수 있습니까?
공자: 그럼 알 수 있지. 옛날도 지금과 똑같았다.

염구는 더 이상 묻지 않고 그냥 물러나왔다. 다음 날 찾아뵙고는 다시 물었다.

염구: 어제는 알 것 같았는데, 오늘은 잘 모르겠습니다. 어제 하신 말씀이 무슨 뜻이었습니까?
공자: 어제 알아들을 수 있었던 것은 마음이 텅 비어 신명으로 받아들였기 때문이며, 오늘 이해하지 못하는 것은 신명치 못한 마음으로 뜻을 구하려 하기 때문이다. 옛날에도 없고 지금도 없으며 시작도 없고 끝도 없는 것이니, 자손을 두지 않았는데 자손이 있다고 하면 되겠느냐?

생명을 살리지 않는 것이 죽음이고, 생명을 죽이지 않는 것이 삶이다. 삶과 죽음이 서로를 따른다는 것은 모두 한 몸에 존재하기 때문이다. 어찌 하늘과 땅보다 먼저 생겨난 사물이 있었겠느냐? 사물을 사물로 존재하게 한 것은 사물이 아닌 도다. 도가 변하여 사물이 되는 것이니, 그것은 사물이 끝없이 발생한다는 것을 의미한다. 그것은 그 사물의 존재가 그침이 없다는 것을 의미한다. 성인이 백성을 사랑함에는 끝이 없는데, 그 역시도 여기서 법도를 취한 것이다.

알고 있는 것이 전부가 아니다

안연이 오랜만에 공자에게 찾아왔다. 한참 담소를 나누다가 안연이 물었다.

안연: 일찍이 선생님께서 말씀하기를 가는 것도 전송하지 말고, 오는 것도 마중하지 말라고 하셨습니다. 그 까닭을 여쭤보고 싶습니다.

공자: 옛사람들은 외물이 변화하면 거기에 순응했지만 자기 마음은 변치 않았다. 지금 사람들은 자기 마음은 외물에 의해 변화하면서도 외물에 동화하지는 못한다. 사물과 더불어 변화하는 사람은 자신의 마음은 한결같아서 변하지 않는다. 변하든 변하지 않든 편안하게 여기면서 그것들에 따를 뿐 그것들과 떨어져 나가지 않는다.

희위씨는 동산을 만들어 살았고, 황제는 정원을 만들어 살았으며, 유우씨有虞氏는 궁전을, 탕과 무는 궁실을 짓고 살았다. 군자들은 유가와 묵가를 스승으로 모시면서 옳고 그름을 따지고 서로를 비방하게 되었다. 그러니 지금의 사람들이야 어떻겠느냐?

성인은 사물에 거하지만 사물을 손상시키지 않는다. 사물을 해치지 않는 사람에 대해서는 사물도 그를 해치지 않는다. 오직 상하지 않는 사람만이 자연에 따라서 그것들을 전송하고 마중할 수 있는 것이다.

산과 숲이나 평원에서 노니는 것은 우리들을 기쁘게 해주지만, 즐거움이 끝나기도 전에 슬픔이 이어진다. 즐거움과 슬픔이 와도 막을 수 없고 가도 멈추게 할 수 없다. 그러므로 세상 사람들이란 사물을 위한 여관에 불과한 것이니 서글픈 일이다.

경험한 것은 알지만 경험하지 못한 것은 알지 못한다. 재능이 미치는 것은 할 수 있지만 미치지 못하는 것은 할 수 없다. 이와 같이 인간은 무지와 무능으로부터 벗어날 수 없는 것이다. 그런데도 사람들은 벗어날 수 없는 것을 벗어나려고 애를 쓰고 있다. 지극한 말이란 말이 없음이고, 지극한 행위란 행함이 없음이다. 그러므로 지혜가 알고 있는 것, 그것이 전부라고 생각하는 것은 천박한 짓이다.

붙임 말

'지북유'는 지知가 북쪽 땅에서 노닌다는 말로 시작하면서 자연의 도에 중심을 두고 있다. 본 장은 도란 어떤 것인지를 설명하면서 지가 대표하는 지식이나 지혜로써는 도에 가까이 갈 수 없다고 단정 짓는다. 도는 형체가 없으므로 눈으로 볼 수 없고, 귀로 들을 수 없으며, 손으로 만져볼 수 없는 존재이기 때문이다. 또한 도는 말이나 의식적인 추구를 통하여 이루어질 수 없다. 그래서 아무런 의식적인 행위를 하지 않는 몸가짐이라야만 모든 일이 성사된다고 하는 것이다. 즉 도는 아무것도 모르거나 잊고 있는 데서 자연스럽게 얻어지는 지극히 소박한 것이라는 뜻이다.

명나라의 문인 홍자성洪自誠은《채근담菜根譚》에서 이렇게 말한다. "물결이 일지 않으면 수면은 절로 평온하고, 거울은 먼지가 끼지 않으면 자연히 밝다. 마음속의 번뇌를 없애면 본래의 맑음이 절로 드러나고, 괴로움을 없애면 즐거움이 절로 깃든다." 외로움이나 번뇌를 일으키는 근본적인 원인을 찾아서 제거하면 걱정거리는 자연스럽게 사라진다는 뜻이다. 그러므로 근심으로 가득 찼던 마음자리는 비워지고 그 빈자리에는 맑고 평온한 기운이 조용히 찾아와서 깃들 수 있다.

순임금과 그의 스승인 승의 대담을 통하여 지혜는 소유할 수 있지만 도는 소유할 수 없다고 하였다. 사람은 누구나 부지런히 지식을 함양하여 축적할 수 있고 소유할 수도 있다. 또한 지혜라는 것도 삶의 풍부한 경험을 통하여 얼마든지 축적하고 소유할 수 있다. 이렇게 소유한 지식과 지혜는 호주머니에서 물건 꺼내듯이 필요할 때마다 꺼내서 쓸 수 있다. 그래서 지식과 지혜는 물건처럼 대상화가 가능하다. 그러나 도는 다르다. 도는 대상화가 불가능하며 오로지 자연과 하나가 되었을 때에만 잠시 모습을 드러낸다고 하였다. 그러므로 사람의 몸은 하늘이 잠시 맡긴 형체이며, 목숨은 하늘이 잠시 맡긴 기운이고, 영혼은 하늘이 잠시 맡긴 순리이며, 자손은 하늘이 잠시 맡긴 허물이라고 하였다. 결론적으로 도라는 것은 자기 자신을 잊은 상태에서 소유가 아닌 비움을 통해서만 체험할 수 있다는 말이다.

장자는 삶이란 죽음을 뒤따르는 것이고, 죽음이란 삶의 또 다른 시작이라고 하였다. 따라서 삶과 죽음은 다른 것이 아니라 동일한 것인데 우리에게 무슨 걱정이 있겠느냐며 반문을 한다. 인간을 포함한 생물은 기가 모이면 생명이 되고, 기가 흩어지면 죽음이 되는 것이며, 사물은 기가 모이면 물건이 이루어지고, 기가 흩어지면 그 물건은 소멸한다. 한 번은 있고 한 번은 없는 것이니 천지만물의 생성과 소멸의 배후에는 기가 있으며, 그 기운이 바로 도의 움직임이라는 논리다. 이것이 바로 장자의 일기론一氣論이다. 이 사상은 북송시대에 만물일체 사상을 주장한 기氣철학자이자 도학의 창시자인 장횡거張橫渠에게 전수되었으며, 이후 12세기에 남송의 주희朱熹가 성리학을 집대성하는 데 크게 일조하였다. 그래서 성리학을 도학道學이라고 부르기도 한다.

잡편

雜篇

제23장

경상초庚桑楚

생명을 지키는 도리

경상초는 사람 이름으로 노자의 제자다. 그는 노자의 도를 어느 정도 터득하고 북쪽 산마루의 외루畏壘라는 지역에서 살았다. 경상초는 하인 중에서 똑똑하고 지혜가 있는 사람들은 모두 내보내고, 그의 첩들 중에서도 온후하고 어진 여자들은 집으로 돌려보냈다. 그저 못난 사람들과 멍청한 사람들만 그와 함께 살았다. 그런데 그가 온 후로 외루 일대에 해마다 큰 풍년이 들었고, 그로써 백성들의 살림살이가 넉넉해지고 인심도 좋아졌다. 백성들은 그를 임금으로 추대하려고 하지만 경상초가 외면하자 제자들이 설득하려 한다. 본 장의 전반부는 경상초와 남영주南榮趎가 노자와의 문답을 통해 생명을 지키는 도리에 대하여 논한다. 후반부는 송견宋鈃과 윤문尹文의 저작이나 신도愼到의 사상과 유사한 부분이 보인다고 하는데, 이는 본 장이 상당히 뒤늦은 시기에 쓰였다는 것을 미루어 짐작케 한다. 본 장의 핵심은 '위생지경衛生之經'으로 삶을 보호하는 길이자 생명을 지키는 도에 대하여 설명하고 있다.

성인은 자신을 드러내지 않는다

노자의 제자 중에 경상초라는 사람이 있었는데, 노자의 도를 아는 잘 사람으로 북쪽 산마루의 외루라는 지역에 살고 있었다. 그는 하인 중에서 똑똑하고 분별력이 있거나, 고분고분하면서 마음 씀씀이가 착한 사람은 모두 내보냈다. 그래서 경상초와 함께 사는 사람들은 하나같이 못나고 멍청한 사람들뿐이었다. 경상초가 외루에 머문 지 3년이 지나는 동안 그곳에는 해마다 크게 풍년이 들었다. 그 일대의 사람들은 생활이 풍족해졌음을 깨닫고 서로 놀라서 이렇게 이야기를 주고받았다.

"경상초가 처음 왔을 때 우리는 놀라면서도 수상히 여겼다. 그런데 그가 온 후로 매일 모자랐던 살림살이가 이제는 남아돈다. 이는 경상초의 은덕이 분명하다. 이제 그가 성인이라는 것은 두말할 나위가 없으니 윗자리에 앉혀놓고 임금으로 모시자."

이 말을 전해 들은 경상초는 떨떠름한 표정으로 남쪽을 향해 앉아 있었다. 제자들이 이상하게 생각하고 그 까닭을 물어보니 이렇게 말하였다.

경상초: 너희들은 내가 이상하게 보이느냐? 봄기운이 돌면 온갖 초목이 싹을 틔우고, 가을에 이르면 모든 열매가 영근다. 하지만 봄이나 가을도 천지의 도움 없이는 그러한 능력을 발휘할 수 없다. 이곳 외루가 풍족하게 된 것은 천도가 작용한 탓이지 나 때문이 아니다. 나는 노자 선생으로부터 지인은 작은 방에서 조용히 지낼 뿐 남의 일에 간섭하지 않으며, 백성들은 마음대로 행동하면서도 무엇에 의한 것인지 몰라야

한다는 말을 들었다. 그런데 이 지역의 백성들은 이구동성으로 수군거리며 나를 마치 성인처럼 떠받들려 한다. 그렇게 된다면 나는 모든 사람의 모범이 되어야 하지 않겠느냐? 그럼 나는 노자 선생의 가르침을 어기게 되는 것이니 스승님께 면이 서질 않는다.

제자들: 그렇지 않을 것입니다. 작은 도랑에서는 큰 고기가 몸을 돌릴 수 없어 송사리나 미꾸라지에게 놀림거리가 되고, 낮은 언덕에서는 큰 짐승이 몸을 숨길 곳이 없어 여우에게 놀림을 당합니다. 그러나 성인을 높이고, 능력 있는 사람에게 벼슬을 내리며, 착하고 이로운 것을 내세우는 것은 요순 때도 그러했습니다. 하물며 외루의 백성들이야 두말할 것이 있겠습니까? 선생님께서는 백성들의 간절한 바람을 들어주셔야 합니다.

경상초: 수레를 덮칠 만한 큰 짐승도 홀로 산을 벗어나면 그물과 올가미의 재난을 면할 수 없고, 배를 한입에 삼킬 만한 큰 고래도 뭍으로 뛰어나와 물을 잃으면 개미조차도 그를 괴롭힐 수 있다. 그래서 새와 짐승은 높은 곳을 싫어하지 않고, 물고기와 자라는 깊은 곳을 싫어하지 않는 것이다. 이와 같이 육체와 생명을 온전히 하려는 사람은 몸을 감추는 데 있어서 깊고 먼 것을 싫어하지 않는 법이다.

그런데 너희들이 어떻게 요순을 들먹인다는 말이더냐? 그들은 자기네 이론으로 남의 집 담이나 뚫고 잡초만 무성하게 만들었을 뿐이다. 그들처럼 머리카락을 골라가며 빗질을 하고, 쌀알을 세어 밥을 짓듯 작은 일에 얽매어서야 어떻게 세상을 구제할 수 있다는 말인가.

현명한 사람을 등용함으로써 백성들은 다투게 되었고, 지혜가 있는 사람을 등용함으로써 백성들은 서로 훔치게 되었다. 이렇게 해서는 백성들의 마음을 충족시킬 수가 없는 것이다. 백성들에게 지나친 이익을 가르침으로써 자식 중에 애비를 욕보이는 자가 생겨나고, 신하 중에서는 임금을 욕보이는 자가 생겨났으며, 대낮에도 도둑질을 하려고 남의 집 담을 넘나드는 일이 생겨난 것이다.

이러한 혼란의 원인은 틀림없이 요순시대에 생겨난 것이다. 그 폐해는 천세 뒤까지 이어질 것이며, 몇천 년 뒤에는 사람이 사람을 잡아먹는 현상이 벌어질 것이다.

재능은 본래부터 차이가 있다

경상초의 제자인 남영주가 크게 감동하였는지, 자세를 바로 고쳐 앉으며 조심스럽게 말을 꺼냈다.

남영주: 저와 같이 나이가 든 사람은 어떻게 해야 선생님이 말씀하신 것처럼 될 수 있겠습니까?

경상초: 자네의 육체를 온전히 하면서 생명을 보전하고, 생각을 이리저리 꾀하면서 복잡하게 하지 말거라. 그렇게 3년이 지나면 내가 말한 것처럼 될 것이다.

남영주: 눈은 다 같은 형태로 남과 다르지 않은데 맹인은 볼 수 없고, 귀도 다 같은 형태로 남과 다르지 않은데 귀머거리는 들을 수 없으며, 마음도 다 같은 형태로 남과 다르지 않은데

정신병자는 깨우칠 수 없습니다. 형태와 형태는 서로가 비슷한데 기능에 차이가 나는 것은 무슨 까닭일까요? 도를 추구해보려고 해도 도를 터득할 수 없으며, 도에 관하여 듣기는 하였으나 귀로만 들렸을 뿐 깨우치지 못하고 있습니다.

경상초: 내가 할 수 있는 말은 다 한 것 같다. 예로부터 작은 벌은 콩잎 애벌레를 자기 새끼로 길러낼 수 없고, 작은 월계라는 닭은 고니 알을 품을 수 없으며, 큰 노계라는 닭만이 그것을 품을 수 있다고 하였다. 닭과 닭을 놓고 볼 때 그 덕은 모두가 같다. 하지만 한쪽은 가능하고 한쪽은 불가능한 것은 그들의 재능에 본래부터 차이가 있었기 때문이다. 지금 나의 재능은 작아서 자네를 교화시키기에 부족함이 있다. 그러니 남쪽으로 가서 노자 선생을 찾아뵙는 것이 어떻겠느냐?

삶을 보양하는 방법

그리하여 남영주는 양식을 준비하고 이레 만에 노자의 처소에 도착했다.

노자: 자네는 경상초가 보내서 왔는가?

남영주: 네, 맞습니다.

노자: 그런데 어째서 사람들을 이렇게 많이 데리고 왔는가?

남영주는 노자의 엉뚱한 질문에 깜짝 놀라서 뒤를 돌아보았으나, 당연히 뒤에 누군가 있을 리가 만무했다.

노자: 자네는 내 말뜻을 모르나보군.

남영주는 고개를 숙이고 어찌할 바를 모르고 있었다. 이윽고 용기를 내어 말했다.

남영주: 저는 무슨 말씀을 올려야 할지 모르겠습니다. 여기까지 오면서 여쭈어보고자 했던 말들을 방금 새카맣게 다 잊어버리고 말았습니다.

노자: 그게 무슨 말이더냐?

남영주: 무지하면 어리석다며 비웃을 것이고, 지혜로우면 자기 몸을 걱정해야 합니다. 인자하지 않으면 남을 해치게 되고, 인자하면 자기 몸을 괴롭힐 뿐입니다. 의롭지 않으면 남을 상하게 하고, 의로우면 자기를 버리게 됩니다. 저는 어떻게 해야 이 모순에서 벗어날 수 있겠습니까? 실은 이것을 여쭤보고자 찾아온 것입니다.

노자: 아까 자네의 얼굴을 보자마자 어느 정도 짐작은 하고 있었다. 막상 자네 말을 듣고 보니 여러모로 마음은 쓰이지만, 마치 부모를 잃은 아이가 근심하는 듯하고, 장대를 들고 바닷속을 재보려는 사람처럼 느껴진다네. 그러니 자네는 지금 자네의 본성을 잃어버린 것이지. 그러면서도 위대한 도를 찾겠다고 발버둥을 치고 있으니 헛수고일세.

남영주는 노자에게 부탁하여 그곳에 머물 수 있게 되었다. 그가 좋다고 여기는 도와 덕을 추구하고, 나쁘게 생각되는 모든 것을 버리면서 열흘이 지나자 근심이 사라졌다. 그래서 다시 노자를 알현했다.

노자: 자네는 묵은 것을 씻어내고 안정된 기운이 감도는 것 같지만, 아직도 마음속에는 악한 것들이 남아 있는 듯하다. 밖의 일에 마음이 얽매인 자는 마음을 자제할 수 없으니, 안으로 마음의 작용을 닫아야 하느니라. 마찬가지로 자기 안으로 마음이 얽매인 자도 자제할 수 없으니, 밖으로 보고 듣는 것을 닫아야 하느니라. 세상일에 얽매여 있는 자는 도와 덕을 지닐 수 없기 때문이다.

남영주: 병든 사람이 자기의 병을 얘기할 수 있다면, 그 병은 대단하지 않다고 볼 수 있습니다. 그런데 제가 선생님께 도에 대해 듣는 것은 마치 약을 먹음으로서 병을 도지게 하고 있는 것 같습니다. 저는 삶을 보양하는 방법에 대하여 알고 싶을 따름입니다.

노자: 삶을 보양하는 방법은 위대한 도 하나를 품는 것이며, 자기의 본성을 잃지 않는 것이다. 점치는 것에 의하여 자기의 길흉을 판단하지 않고, 분수를 지키며 인위적인 행위를 멈출 수 있어야 한다. 또한 타인에 대한 관심을 버리고, 자기 자신을 철저하게 지킬 수 있어야 하며, 행동은 자연스러워서 거리낌이 없어야 한다.

마치 어린아이처럼 되어야 한다. 아이는 하루 종일 울어도 목이 쉬지 않는데, 그것은 자연과 조화가 되어 있기 때문이다. 아이는 하루 종일 주먹을 쥐고 있어도 손이 당기지 않는데, 그것은 자연과 일치되어 있기 때문이다. 아이는 하루 종일 보면서도 눈을 깜빡이지 않는데, 그것은 외물에 신경을 쓰지 않기 때문이다. 나아가도 가는 것을 모르고, 앉아 있어도 머무는 것을 알지 못하며, 외물에 순응하고, 자연의 흐름에 자신을 맡길 뿐이다. 이것이 바로 삶을 보양하는 방법이다.

남영주: 그렇다면 이것을 진인의 덕이라고 하는 것입니까?

노자: 아니다. 이것은 얼음이 풀려서 물로 돌아가는 정도에 불과하다. 이른바 진인이란 자연을 즐기며 모든 사람과 어울려 사는 사람이다. 사람이나 사물과 이해로 얽히지 않고, 잘난 척하면서 무엇을 꾀하지 않으며, 그저 자연스럽게 오고 가는 것이다. 이것도 삶을 보양하는 방법이다.

남영주: 그렇다면 이것으로써 지극함에 이르는 것입니까?

노자: 아직 아니다. 내가 방금 자네에게 어린아이가 되라고 하지 않았느냐? 아이는 움직이지만 자기가 하는 일을 알지 못하고, 걷지만 자기가 가는 곳을 알지 못한다. 몸은 마른 나무토막과 같고 마음은 불 꺼진 재와 같다. 이런 사람에게는 행복도 찾아오지 않지만 불행도 찾아오지 않는다. 화와 복이 있을 수 없으니 어찌 재앙이 미치겠느냐.

억지로 하면 안 된다

마음이 태연하고 안정된 자는 하늘의 빛이 발하고, 하늘의 빛이 발하는 자는 진실한 모습이 드러난다. 마음을 수양한 사람은 일정한 덕을 지니고 있으며, 덕을 지닌 자는 대중들이 의지하고 하늘이 돕는다. 대중들이 의지하는 자를 일러 하늘의 사람이라고 하며, 하늘이 돕기 때문에 하늘의 아들인 천자라고 하는 것이다.

배우는 자가 배울 수 없는 것을 배우려 하고, 행하는 자가 행할 수 없는 것을 행하려 하며, 논하는 자들이 이론으로 밝힐 수 없는 것을 밝히려고 애를 쓴다. 하지만 알 수 없는 것을 그만두는 것이 바로 지극한 지혜이다. 만약 넘어갈 수 없는 경지에서 멈추지 않는다면 그것은 하늘의 조화를 무너뜨리는 것이 된다.

성인이 몸을 두는 곳

도는 만물에 통하여 모든 것을 분별하므로 만물을 완성하기도 하고 무너뜨리기도 한다. 그러나 분별하는 것이 나쁘다는 것은 분별함으로써 갖추어지기를 바라기 때문이며, 갖추어지기를 바라는 것이 나쁘다는 것은 밖에 존재하는 것이 자기에게 모두 갖추어지기를 바라기 때문이다. 그러므로 나가서 돌아오지 않으면 귀신이 되고, 나가서 얻는 것이 있다면 그것은 죽음이다. 실제로 살아 있더라도 본성이 없다면 그것은 귀신일 뿐이다. 형체가 있는 몸은 형체가 없는 도를 본받아야 안정될 수 있는 것이다.

나오지만 뿌리가 없고 들어가지만 구멍이 없으며, 존재하지만 차지하는 곳은 없고, 영원히 존재하지만 시작과 끝은 없다. 나오는 곳은 있고 들어갈 곳은 없지만 존재한다. 존재하지만 차지하는 곳이 없다는 것은 우주의 공간이 한없이 넓음을 의미하며, 존재하되 시작과 끝이 없다는 것은 옛날부터 지금까지 이어지는 것처럼 영원한 시간을 의미한다.

삶에도 작용하고 죽음에도 작용하며, 나고 드는 데도 작용하지만 형체가 없으니 이것을 하늘의 문이라고 한다. 그런데 하늘의 문이란 존재하지 않으며, 만물은 존재하지 않는 데서 생겨난다. 존재하지 않는 것은 한결같이 존재하지 않는데, 성인은 이 경지에 몸을 두고 있다.

무위하면 모두가 성사된다

뜻을 움직이게 하는 것을 버리고, 마음을 구속하는 것을 풀고, 덕을 해치고 도를 막는 것들을 치워야 한다. 재산과 지위, 출세와 위엄, 명예와 이익이라는 여섯 가지는 뜻을 움직이게 한다. 용모와 행동, 색과 논리, 기분과 의식이라는 여섯 가지는 마음을 속박한다. 악함과 욕심, 기쁨과 노여움, 슬픔과 즐거움이라는 여섯 가지는 덕을 해치게 한다. 물러남과 나아감, 취함과 베풂, 지식과 재능이라는 여섯 가지는 도를 막히게 한다.

이 네 종류의 여섯 가지가 가슴속에서 요동치지 않으면 올바르게 될 것이다. 올바르게 되면 고요해지고, 고요해지면 밝아질 것이며, 밝아지면 텅 비게 될 것이고, 텅 비우면 인위가 없어질 것이며, 인위가 없어지면 이루어지지 않는 것이 없게 될 것이다.

이름과 실체는 부합한다

도라는 것은 덕을 늘어놓은 것이고, 삶이라는 것은 덕의 빛남이며, 성품이라는 것은 생명의 본질인 것이다. 본성이 움직이는 것을 행위라고 하는데, 행위가 인위적이면 본성을 잃었다고 하는 것이다. 앎이란 사물과의 접촉에서 생겨나고 생각함으로써 이루어진다. 그러나 지자가 알지 못하는 것은 곁눈질을 함으로써 사물의 전체를 보지 못하는 것과 같다. 행동을 하되 지나치지 않는 것을 덕이라고 하며, 자기 자신만을 위해 사사로이 행동하지 않는 것을 다스림이라고 한다. 이름과 실체는 다르지만 실질적인 것에 있어서는 서로 순응한다.

천하를 새장으로 삼는다

활의 명인인 예는 작은 것도 화살로 명중시키지만, 타인으로 하여금 자신을 기리게 하는 데는 서툴렀다. 성인은 자연스런 일은 잘하지만 인위적인 일에는 서투르다. 자연스런 일도 잘하고 인위적인 일도 잘하는 것은 오로지 온전한 사람만이 할 수 있다.

유일하게 벌레만이 벌레 노릇을 하기 때문에 벌레로서는 자연스러운 것이다. 온전한 사람이 자연을 싫어하는 경우가 있는데, 그것은 인위적인 자연을 싫어하는 것뿐이다.

한 마리 새가 예에게 날아가면, 예는 필시 쏘아 잡을 수 있는 능력이 있다. 그러나 천하를 새장으로 삼는다면 새는 도망

갈 곳이 없다. 그래서 탕임금은 요리사라는 직분으로 이윤伊尹을 새장으로 끌어들였고, 진나라 목공穆公은 양가죽 다섯 장으로 백리해百里奚를 새장으로 끌어들였다. 이처럼 좋아하는 것을 미끼로 삼지 않고서는 새장으로 끌어들이지 못한다.

지나치지 않게 무리 짓다

벌을 받아 발꿈치가 잘린 사람은 자신을 꾸미지 않는다. 그는 세상의 비난이나 명예에 상관하지 않기 때문이다. 또한 중노동을 하는 죄수들이 높은 곳에 올라가도 두려워하지 않는 것은 생사를 초월했기 때문이다. 두루 허물이 없어서 대접하지 않는 것은 타인이라는 생각을 잊었기 때문이다. 남을 잊고 생각대로 행동한다면 자연과 합치되는 천인이라 할 것이다. 그러므로 공경해도 기뻐하지 않고, 모욕을 당해도 성내지 않는 것은 하늘과 혼연일체가 된 사람만이 자연스럽게 할 수 있다.

성이 나도 노하지 않는다면, 성이 났지만 노하지 않은 것으로 귀결된다. 행동함에 있어서 무위하면, 그 행동은 무위로 귀결된다. 고요하고자 하면 기분을 평온하게 하고, 신령스럽고자 하면 마음이 순해져야 한다. 유위하되 합당하게 되고 싶으면 순리에 따라 지나치지 않아야 한다. 지나치지 않게 무리 짓는 것이 성인의 도인 것이다.

붙임 말

본 장은 양이 방대하여 현대적 의의가 없는 구절은 배제하면서 초역하였는데도 분량이 많은 편이다. 전반부에서는 여러 가지 일에 깊게 생각하는 것을 버리고, 옳고 그름을 초월하여 천지의 무無로 돌아가라고 하였다. 후반부는 잡다한 단문의 글이 많으며, 내편의 소요유와 제물론의 논지를 재편한 글이 많다. 먼저 노자의 무위자연을 계승하는 문답식의 대화가 끝나고 잡다한 이론〔雜論〕을 시작하는 첫 대목에서는 사람이 머물러야 하는 경지에 대해서 말하고 있다. 마음이 태연하고 고요한 자는 하늘의 빛을 내뿜고, 하늘의 빛을 내뿜는 자는 인간 본연의 참모습을 드러낸다. 따라서 마음이 닦인 자는 언제나 일정한 덕을 지니고 있으며, 일정한 덕을 지닌 사람은 대중들이 의지하게 되고 하늘이 돕게 된다고 설명한다. 이런 사람은 거울과 같은 청정한 마음을 지녔을 것이므로 천자라고 하였다. 그러므로 보는 이의 식견에 따라서 지극한 덕인으로 볼 수도 있고, 모든 번뇌와 의혹을 떨쳐버리고 안정을 찾은 사람으로 볼 수도 있다. 하지만 이러한 경지에 도달해야만 인간의 참모습을 드러낼 수 있다는 점을 우리에게 각인시킨다.

'경상초' 원문에는 '누구의 발을 밟았는가'라는 예악에 관한 이야기가 한 단락 있는데, 본 책에 등재하지는 않았지만 조금은 미련이 남기에 간략히 소개한다. 사람들이 붐비는 시장에서 남의 발을 밟으면 정중하게 사과하지만, 부모가 자식의 발을 밟으면 아무 말도 하지 않는다고 하였다. 그 이유는 이렇다. 남의 발을 밟았을 때는 그 아픔이 내게 느껴지지 않기 때문에 재빨리 빈말로라도 상대의 아픔을 보상해주는 것이다. 그러나 부모가 자식의 발을 밟았을 경우에는 자식의 발보다 부모 자신의 마음이 몇 배는 더 아프다. 그리고 미안해하는 진심 어린 마음이 눈빛에서 드러나고 느낄 수 있기 때문에 더 이상의 말이 필요치 않다.

《주역》에서는 이를 '유부혜심有孚惠心'이라고 하였다. 믿음을 갖고 마음을 은혜롭게 한다는 뜻이다. 즉 은혜로운 마음이 충만하게 되면 굳이 말하지 않아도 선한 영향력이 주변을 아름답게 만든다는 것이다. 반면 유가에서는 인의예지'를 중시한다. 그런데 예에서 예의 핵심인 진심이 빠진다면 형식에 불과한 공허한 메아리가 되고 만다. 장자의 관점에서 보았을 때는 나와 타인을 구별하지 않고 행해져야 하는 것이 인의예지이지만, 유가에서는 서로를 따로 떨어뜨려놓고 그 간격을 채워볼 요량으로 예를 들먹이고 있다는 논지이다. 그래서 지극한 도란 나와 남 그리고 나와 사물의 구별을 초월해야 한다고 말한다.

제24장

서무귀徐无鬼

자연의 가르침에 귀 기울여라

서무귀라는 제목은 특별한 뜻이 있는 것이 아니라, 세상으로부터 숨어 사는 사람의 이야기다. 앞의 경상초처럼 일상적인 내용을 소개하면서 최상의 덕은 인위가 아닌 무위라는 점을 강조하고 있다. 인간의 육체적인 고달픔이나 정신적인 괴로움은 본인 자신이 얼마나 외물에 초월할 수 있는가의 여부에 따라서 결정될 뿐, 부귀에 따라서 좌지우지되는 사안이 아니라는 것에 방점을 둔다. 부귀라는 것은 오히려 외물에 사람을 얽매이게 함으로써 인간의 한계를 드러내는 요건에 불과하다는 논리다. 전체적으로 보았을 때 작은 지식을 버리고 대자연의 조화에 몸을 맡기는 것이 마음의 안정을 얻는 길이라고 말한다. 언뜻 보면 잡다한 내용 같지만 다 읽고 나서 돌이켜보면 장자의 깊은 뜻을 이해할 수 있다.

담백한 말을 들어본 지 오래되었다

서무귀가 여상女商의 소개로 위나라 무후武侯를 만났다. 무후는 그를 보자마자 입을 열었다.

무후: 선생은 많이 지쳐 보입니다. 산중 생활이 궁핍하여 나를 찾아오신 것 같구려.

서무귀: 아닙니다. 오히려 제가 임금을 위로해드리려고 찾아왔습니다. 지금 임금께서 쥐고 있는 권세는 달궈진 쇳덩어리를 쥐고 있는 것처럼 괴로운 일입니다. 권세를 쥐게 되면 저절로 좋아하고 싫어하는 것이 뚜렷해지며 그 결과 본성이 손상됩니다. 그렇다고 욕망을 억제하여 좋고 싫음을 가리지 않게 되면, 관능의 즐거움이 사라져서 눈과 귀와 같은 감각기관이 못 쓰게 됩니다. 그런 연유로 위로를 드린다는 것입니다.

무후는 언짢은 듯 아무 대꾸도 하지 않은 채 먼 산만 바라보고 있었다. 서무귀가 말을 이어갔다.

서무귀: 제가 사냥개를 예로 들어보겠습니다. 개에게도 세 등급이 있는데, 하급의 개는 먹을 것만 생기면 정신없이 먹다가 배가 불러야 그만 먹습니다. 그래서 살쾡이와 같습니다. 중급의 개는 마치 하늘의 해를 바라보듯이 고개를 쳐들고 있으며, 상급의 개는 제 자신을 잃은 것처럼 언제나 한결같습니다. 제가 개를 감정하는 것은 말을 감정하는 것만 못합니다. 말이 곧장 달릴 때는 마치 먹줄을 친 듯이 바르고, 빙글

빙글 돌 때는 그림쇠를 댄 듯이 움직입니다. 그런 말을 어떤 나라에서는 뛰어난 국마라고 할 수 있지만, 천하의 명마에는 미치지 못합니다. 천하의 명마는 타고난 소질은 있지만 언뜻 보기에는 멍청한 듯하여 어디 하나 쓸모가 없어 보이며, 제 몸뚱이조차도 잊고 있는 듯이 보입니다. 그러나 그 말이 한 번 달리기 시작하면 보는 사람의 눈이 따라가지 못할 정도로 빠릅니다.

무후는 기뻐하며 큰 소리로 껄껄대고 웃었다. 서무귀가 나오자 여상이 물었다.

여상: 선생은 어떻게 저희 임금을 기쁘게 해드렸습니까? 저희는 임금을 기쁘게 해드리려고 시, 서, 예, 악을 거론했고, 금판金板과 태공망의 육도六弢까지 거론하였으며, 받들어 모시면서 큰 공을 세운 것만도 이루 헤아릴 수 없을 정도입니다. 하지만 지금처럼 드러내놓고 웃으신 적이 없었습니다. 선생의 비결이 무엇입니까?

서무귀: 혹시 월나라로 유배된 사람의 이야기를 들어보셨습니까? 그 사람은 고국을 떠나가면서 처음에는 전에 알던 사람만 만나도 기뻐했습니다. 수십 일이 지나자 어디서 본 듯한 사람만 만나도 기뻐했으며, 1년이 지나자 아는 사람과 비슷한 사람만 만나도 기뻐했다는 것입니다. 이는 자기가 살던 곳을 떠난 지가 오래 될수록 그리움도 깊다는 뜻입니다. 더군다나 인적이 끊긴 적막한 곳에서 홀로 있게 되면 사람 발자국 소리만 나도 기뻐하게 됩니다. 하물며 형제나 친척들이

웃고 얘기하는 소리가 들릴 적에야 어떻겠습니까? 마찬가지로 지금 임금께서는 참된 사람의 솔직하고 담백한 말을 들어본 지가 오래되었다는 증빙입니다.

마음속에 성실함을 길러라

서무귀가 무후를 알현했다.

무후: 선생을 보고 싶어 한 지가 오래되었소. 나는 백성들을 친애하고, 또한 의로움을 위하여 전쟁을 종식하려고 하는데 어찌 보시오?

서무귀: 백성을 친애한다는 생각 자체가 백성을 해치는 시작입니다. 의로움을 위하여 전쟁을 종식시킨다는 생각 자체가 전쟁을 일으키는 근원입니다. 임금께서 이러한 방법으로 정치를 하신다면 성공하기 어렵습니다. 아름다움을 이루려는 것은 악한 일을 행하게 하는 동기가 됩니다. 따라서 임금께서 인의를 행한다고 해도 그것은 위선이 되고 말 것입니다. 인의라는 형식을 갖추게 되면 거짓된 형식이 조성되기 때문입니다. 형식적인 성공은 공로를 자랑하도록 만들고 자랑은 전쟁을 일으키는 원인이 됩니다.

그러므로 임금께서는 당장 성대한 열병식과 누각을 없애시고, 궁궐에서 보병과 기병을 달리지 못하게 해야 합니다. 그리고 덕을 빌미로 이치에 어긋나는 일을 감추어서는 안 됩니다. 기교로 남을 이기려 해서도 안 되고, 계략으로 남을 이기려 해서도 안 되며, 전쟁으로 남을 이기려 해서도 안 됩니다. 남의 백성을 죽이고 남의 토지를 점령하여 내 몸과 정신을 보양하려 한다면 그 전쟁은 무엇이 옳고 그른지 알 수 없게 됩니다.

임금께서 진정으로 백성들을 위하겠다는 마음이 있으시다면, 마음속에 성실함을 길러서 하늘과 땅의 진실한 변화에 순응하고 어지러워지는 일이 없도록 해야 합니다. 그렇게 되면 백성들은 죽음에서 벗어날 수 있으므로 병사를 뒤엎을 필요도 없고, 전쟁을 하고 말고를 고민할 필요도 없어집니다.

제 잘난 맛에 산다

지모 있는 선비는 변란이 없으면 즐겁지 않고, 변론하는 선비는 이야기할 담론이 없으면 즐겁지 않으며, 감찰하는 선비는 죄인이 생기지 않으면 즐겁지가 않으니, 이는 모두 밖의 사물에 사로잡혀 있는 자들이다.

훌륭한 사람은 조정을 흥성하게 하고, 백성을 다스리는 사람은 벼슬로 영화롭고, 힘이 센 사람은 어려운 일을 해결하며, 용기 있는 사람은 환난에 분발하고, 무술에 뛰어난 사람은 전쟁을 즐겨 하며, 은둔하는 사람은 명예를 좋아한다. 법을 다루는 사람은 법망을 넓히려 하고, 예의와 음악에 밝은 사람은 용모를 단정히 하며, 인의를 좋아하는 사람은 관계를 중히 여긴다.

농부는 농사일이 없으면 즐겁지 않고, 장사치는 사고팔 게 없으면 즐겁지 않다. 서민은 조석으로 생계가 마련되어야 부지

련해지고, 공인은 좋은 기계와 기술이 있으면 기운이 난다. 탐욕에 눈이 어두운 자는 재물이 쌓이지 않으면 근심하고, 과시하기를 좋아하는 자는 권세가 더해지지 않으면 흥이 나지 않으며, 형세를 잘 좇는 자는 변란을 즐긴다. 이들은 때를 만나야 쓰일 곳이 있게 되므로 무위자연 할 수 없다. 따라서 이들은 세상의 형편에 따르면서 사물의 변화에 얽매이는 자들이다. 자신의 육체와 성정을 고달프게 하고, 밖의 사물에 몰두하여 평생토록 본성으로 돌아올 줄 모르니 슬픈 일이다.

맞수가 없어서 애석하다

장자가 어떤 사람의 장례를 끝내고 우연히 혜자의 무덤가를 지나게 되었다. 장자는 그곳에 우두커니 서서 제자들에게 이런 이야기를 들려주었다.

장자: 초나라 수도인 영에 장석匠石이라는 유명한 석공이 있었다. 어느 날 그에게 누가 찾아오더니 자신의 코끝에 흙을 조금 바른 다음 도끼로 깎아보라고 하였다. 장석이 도끼를 휘둘러서 그것을 내리치는데 바람 소리가 윙윙거리도록 맹렬하였다. 흙은 말끔하게 깎였지만 코끝은 멀쩡했고, 그 사람은 얼굴색도 변하지 않고 꼿꼿하게 서 있었다. | 송나라 원군元君이 이 소문을 전해 듣고 장석을 불러서 다시 한번 재연해보라고 하였다. 그러나 장석은 전에는 재주를 부릴 상대방이 있어서 가능했지만, 지금은 시험할 상대방이 죽

어서 불가능하다고 하였다. 나 역시도 혜자가 죽어서 여기 묻혀 있으니 담론할 사람이 없어서 애석하구나.

후임자를 천거하다

제나라 환공은 제후들을 규합하여 천하를 바로잡고, 오패의 으뜸이 되었다. 관중管仲이 환공의 보좌역을 맡고 있었지만 이제는 늙고 병들어서 보살필 수 없었으므로 은퇴한 때였다. 어느 날 환공이 병문안을 겸하여 관중을 찾아가 의논하였다.

환공: 불행히도 경이 다시 일어날 수 없다면 뒷일을 누구에게 맡기면 좋겠소?

관중: 신은 보시다시피 이렇게 병들어 있어 다시 일어나지 못할 몸입니다. 자식은 누구보다도 아비가 잘 알고, 신하는 누구보다도 임금이 잘 안다 하였으니 임금께서 생각하시는 바를 먼저 듣고 싶습니다.

환공: 과인은 포숙아鮑叔牙를 생각하고 있소.

관중: 안 됩니다. 그는 강직하고 괴팍하며 사나운 사람입니다. 강직하면 백성을 난폭하게 다스리고, 괴팍하면 민심을 얻지 못하며, 사나우면 백성들이 일할 의욕을 상실하게 됩니다. 두려운 것을 모르기 때문에 패자를 보필하기에는 알맞지 않습니다.

환공: 그렇다면 수조豎刁는 어떻겠소?

관중: 안 됩니다. 사람은 누구나 제 몸을 소중히 여기는 법입니

다. 그런데 수조는 임금께서 여자를 좋아하고 시기가 심한 것을 보자, 스스로 거세하고 후궁의 환관이 되었습니다. 자기 몸을 소중하게 알지 않는 자가 어찌 임금을 소중히 아끼겠습니까?

환공: 그렇다면 위나라 공자인 개방開方은 어떻겠소?

관중: 마땅치 않습니다. 제나라와 위나라는 겨우 걸어서 열흘이면 가는 거리인데도 개방은 임금을 섬긴다는 구실로 5년 동안이나 부모를 찾지 않았습니다. 그것은 도리에 벗어나는 일입니다. 부모를 소중히 여기지 않는 자가 임금을 소중히 여길 리가 있겠습니까?

환공: 그러면 역아易牙는 어떻겠소?

관중: 안 됩니다. 역아는 임금의 주방장으로 있으면서 임금께서 이제까지 맛보지 못한 것은 사람의 고기뿐이라고 하시자, 아시는 바와 같이 자기 아들을 삶아서 바쳤습니다. 사람이라면 누구나 자식을 사랑하는 법입니다. 그런데 자기 자식을 삶아 식탁에 올려놓지 않았습니까. 자기 자식도 사랑하지 않는데 임금을 사랑할 리가 있겠습니까?

환공: 그러면 대관절 누가 좋다는 말이오?

환공이 답답하다는 듯이 묻자, 관중은 깊은 숨을 몰아쉬면서 말을 꺼냈다.

관중: 습붕隰朋이 좋을 줄로 압니다. 그는 마음이 굳세고 행실이 청렴하여 사익을 꾀하지 않고 신의를 소중히 여기는 사람입니다. 마음이 굳세면 남의 모범이 될 수 있고, 행실이 청렴

하면 큰일을 맡겨도 안심이 됩니다. 사사로운 이익을 꾀하지 않으면 남의 윗자리에 설 수 있고, 신의를 존중하면 이웃나라와도 원만하게 지낼 수 있습니다. 참으로 패자의 보좌역으로는 적임자입니다. 그를 쓰십시오.

환공: 좋소. 그리하겠소.

말귀를 알아듣다

오나라 왕이 강에 배를 띄우고 원숭이가 많이 사는 산으로 올라갔다. 여러 원숭이가 그를 보자마자 모든 것을 내버리고 깊은 숲속으로 달아났다. 그런데 그중 한 마리만이 나뭇가지를 흔들며 집어던지고 약을 올려가며 왕에게 재주를 부렸다. 오나라 왕이 활을 쏘니 재빠르게 화살을 낚아채버렸다. 오나라 왕이 화가 나서 사냥꾼들에게 일제히 활을 쏘게 하자, 원숭이는 고슴도치처럼 화살을 맞고 죽었다.

오나라 왕이 친구인 안불의顔不疑를 돌아보며 말하기를 "이 원숭이는 제 재주만 믿고 오만하게 굴다가 이와 같이 처참하게 죽게 된 것이다. 사람도 이 같은 일을 경계해야 된다"라고 하였다.

다음 날 안불의는 식솔들을 데리고 고향으로 도망치듯이 낙향하였다. 동오董梧를 스승으로 모시고 잘난 체하던 그는 얼굴빛도 고치고, 풍악을 멀리한 채 일체의 영달을 거절하였다. 그렇게 3년이 지나자 사람들이 그를 칭송하기 시작했다.

대인의 참된 모습

바다는 모든 강물을 마다하지 않으므로 큰 것의 지극함이고, 성인은 천지를 아울러 은택이 천하에 미치고 있지만 그가 누구인지 아무도 모른다. 그러므로 살아서는 아무런 벼슬도 없고, 죽어서는 아무런 시호도 주어지지 않는다. 이런 사람을 대인이라고 한다.

개는 잘 짖는다고 좋은 개라고 하지 않고, 사람은 말을 잘한다고 현인이라고 하지 않는다. 하물며 말을 잘한다고 대인이라 하겠는가? 스스로 위대하다고 하는 것은 정말로 위대하다고 할 수 없는데, 하물며 덕인이라 하겠는가? 무릇 크게 갖추어진 것은 천지만 한 것이 없다.

자연은 무엇을 구해서 이처럼 크게 갖추어진 것이 아니다. 따라서 지혜가 크게 갖추어진 사람은 구할 것도 없고, 잃을 것도 없으며, 버릴 것도 없다. 외물로써 자신의 본성을 바꾸지 않고, 자신의 본성으로 돌아가도 궁색하지 않으며, 옛것을 따르되 휩쓸리지 않는 것이 대인의 참된 모습이다.

쓰임에 따라 다르다

세상에는 남의 말을 잘 따르며 아첨하는 사람이 있고, 남의 그늘에서 편안함을 추구하는 사람이 있으며, 세상일에 안쓰럽도록 애쓰는 사람이 있다.

아첨하며 따르는 사람이란 어느 한 선생에게 배우면 그것을 자기 학설로 받아들이고 만족해하는 사람이다. 이들은 만물이 시작되기 전의 상태를 알지 못한다.

남의 그늘에서 편안함을 꾀하는 사람이란 돼지의 몸에 붙어서 사는 이와 같은 존재들이다. 이들은 성긴 돼지털을 고대광실로 생각한다. 어느 날 백정이 돼지를 잡은 뒤 털을 태우면 함께 타 죽는다는 것을 모른다. 이들은 나아가든 물러가든 제 구역을 벗어나지 못한다.

세상일에 애쓰는 사람이란 순임금과 같은 사람이다. 양은 개미를 싫어하지만 개미는 양고기를 매우 좋아한다. 그처럼 순임금은 양고기 냄새를 풍겨서 백성들이 그를 좋아했다. 그래서 세 번 옮길 때마다 도읍이 형성되었고, 등鄧이라는 지역으로 옮겼을 때는 십만 가구가 넘었다. 요임금이 순의 현명함을 전해 듣고는 불모지를 주면서 이 땅에 가서 은택을 베풀라고 하였다. 순은 불모지를 맡은 다음 눈과 귀가 어두워졌으며, 늙고 쇠하여도 돌아가서 쉴 줄을 몰랐다. 이와 같은 사람은 자신의 몸이 망가지는 줄을 모른다.

위와 같은 까닭에 최고의 경지라는 신인은 많은 사람이 몰려드는 것을 싫어하고, 어쩔 수 없이 모여들어도 무리를 짓지 않는다. 무리를 짓지 않음으로써 이익도 얻지 않는다. 그러므로 아주 가까운 사람도 없고, 아주 소원한 사람도 없다. 다만 덕을 기르고 온화한 마음을 함양하면서 천하에 순응할 따름이다. 이와 같은 사람을 진인이라고 부른다.

개미가 양고기를 좇는 지혜를 버리고, 물고기가 뭍에서 서로 적셔주는 자애를 버리며, 양이 개미를 유혹하는 노린내를 버리는 것처럼 해야 한다. 그래야 눈은 비로소 보이는 눈이 되고,

귀는 비로소 들리는 귀가 되며, 마음은 비로소 본성을 회복한 맑은 마음이 되는 것이다. 이런 사람의 마음은 공평하기가 먹줄처럼 바르고, 그 변화는 순리를 따른다.

옛 진인은 자연으로 자연의 대를 이었을 뿐 사람이 개입하지 않았다. 옛 진인은 얻는 것이 삶이고 잃는 것이 죽음이었으며, 얻는 것이 죽음이고 잃는 것이 삶이었다. 약이라는 것이 실은 치통에 쓰는 오두나 객혈에 쓰는 길경이나 임질에 쓰는 시령과 같이 많이 있지만, 이들은 모두 그에 맞는 병에 쓰일 뿐 어느 것이 낫다고 말할 수 없다.

따져 물을 줄 모른다

월나라 구천句踐이 싸움에 패하고 3천의 군사와 회계산으로 도피했을 때, 대부 종種은 지금의 패배가 승리의 원인이 될 수 있음을 알았다. 하지만 그 승리가 자신의 죽음을 불러올 줄은 몰랐다. 그러므로 올빼미가 낮에는 맹탕이지만 밤에는 잘 보이는 장점이 있고, 학의 다리도 길어서 유용한 때가 있는 것처럼 저마다의 특성을 없애면 불행이다.

그러므로 바람은 불면서 강물을 말리고 햇살도 강물을 덜어가면서 언제나 함께 지내지만, 강물은 그들과 충돌하지 않고 줄지도 않는다. 강물의 특성은 흘러가는 것이기 때문이다.

본래 물이 땅을 지킴에는 빈틈이 없고, 그림자가 사람을 지킴에도 빈틈이 없으며, 사물이 사물을 지킴에도 빈틈이 없는 것이다. 하지만 눈으로 밝게 보는 데 빈틈이 있고, 귀로 밝게 듣는 데 빈틈이 있으며, 마음을 구하는 데 빈틈이 있다. 모든 능력이란 그 기관에 빈틈이 있게 마련이며, 빈틈이 있는 채로 이루어지면 고치기 어렵고, 잘못이 점점 모이면 되돌리기에는 공을 많이 들여야 하며, 그 해를 오랫동안 입어야 한다. 그런데도 사람들은 그 능력을 자신의 보물로 여기고 있으니 슬픈 일이다. 그래서 나라를 망치고 백성을 죽이는 일이 비일비재해도 그것을 따져 물을 줄 모르는 것이다.

붙임 말

본 장에서는 노자가 말하는 최상의 덕은 인위적인 것이 아니라고 말한다. 장자는 원숭이의 재주를 보여준 이야기에서 인간이 어느 한 가지 장점이 있다고 하여 그것을 믿고 자신의 본성을 잃는 우를 범해서는 안 된다고 하였다. 오나라 왕을 위시하여 사냥꾼들이 나타나자 모든 원숭이가 몸을 숨겼지만, 오직 한 놈만이 제 재주를 믿고 까불다가 고슴도치처럼 많은 화살을 맞고 처참하게 죽었다. 지나친 행동은 온전히 과한 자신감의 발로이다. 삶이 순탄하려면 순리대로 살아야 하는데 과신過信이 그것을 막기 때문이다. 고사에 자기가 꼰 새끼줄로 자기를 묶는다는 말이 있듯이 옹졸한 마음이나 지나친 행동으로 인한 재앙은 결국 자신에게 부메랑으로 돌아온다.

사람은 누구나 재능이 있기를 바라지만 그 재능이 오히려 화근이 되어 파멸을 초래하는 경우가 있다. 스스로 우려하고 걱정하는 단점이 아니라 장점 때문에 파국을 맞이하는 것이다. 왜 그럴까? 원숭이처럼 교만해지기 때문이다. 자신이 우려하고 걱정하는 일에서는 겸손해하고 조심하기에 오히려 탈이 없다. 하지만 스스로 뛰어났다고 생각하는 장점을 펼칠 때는 재능이 덕을 앞지르게 되고, 외물에 사로잡힌 나머지 본성을 잃고 경거망동하기 때문이다. 그래서 남에게 잘난 체하며 자신의 재주만 믿고 살다가는 결국 해를 입게 된다는 교훈이다. 21세기 현대사회는 다변화되고 정보화되면서 정확하게 보고 들을 수 있기 때문에 이러한 현상이 더욱 선명하게 드러난다.

제나라 환공이 대부인 관중의 병문안을 갔던 이야기가 있다. 이 두 사람의 대화는 실화다.《열자》의 역명力命 편에도 나와 있고, 한비가 쓴《한비자韓非子》에도 똑같은 내용이 수록되어 있다. 환공이 중부仲父이자 대부이자 재상인 관중의 후임으로 인재를 천거해달라고 간청하는 내용이다. 환공이 포숙아와 역아와 수조를 말하였으나, 관중은 고개를 설레설레 저으며 습붕을 추천하였다. "그는 마음이 굳세고 행실이 청렴하여 사익을 꾀하지 않고 신의를 소중히 여기는 사람입니다. 마음이 굳세면 남의 모범이 될 수 있고, 행실이 청렴하면 큰일을 맡겨도 안심이 됩니다. 사사로운 이익을 꾀하지 않으면 남의 윗자리에 설 수 있고, 신의를 존중하면 이웃나라와도 원만하게 지낼 수 있습니다. 참으로 패자의 보좌역으로는 적임자입니다. 그를 쓰십시오." 환공은 "좋소. 그리하겠소"라며 흔쾌히 받아들였다. 여기까지가 장자에서 이야기하는 내용의 전문이다.

하지만 장자에 수록되어 있지 않은 그 뒷얘기가《한비자》에 있어서 조금만 소개해본다. 환공이 관중의 병문안을 가서 밀담을 나누고 1년 남짓 지난 후에 관중은 죽었다. 그런데 환공은 관중의 유언대로 습붕을 선택하지 않고 스스로 거세하고 후궁의 환관이 되었던 수조를 선택했다. 그리하여 수조가 조선시대의 영의정급인 재상으로 앉은 지 3년이 지났다. 어느 날 환공은 모든 정사를 수조에게 일임하고 남쪽 지역으로 유람을 떠났다. 그런데 그 틈을 타서 수조는 역아와 개방 및 그 밖의 대신들과 짜고 반란을 일으켰다. 궁궐로 돌아온 환공은 영문도 모른 채 남문에 있는 수위실에 감금되어 굶주리다가 죽고 말았다. 그 시체는 석 달 동안이나 그대로 방치되어 나중에는 구더기가 방 밖으로 쏟아져 나왔다. 일찍이 무력과 위세가 천하를 진동시키면서 오패의 우두머리가 되었던 환공이 마침내 자기 신하에게 죽임을 당하여 명성을 잃고 천하의 웃음거리가 된 것이다. 그것은 충신인 관중의 의견을 듣지 않았기 때문이다.

제25장

즉양則陽

무위의 덕이 사람을 감화시킨다

즉양은 본문의 첫머리에 나오는 사람으로, 벼슬자리를 구하고 있다. 본 장에서는 임금을 알현하고 싶어 하는 즉양의 행실을 통해 사람을 설득하고자 한다면 조바심을 버리고 상대의 마음을 움직여야 된다고 말한다. 조금이라도 말에 의존하거나 유무有無의 관념에 사로잡히게 되면 대도大道의 오묘한 경지는 사라져버린다는 것이다. 그러므로 지식과 지혜가 뛰어난 사람보다는 무위의 덕을 갖춘 사람이 타인의 마음을 더 잘 감화시킨다고 설명하고 있다. 또한 나라를 다스림에 있어서도 개인의 사사로운 감정에 의하여 일을 처리해서는 안 되며, 아무리 바르고 좋은 일이라도 인위적으로 처리하게 되면 종당에 가서는 그르치게 된다고 경고하고 있다. 그러므로 치자는 맑고 텅 빈 마음으로 매사에 임해야 물 흐르듯 다스릴 수 있다는 논리다. 본 장에 나오는 달팽이와 뿔 위의 전쟁은 우화이기는 하지만, 명문名文으로 인정받으며 널리 알려진 이야기이다.

설득하기 힘든 군주

노나라의 즉양이라는 사람이 벼슬을 구하고자 초나라에 왔다. 제일 먼저 임금의 측근인 이절夷節을 통해 뜻을 전하였으나 임금은 아예 만나주지도 않았다. 그래서 이번에는 왕과王果라는 사람을 찾아가 부탁하였다. 그러나 왕과는 자기 선에서 한마디로 거절하며, 차라리 공휴열公閱休에게 찾아가보라고 귀뜸해주었다. 이에 즉양이 공휴열의 사람됨에 대해 묻자 왕과는 이렇게 말했다.

왕과: 공휴열은 겨울이면 강에서 고기를 잡고, 여름에는 산속에서 쉬는데, 누가 지나가다 물으면 "여기가 내 집이오"라고 대답합니다.

좀 전에 선생의 청을 거절해서 미안합니다. 그런데 이절이 임금께 말씀드려도 되지 않았거늘 하물며 나 같은 사람이 되겠습니까? 나는 이절만 못합니다. 이절은 덕은 없어도 지혜가 있습니다. 그는 지혜가 많아서 늘 겸손한 척하며 남들과 교제를 잘 해나가는 사람입니다. 하지만 부귀에 어둡고 덕을 향상시키기는커녕 오히려 덕을 깎아먹는 일이 더 많습니다.

속담에 헐벗은 사람은 봄이 돼서야 옷을 빌리고, 더위 먹은 사람은 겨울이 돼서야 찬바람을 쐰다고 했습니다. 초나라 임금은 사람됨이 엄격하며, 범법자에 대해서는 호랑이처럼 대합니다. 그에게는 아주 간사한 사람이 달라붙어 그의 마음을 녹이든가, 아니면 아주 고상하고 올바른 인격을 가진 성인이 마음을 움직이지 않는 한 소용이 없습니다.

옛 성인은 곤궁할 때에는 집안 식구들에게 가난을 잊도록 하고, 출세했을 때는 대신들이나 관리들로 하여금 벼슬과 봉록을 잊고 겸손하게 행하도록 하였습니다. 사물에 대해서는 더불어 편안하게 하고, 사람들에게는 좋아하는 물건을 유통시켜서 스스로를 보전하게 하였습니다. 그러므로 가끔은 말없이 사람들을 화목하게 하고, 다른 사람들과 나란히 서 있기만 해도 교화를 시킵니다. 부자지간에 근친하게 되면 다른 사람들도 이를 본받고 감화되기 때문에 모두가 편안하게 되는 것입니다. 그가 세상일을 대하는 바를 살펴보면 한가하게 사람들을 풀어놓고 있습니다. 그래서 공휴열을 찾아가보라는 것입니다.

미인에게 거울을 주다

성인은 막힌 것을 통하게 하고 묶인 것을 풀어서 두루 일체가 되게 한다. 그러면서도 자기가 그리했다는 것을 모르는 것은 그의 인품이다. 천명으로 돌아가 함부로 움직이는 것을 두려워하며 하늘을 스승으로 삼는다. 사람들은 그것을 따르면서 천명이라고 한다. 지혜에 의지하여 근심하면 행하는 일에 항상 때를 놓치고 멈추게 된다.

그러므로 태어나면서부터 미인인 사람에게는 거울을 주어야 한다. 알려주지 않으면 남보다 아름다운 줄을 모르기 때문이다. 그러나 그것을 알든 모르든, 그것을 들었든 못 들었든 간에 그가 아름답다는 것은 부정할 수 없으며, 남들이 그의 아름다움을 좋아하는 것도 버릴 수 없는 본성이다.

옛 나라의 도읍이나 고향은 바라보기만 하여도 기쁘고 감회가 사무친다. 비록 언덕과 초목에 가려져서 잘 보이지 않지만, 그 안으로 들어간 사람의 대부분은 감정이 똑같을 것이다. 하물며 본 것을 또 보고, 들은 것을 또다시 듣는 사람에게서야 두말할 나위가 있겠는가. 열 길 누대에서 여러 사람과 바라보는 것은 또한 어떠하겠는가?

하루가 없으면 한 해도 없다

상고시대의 제왕이었던 염상씨冉相氏는 자연이 변하는 원리를 터득하여 그대로 따랐다. 사물과 더불어 행했을 뿐 시작도 없고 끝도 없었으며, 다함도 없고 아예 시간과 날짜도 없었다. 이처럼 만물과 조화하는 사람은 한결같아서 변치 않는다. 어찌 그러한 경지에 처해보려 생각하지 않는가?

하늘을 스승으로 삼고자 하면서도 그러지 못하는 것은 언제나 외물을 따르며 행동하기 때문이다. 그래서 성인은 처음부터 하늘에 대한 의식도 없었고, 사람에 대한 의식도 없었으며, 시작과 끝도 없었고, 사람들과 함께 가도 앞서지 않았다. 세상과 함께 행하였지만 퇴보하지 않았고, 그의 행동은 갖추어져 있었기 때문에 무너지지 않고 하늘과 부합하였다.

그래서 상나라 탕왕은 등항登恒을 등용해 그를 따르고 함께 하였다. 따르기는 하였으나 얽매이지 않았기 때문에 뛰어난 명성을 얻었고, 명성에 따른 법도가 마련되어 있어서 명성과 법도라는 두 가지가 세상에 드러났던 것이다.

공자도 여러 가지로 깊이 생각하고 근심을 해보았지만 결국은 그것을 따르고 행하며 전하였다. 그래서 용성씨容成氏는 하루가 없으면 한 해가 없고, 안이 없으면 바깥도 없다고 말한 것이다.

한 나라도 작은 존재에 불과할 뿐이다

위나라 혜왕과 제나라 위왕이 화친을 맺었으나 제나라가 일방적으로 이를 깨뜨렸다. 격노한 혜왕은 제나라에 자객을 보내 위왕을 암살하려고 했다. 그때 위나라 장군인 공손연公孫衍은 이를 듣고 부끄럽게 여기며 말하였다.

공손연: 대국의 군주께서 필부처럼 복수를 한다면, 이는 체면이 서질 않는 것입니다. 제게 군사 20만을 내어주신다면 제나라로 쳐들어가서 당당하게 복수를 하겠습니다. 제나라 백성들을 노예로 삼고 우마를 끌고 올 것이며, 제나라 위왕은 화병이 나게 만든 뒤에 도성을 함락시키겠습니다.

계자季子: 열 길 높이의 성을 쌓는데, 일곱 길까지 쌓다가 허물어버리면 이것을 쌓은 인부들만 고생한 결과가 됩니다. 지금 전쟁이 멈춘 지 7년이나 되었는데, 이것은 왕업의 기초가 되고 있습니다. 따라서 무력으로 모든 질서를 파괴하려는 공손연의 의견에 반대합니다.

화자華子: 전쟁을 주장하는 공손연은 질서를 파괴하려는 사람이 맞습니다. 하지만 전쟁을 반대하는 계자 역시도 이해에 사로잡혀서 질서를 파괴하려는 것과 같습니다. 하지만 이렇게 말하는 저 역시도 같은 사람에 불과할 따름입니다.

혜왕: 그럼 어찌해야 한다는 말이오?

화자: 도를 닦은 사람 하나면 족합니다.

혜왕이 제대로 이해하지 못하는 것을 보고 혜자는 대진인戴晉人을 추천했다. 혜왕을 알현하게 된 대진인이 말하였다.

대진인: 혜왕께서는 혹시 달팽이의 이야기를 들어보셨습니까? 달팽이의 왼쪽 뿔에는 촉씨觸氏라는 나라가 있고, 오른쪽 뿔에는 만씨蠻氏라는 나라가 있는데 계속 영토 분쟁을 하고 있었습니다. 한번은 보름 동안이나 격전을 벌인 끝에 양쪽 모두 전사자가 수만에 이르고서야 끝냈다고 합니다.

혜왕: 하하, 그런 엉터리 같은 이야기가 어디 있소?

대진인: 제가 그 증거를 말씀드릴 터이니 잘 들어보십시오. 임금께서는 천지 사방과 하늘과 땅에 한계가 있다고 생각하십니까?

혜왕: 당연히 끝이 없겠지요.

대진인: 그렇다면 그 무궁한 세계에서 놀고 있는 사람이 이 땅 위의 나라들을 내려다본다면, 거의 있거나 말거나 한 작은 존재밖에 더 되겠습니까?

혜왕: 그야 그렇겠지요.

대진인: 바로 그러한 나라들 속에 위나라가 있고, 위나라 속에 양이라는 도읍이 있으며, 그 도읍 안에 임금께서 계십니다.

그렇게 본다면 임금과 만씨가 다를 것이 무엇이 있겠습니까?

혜왕: 흐흠, 그렇겠군요.

대진인이 나가자 혜왕은 넋이 나간 사람처럼 멍하니 앉아 있는데 혜자가 들어왔다. 혜왕이 말하였다.

혜왕: 정말 큰 인물이오. 성인이라 해도 과하지 않을 듯싶소.

혜자: 피리를 불면 아름다운 피리소리가 들리겠지만, 칼자루 끝을 불면 쉿소리만 날 뿐입니다. 뭇사람들은 지금도 요순을 기리지만, 대진인 앞에서 요순을 말하는 것은 쉿소리에 불과할 것입니다.

본성을 지켜야 한다

장오長梧 지역을 관장하는 관리가 자로에 말하였다.

관리: 군자가 정치를 함에 있어서는 황무지처럼 거칠게 하지 말 것이며, 백성을 다스림에 있어서는 풀을 베듯 소홀히 해서는 안 됩니다. 제가 전에 농사를 지어보았더니, 밭을 얕게 갈면 그 결실도 나에게 얕은 만큼만 보답했습니다. 김매기를 소홀히 하였더니 벼 이삭도 나에게 소홀히 보답했습니다. 그래서 이듬해에는 농사법을 바꾸어 밭은 깊이 갈고 호미질도 자주 하였더니 많은 결실을 거두어 1년 내내 넉넉하였습니다.

장자가 이 이야기를 전해 듣고 말하였다.

장자: 요즘 사람들이 몸을 건사하고 마음을 다스리는 바가 관리의 말과 같다. 사람들은 자연으로부터 달아나고, 본성을 버림으로써 타고난 성정을 해치며, 신명을 잃고 여러 가지 세상일에 종사한다. 그러므로 본성을 거칠게 다루는 사람은 욕심과 미움의 싹이 터서 그 사람의 인격을 형성한다. 갈대 같은 것들이 자라나면서 처음에 싹이 틀 때는 내 몸에 도움이 될 것 같았으나, 나의 본성을 뽑아버렸기 때문에 위로는 무너지고 아래로는 새면서 모든 곳에서 썩고 병이 생긴다. 그래서 종기와 부스럼이 생기고, 열병과 당뇨까지 생겨나는 것이다.

돈이 없으니 도둑질을 한다

백구柏矩가 노자에게 배우고 있을 때였다.

백구: 온 천하를 누비고 다니며 유람하고 싶습니다.

노자: 쓸데없는 생각이다. 천하라는 것도 이곳과 별반 다를 바 없다.

백구: 그래도 다녀보고 싶습니다.

노자: 그럼 어디서부터 시작하겠느냐?

백구: 제나라를 시발점으로 하겠습니다.

제나라에 도착하자마자 백구는 처형을 받은 죄인의 시체를 발견하였다. 그는 시체를 똑바로 누이고는 자기의 예복으로 덮어주었다. 그러고는 곡을 하며 말하였다.

백구: 오호라! 망자여. 천하에는 큰 재난이 많고도 많은데 그대가 먼저 당했구나. 항상 도적질을 하지 말고 살인도 하지 말라고 하지만, 영예와 치욕으로 핍박하여 이런 병통이 생겨났고, 재화가 한쪽으로 쏠리기 때문에 다툼이 생겨난다. 지금 세상은 사람들이 고민할 일을 만들어놓고, 사람들이 서로 다툴 일을 만들어놓고 한시도 쉬지 못하게 한다. 그러니 이런 지경에 이르지 않을 수 있었겠는가?

예전의 임금들은 이득은 백성에게 돌리고 손실은 자기에게 돌렸다. 올바른 것은 백성에게 돌리고 비뚤어진 것은 자기에게 돌렸다. 한 사람이라도 몸이 상하면 물러나서 자신을 꾸짖었다. 그러나 지금은 그렇지 않다. 숨어서 일을 결정하고 알지 못하는 자를 우롱하며, 어려운 일을 시키고 감내하지 못하면 죄를 묻고, 무거운 임무를 할당한 뒤 다하지 못하면 벌을 주며, 먼 길을 가게 하고 이르지 못하면 처벌한다. 그리하여 몽매한 백성들은 지혜와 능력이 바닥나게 되면 거짓으로 일을 꾸민다. 해만 뜨면 거짓이 활개를 치고 돌아다니니, 어떻게든 꾀를 짜내고 그 꾀를 쓰지 않을 수 있겠는가? 무릇 힘이 부족하면 속이게 되고, 지혜가 부족하면 사기를 치게 되며, 재물이 부족하면 도둑질을 하게 된다. 이처럼 범죄가 횡행한데 이 책임을 누구에게 물어야 되는가?

알고 있는 것만 존중한다

거백옥은 지난 60년 동안 60번을 변했다. 처음에는 옳다고 주장했던 것도 끝에 가서는 그릇된 것이라고 하였다. 현재 옳다고 생각하는 사안 중에 지난 60년 동안 부정하지 않은 것이 거의 없었다. 만물이 생존하고 있지만 그 근원은 볼 수 없다. 만물은 소멸되어 가고 있지만 사라지는 문은 볼 수 없다.

사람들은 자기가 알고 있는 것만 존중할 뿐, 알지 못하는 것을 알아야 지혜롭게 된다는 것을 알지 못한다. 그로 인해 크게 미혹되어 있는 것이거늘 이대로 지내도 괜찮다는 것인가? 내 이론도 결국에는 그런 시비의 개념에서 벗어나지 못한다. 그러니 그럴 수도 있고 그렇지 않을 수도 있다는 것이다.

남의 무덤을 빼앗다

공자가 태사인 대도大弢, 백상건伯常騫, 희위와 함께 토론을 하고 있었다. 공자가 세 사람에게 같은 질문을 했다.

공자: 위나라 영공靈公은 음주와 가무와 욕정에 파묻혀서 정사는 뒷전으로 하였습니다. 또한 사냥을 하면서 백성들을 괴롭히고, 제후들과의 회맹에도 참석하지 않았습니다. 그럼에도 불구하고 영공이라는 시호를 붙인 것은 어찌된 연유입니까?

대도: 그래서 그런 시호를 붙인 것입니다.

백상건: 영공에게는 처가 셋이 있었는데 같은 욕조에서 목욕을

할 정도로 음탕했습니다. 하지만 사추를 받들어 모실 때는 기다시피 나가서 마중을 하기도 했습니다. 한쪽으로는 음탕했지만, 또 다른 한쪽으로는 현인을 공경하였기 때문에 그런 시호를 붙인 것입니다.

희위: 영공이 죽었을 때 아무 데나 묻으면 불길하다는 점괘가 나왔습니다. 반드시 모래언덕에 묻어야 길하다는 것이었습니다. 그래서 명당이라는 모래언덕을 몇 길이나 파내려갔더니, 돌로 된 관이 나왔습니다. 누군가 먼저 죽어서 묻혀 있는 것이지요. 그 관을 꺼내보니 다음과 같은 글이 새겨져 있었습니다. "내 자손을 믿을 수 없다. 장차 영공이 이곳을 빼앗아 묻힐 것이다"라고 쓰여 있었답니다. 그래서 신령스럽다는 뜻의 영공 시호가 붙은 것입니다.

도는 만물의 극치다

소지少知가 대공조大公調에게 물었다.

소지: 계진季眞은 자연의 주재자가 없다는 무위론자이고, 접자接子는 자연의 주재자가 있다는 유위론자인데 어느 것이 맞습니까?

대공조: 닭이 울고 개가 짖는다는 사실은 사람들이 다 알고 있지만 왜 그런지에 대해서 설명할 수 있는 사람은 없다. 또한 개와 닭이 앞으로 어떻게 행동할지 헤아릴 수 있는 사람도 없다. 이런 현상을 분석해보았을 때 가늘게 쪼개면 쪼갤수록

세밀함에 이르고, 크게 더하면 더할수록 무엇으로도 감쌀 수 없는 경지에 이른다. 그러므로 누가 주재한다거나 주재하지 않는다는 것은 외물에서 벗어나지 못하는 것이니 결국은 오류에 빠지는 결과만 초래한다. 주재자가 있으면 실존하는 것이 되고, 주재자가 없으면 공허한 것이 되기 때문이다.

따라서 이름이 있고 존재도 있다고 인정하는 것은 물질이 거처한다는 입장이고, 이름도 없고 존재도 없다고 인정하는 것은 물질이 공허하다는 입장이다. 이처럼 생각할 수 있고 말로도 표현할 수 있지만, 말로 표현하면 할수록 도에서 멀어진다. 태어나기 전에 누군가를 싫어할 수 없고, 죽어가는 것을 막을 수도 없다. 죽고 사는 것이 멀리 있는 것은 아니지만 그 이치는 알 수 없기 때문이다. 따라서 누가 주재한다거나 주재하지 않는다는 것은 하나의 가정된 사실에 불과하다.

내가 근본을 살펴보니 지나간 과거는 끝이 없고, 종말을 찾아보니 미래는 그침이 없다. 다함이 없고 그침이 없다는 것은 없음을 말하며, 이는 사물의 이치와 같다. 주재자가 있고 없다는 것은 물건의 한 단면을 놓고서 얘기하는 것이지, 어떻게 자연의 위대한 도를 놓고서 말할 수 있겠는가. 만약 도를 말로써 표현할 수 있다고 한다면, 누구나 온종일 말하면 도를 형용해낼 수 있을 것이다. 하지만 도란 만물의 극치이므로 말이나 침묵으로 표현할 수 있는 것이 아니다. 도의 지극함은 말도 아니고 침묵도 아닌 경지에서 논의되어야 한다.

붙임 말

큰 도라는 것은 자연무위하며, 사람의 지식과 지혜를 초월하였으므로 말이 없고 행위가 없는 속에서 묘한 진리를 깨달아야 한다. 조금이라도 말에 의존하거나 유무의 관념에 사로잡히게 되면 큰 도의 오묘한 경지는 멀리 사라져버리기 때문이다.

본 장은 벼슬자리를 얻고자 임금을 만나고 싶어 하는 즉양의 이야기로 시작한다. 즉양은 벼슬자리를 구하고자 초왕을 만나고 싶어 하지만, 왕이 만나주질 않자 조바심을 낸다. 누구든 사람을 설득하려면 그 사람의 마음을 움직여야 한다. 따라서 즉양의 설화에서는 아주 뛰어난 지혜를 가진 사람보다는 무위의 덕을 지닌 사람이 타인의 마음을 감화시킬 수 있다는 사실을 강조하고 있다. 성인은 궁할 때는 집안 식구들로 하여금 가난을 잊게 만들고, 출세했을 때는 문무백관들로 하여금 겸손하게 행동하도록 만든다고 하였다. 또한 외물에 동화하고 외물과 통함으로써 자신의 본성을 보전하고, 어떤 경우에는 말을 하지 않아도 사람들을 화합시키며, 어떤 경우에는 함께 나란히 서 있기만 해도 동화시킨다고 하였다. 이것이 바로 무위의 방식이다. 그런데 화합시키고 동화시키는 사람이나 화합하고 동화되는 사람이나 서로 마음이 안정되어 있어야 한다. 어떤 일에 임하는 자세도 중요하지만 무엇보다도 자신을 다스릴 줄 알아야 하기 때문이다. 자신의 마음이 늘 평안하고 안정되어 있으면 이목이 저절로 총명해진다. 생각해야 할 것을 생각하면 밝아지고 생각하지 말아야 할 것을 생각하면 어두워진다.

본 장에서는 달팽이 뿔 위에서의 전쟁이라는 '와각지쟁蝸角之爭'을 살펴보았다. 지구는 끝없이 광대한 우주 속에 있는 작은 행성 중 하나다. 그런 지구에서, 그것도 보이지도 않는 지구의 한 모퉁이에서 싸움이란 참으로 보잘 것 없는 장난과 같다는 말을 하고 있다. 춘추전국시대는 승자독식인 약육강식의 시대로, 어느 때보다도 많은 전쟁이 있었다. 그로 인하여 정복자와 피정복자를 사이에 두고 수없이 많은 합종과 연횡이 있을 수밖에 없었다. 따라서 그것을 바로잡겠다며 정의로운 전쟁을 부르짖은 군주도 있었고, 상대 국가의 일방적인 폭정과 불의에 결연하게 들고일어나 항명하는 전쟁을 부르짖은 군주도 있었으며, 서로 비밀리에 결탁하여 남의 나라를 도적질하는 전쟁을 부르짖은 군주도 있었다. 하지만 달팽이 뿔 위에서의 전쟁은 죽어 넘어진 시체가 수만에 이르고, 패배하여 도망치는 자들을 추격하여 15일 만에 돌아오고 나서야 끝났다고 하였다. 그러므로 전쟁이라는 것은 미치광이가 미친 노릇을 하는 것에 불과하다고 맹비난을 한 것이다. 이 와각지쟁은 지어낸 이야기이지만, 문학적인 측면에서 보았을 때 내용이 탁월하다는 평가를 받으며 널리 알려져 있는 우화다.

제26장

외물外物

믿지 못할 세상일에 사로잡히지 마라

외물이란 자기 밖의 일과 물건을 뜻한다. 여기서 말하는 자기 밖의 일과 물건은 모두 자신을 둘러싸고 있으며, 지각이나 감각으로 경험할 수 있는 세계인 현상계現象界를 가리킨다. 즉 실제로 드러나 있으므로 볼 수 있고, 느낄 수 있는 모든 대상을 일컫는다. 이처럼 밖에서 내 몸에 미치는 것을 외물이라고 하는데, 인간의 지혜와 힘으로는 해결하지 못한다. 더군다나 마음 밖의 일이라면 더더욱 자기 마음대로 되지 않는다. 그럼에도 불구하고 이 외물에 집착하게 되면 자연의 참된 지혜를 상실하고 만다. 따라서 자기 밖에 있는 사물들을 어떻게 대하느냐가 외물의 요지이자 관건이다. 우리 밖에 있는 모든 사물에는 인과응보가 존재하지도 않고, 절대적인 것이라고는 단 하나도 없으므로 믿을 것이 못 된다는 논리다. 장자는 본 장을 통하여 믿지 못할 세상일에 사로잡히는 것은 인간의 주체성을 잃는 것이라고 말한다.

세상일에 얽매이지 마라

자기 밖에 있는 일체의 일이나 사물은 어느 하나도 절대적인 것이 없다. 그러므로 관용봉은 충신이면서도 걸왕에게 죽임을 당했고, 비간은 바른 말을 하다가 주왕에게 가슴이 쪼개졌다. 권세를 좋아했던 악래惡來는 무왕에게 죽임을 당했으며, 주왕의 숙부인 기자는 미친 척하며 살았고, 걸왕과 주왕도 결국은 멸망하였다.

모든 군주는 신하의 충성을 바라지만, 그 충성이 반드시 신뢰를 받는 것은 아니다. 그러므로 오자서는 살해당해 시체가 강물에 던져졌다. 장홍萇弘은 죄 없이 촉 땅에서 죽었는데, 그의 장사를 지내고 3년 뒤에 보니 그의 피가 한을 품고 변하여 푸른 구슬이 되었다고 한다.

부모는 모두 자식의 효성을 바라지만, 그 효성이 반드시 사랑을 받는 것은 아니다. 그러므로 효기孝己는 계모로 인하여 조심하지 않은 때가 없었고, 증삼은 언제나 아버지의 미움 속에 살아야 했다.

나무와 나무가 서로 부둥켜안고 비비면 산불이 크게 일어난다. 단단한 쇠도 불과 오래 함께 있으면 녹아서 흐르기 마련이다. 음과 양의 기운이 엇섞이면 하늘과 땅이 크게 놀라서 움직인다. 그래서 천둥과 번개가 치고 비가 내리는데, 그 빗속에서도 벼락이 치면 천년 묵은 고목을 태우기도 한다.

사람에게는 이로움과 해로움이라는 우환이 있는데, 이 두 가지 중 어느 곳에 빠져도 그 해로부터 벗어날 길이 없다. 언제나 두려워서 자신감을 상실하고, 마음은 공중에 거꾸로 매달려 있는 것처럼 불안하기만 하다. 사람은 이 때문에 본성을 불태우고 이 불길로 인하여 소중한 생명마저도 위협받는 지경에 이른다. 그리하여 올바른 도를 찾아볼 수 없게 되는 것이다.

모든 일은 때가 있다

장자는 집이 가난하여 한번은 감하후監河侯에게 체면을 무릅쓰고 양식을 빌리러 갔다. 청을 들은 감하후는 고개를 끄떡이며 이렇게 말했다.

감하후: 좋습니다. 내가 세금을 거둬들이는 대로 선생에게 3백금을 대여해 드리겠습니다.

장자는 화가 났는지 얼굴을 붉히며 말하였다.

장자: 어제 이곳으로 오는 도중에 누군가 부르기에 뒤돌아보니, 수레바퀴 자국의 작은 웅덩이에 있는 붕어였습니다. 그래서 왜 그러느냐고 물었더니, 자기는 동해의 신하인데 물 한 바가지만 끼얹어서 살려달라고 애원하였습니다.

그래서 제가 "나는 지금 오나라와 월나라의 임금을 찾아가는 길이다. 거기에 도착하면 양자강의 물을 서쪽으로 돌려서 너에게 보내겠다"고 하였습니다.

붕어가 어이없다는 표정으로 "나는 지금 물이 바닥나면 목숨을 보전할 수 없는 처지요. 한 바가지의 물만 있으면 목숨을 부지할 수 있을 터인데, 겨우 그따위 한가한 소리나 늘어놓는 거요? 다음에 나를 만나려거든 건어물 가게로 찾아오시오"라고 했습니다. 이렇게 붕어와 이야기를 나누었지요.

신통하지만 제 죽음은 모르는구나

송나라 원군이 한밤중에 꿈을 꾸었는데, 머리를 풀어헤친 남자가 쪽문으로 들여다보고 있었다. 그 남자는 "저는 재로의 못에 사는데, 황하의 신에게 가던 중 여저余且라는 어부에게 붙잡히고 말았습니다"라며 통곡을 했다. 이튿날 꿈을 해몽하도록 시켰더니 밤에 나타난 남자는 신통력을 가진 거북이라는 점괘가 나왔다. 그래서 꿈에서 들은 여저를 대령하라고 하였다.

원군: 요 근래에 이상한 고기를 잡은 일이 있느냐?
여저: 네, 있습니다. 흰 거북을 산 채로 잡았는데 직경이 다섯 자나 됩니다.

원군은 그 거북을 바치도록 명령했고, 그 거북을 살릴 것인지 죽일 것인지 망설이다가 이 또한 점을 쳐보도록 했다. 점괘는 흰 거북을 죽여서 그것으로 점을 치면 좋다고 나왔다. 원군은 점괘에 따라 흰 거북을 죽여서 창자를 도려내고 바싹 말린 다음, 72번이나 점을 쳤는데 한 번도 틀리지 않았다. 이 이야기를 전해 들은 공자는 이렇게 말했다.

공자: 그 거북은 원군의 꿈에 나타날 수 있는 능력은 있으면서도 어부의 그물은 피하지 못했다. 그의 지혜는 일흔두 번이나 구멍을 뚫으며 점을 쳐도 다 맞을 정도로 신통하였지만, 제 창자를 도려내는 환난은 피하지 못했다. 그러므로 아무리 신통력을 가졌어도 그것이 미치지 못하는 바가 있다. 지혜가 지극해도 만 명의 사람들은 그를 능히 해칠 수 있다. 물고기는 바닷새만 두려워할 뿐 어망은 경계하지 않는다. 작은 지혜를 버려야 큰 지혜를 얻게 되고, 선을 버려야 저절로 선해지는 것이다. 갓난아이는 나면서부터 훌륭한 스승이 없어도 말을 잘할 수 있는데, 그것은 말 잘하는 사람들과 함께 살기 때문이다.

쓸데없는 것의 쓰임

어느 날 혜자가 장자에게 대놓고 무시하는 말을 하였다.

혜자: 자네의 이론을 들어보면 말은 그럴듯한데, 현실적으로는 아무런 쓸데가 없는 것일세.

장자: 쓸데없는 것이 무엇인지를 아는 사람만이 쓸데없는 것에 대하여 말할 자격이 있네. 예를 들어 지금 우리가 서 있는 이 땅은 끝이 없을 정도로 넓지만, 당장 우리에게 필요한 것은 두 발로 디딜 수 있는 공간이면 족하다네. 그렇다고 해서 발로 디디고 있는 부분만 남겨두고 이 주변을 모두 파버리면 어찌 되겠는가? 발로 디디고 있는 부분이 멀쩡하겠는가?

혜자: 그야 온전할 리가 없겠지.

장자: 쓸데없는 것의 쓰임이란 바로 이를 두고 하는 말일세.

행적을 남기지 않는다

장자가 말하였다.

장자: 사람 중에 스스로 노닐 수 있는 사람은 오히려 스스로 노닐지 못하고, 스스로 노닐 수 없는 사람이 오히려 스스로 노닐 수 있다. 속세와 단절하는 행동은 지극히 지혜로운 일이지만 지극한 덕을 가진 사람이라 해도 마음대로 되는 것이 아니다.

추락하거나 뒤집히면 되돌리지 못하고, 활활 타는 불속으로 뛰어들면 돌아보지 못할 것이니, 지금 군주라 칭하고 신하라고 불리는 것도 한 시절이다. 세상이 바뀌면 서로 귀한 것도 없고 천한 것도 없다. 그러므로 지극한 사람은 행적을 남기지 않는다고 한 것이다.

옛날을 존중하여 높게 보고 현재를 비하하여 낮게 보는 것은 학자들의 폐단이다. 하물며 삼황이전의 희위씨의 눈으로 지금 세상을 본다면, 편벽되지 않은 자가 어디 있겠는가? 오로지 지극한 사람만이 세상에 노닐면서도 편벽되지 않을 수 있는 것이다. 남을 따르면서도 자기를 잃지 않기 때문이다.

쓸데없는 일에 신경 쓰지 않는다

장자가 이어서 말하였다.

장자: 잘 보이는 것을 눈이 밝다고 하고, 잘 듣는 것을 청각이 예민하다고 하며, 마음이 잘 통하는 것을 지혜롭다고 하고, 지혜가 잘 통하는 것을 덕이라고 한다. 무릇 도란 막혀서는 안 되는 것이니 막히면 경색되고, 경색되면 그칠 줄 모르고 날뛰며, 날뛰면 많은 해로움이 생겨난다.

물건에도 지각이 있는 것은 호흡을 한다. 그러나 그것이 성대해지지 않는 것은 하늘의 잘못이 아니다. 하늘은 그것을 뚫어서 소통시키려고 밤낮으로 그치지 않는다. 하지만 사람들은 반대로 자기 구멍을 틀어막고 있다.

뱃속의 태는 비어 있어서 아기가 놀고, 마음속에는 빈 공간이 있어서 하늘의 기운이 노니는 것이다. 집 안에 빈 공간이 없으면 고부 간에 반목하는 일이 잦을 것이며, 마음속에 하늘의 기운이 노닐 수 없으면 여러 가지 정욕이 다투게 될 것이다. 큰 숲이나 산속이 사람에게 유익하다고 하는 것은 사람의 정신이 정욕의 시달림을 견뎌내지 못하는 까닭이다.

덕은 명성을 추구하는 데서 잃게 되고, 명성은 자기 자신을 드러내는 데서 잃게 된다. 꾀는 다급함에서 생겨나고 지혜는 다툼에서 생겨난다. 울타리가 생겨난 것은 생명을 지키기 위함이고, 일의 성과는 모든 조건이 맞을 때 나타난다.

봄비가 내리고 날이 따스해지면 초목이 무성하게 자라고, 밭 갈고 김매는 일이 여기저기서 일어난다. 초목은 경작하지 않아도 무성하게 자라는데, 왜 그렇게 되는지의 까닭은 알지 못한다.

마음이 고요하면 병을 낫게 하고, 몸을 주무르면 노화를 더디게 하며, 편안한 마음은 조급증을 달래줄 수 있다. 하지만 이와 같은 방법은 고통을 잊으려는 사람이 힘쓸 일이지, 편히 지내는 사람과는 전혀 상관이 없어서 알아보려고 하지도 않는다.

현명한 사람이 세상을 바로잡는 일을 성인은 궁금해하지 않고, 군자가 나라를 바로잡는 일을 현명한 사람은 궁금해하지 않으며, 소인이 시세에 영합하는 방법에 대하여 군자는 궁금해하지 않는다.

목적을 추구하지 않는다

장자가 이어서 말하였다.

장자: 송나라 연문 근처에 부모상을 치르는 사람이 있었다. 그는 너무도 장례를 잘 치른 나머지 몸이 바싹 야위었다. 그리하여 나라에서는 그를 효의 표본으로 삼고자 큰 벼슬을 내렸더니, 그곳 사람들은 상을 치르다가 죽는 사람이 태반이나 되었다.

요임금이 허유에게 천하를 물려주려고 하였지만 허유는 마다하고 도망쳤다. 그랬더니 백성들이 그것을 본받아 흉내를 내는 자가 속출하였다. 그래서 탕왕이 무광에게 양위하려

하자 무광은 자기를 모욕한다며 기분 나빠했고, 기타는 관수 기슭에 주저앉아서 물에 빠져 죽겠다고 하였다. 그래서 제후들은 기타가 투신할까봐 그를 위문하기를 3년이나 하였다. 그것을 지켜본 신도적은 자기도 높은 명성을 얻어보려고 황하에 몸을 던져 죽었다.

고기를 잡으면 통발은 잊히고, 토끼를 잡으면 덫은 잊힌다. 마찬가지로 말은 뜻을 전하기 위한 수단인데, 뜻을 전하면 말은 잊힌다. 나는 누구와 더불어 말을 할 수 있다는 말인가? 나는 말을 잊은 사람과 이야기하고 싶구나.

붙임 말

본 장은 외물外物로서 바깥세상의 일과 사물에 대한 이야기다. 내편에서 '사람들이 살아가는 세상'인 '인간세'와 외편에서 '산속의 나무'인 '산목'에서 보여주었던 사람들이 살아가는 방법에 대하여 좀 더 자세하게 부연 설명한 것으로 보인다. 세상의 모든 일에는 그것을 하고자 하는 목적이 있고, 그 목적을 달성하기 위해서는 수단과 방법이라는 행위가 필요하다.

오늘날 우후죽순으로 난립하고 있는 종교도 마찬가지다. 사람을 위하고 사람을 우선으로 하는 종교는 삶의 진리와 교훈이 가득 담긴 신의 말씀을 전하는 데 주안점을 둔다. 그러나 흔히 사이비종교라고 불리는 곳에서는 신의 말씀보다는 신을 맹목적으로 숭배하는 데 주안점을 두고, 어리석은 대중들을 현혹시켜서 이리저리 몰고 다닌다. 즉 신을 높이고 숭배한다는 미명하에 색안경을 씌우고 귀를 틀어막는 것이다. 이것이 정상적인 종교와 사이비종교의 차이점이다. 그래서 아리스토텔레스는 "신을 맹목적으로 숭배하기보다는 신의 말씀을 들어야 한다"고 하였다. 장자 역시도 고기를 잡으면 통발을 잊는다는 득어망전得魚忘筌을 통해 무엇을 얻고 무엇을 버려야 하는지, 그리고 무엇이 필요하고 무엇은 필요가 없는 것인지 생각해보라는 메시지를 전하고 있다.

혜자는 장자의 면전에서 당신의 이론은 무용지물이라고 말하면서 거칠게 비판하였다. 이 말을 듣고 장자는 무용의 유용에 대하여 설명하였다. 우리는 우주라는 광활한 공간에 존재하는 만물에 대하여 인간을 중심으로 두는 측면이 있다. 그래서 개개인의 관점에서 보았을 때도 자기를 중심으로 세상이 돌아간다고 생각하는 경향이 강하다. 지나온 역사에서도 한동안 천동설을 믿으며 지구가 우주의 한가운데 존재하고, 태양을 비롯한 모든 행성과 천체가 지구를 중심으로 돌아간다는 대단한 착각을 하고 있었다. 그런데 오늘날에도 적지 않은 사람들이 자기가 없으면 세상은 돌아가지 않을 것이라는 막연한 환상을 가지고 있다. 물론 이러한 환상적인 허영심이 우리 사회를 지탱하는 큰 힘이 되는 순기능을 하기도 한다. 하지만 우리 주변에서 쓸모가 있든 없든, 심지어는 방해가 되는 사람조차도 내가 존재하는 데 있어서는 반드시 필요하다. 그래서 장자는 내가 밟고 서 있기 위해서 필요한 땅은 불과 서너 뼘이면 족하지만, 그 서너 뼘을 제외한 나머지 땅을 모두 파내버리면 어떻게 되겠느냐는 질문을 던진 것이다. 참으로 빼어난 현문이 아닐 수 없다. 이렇게 하여 장자는 본인이 주장하는 이른바 쓸데없는 것의 쓰임인 무용지용無用之用을 밝힌 것이다.

제27장

우언寓言

말하지 않음으로써 말하는 경지

우언은 다른 것에 빗대어 하는 말이다. 즉 인격화한 동식물이나 사물에 빗대어 풍자하거나 교훈의 뜻을 나타내기 위한 것으로서 우화寓話와 동의어다. 본 장은 장자가 직접 쓴 서문이라고 볼 수도 있다. 왜냐하면《장자》라는 책 전체에 걸친 글의 요지를 말하고 있으며 우언, 중언重言, 치언卮言으로 풀이하고 설명하기 때문이다. 사마천이 저술한《사기》에도 장자의 저서는 10여만 글자인데 대체로 우언이 많다고 기록되어 있다. 장자 스스로도 본 장에서는 10분의 9 정도가 짐승의 어리석은 말로 비유하는 우언이고, 10분의 7 정도는 성인의 이름을 빌려 풍자하는 중언이며, 잔을 비우고 새 술을 채우듯이 새로운 주제로 바꾸어가며 기술하는 방식인 치언은 전체에 걸쳐서 통용되고 있다고 하였다. 그래서 장자는 늘 자신의 주장을 그대로 표현하지 않음으로써 말의 경지를 한 차원 승화시키고 말에 담긴 뜻을 부각하고 있다.

진인은 무언을 말한다

나의 말은 다른 일에 빗대어 하는 우언이 10분의 9 정도이고, 세상에서 중히 여기는 중언이 10분의 7 정도이다. 그때마다 자유자재로 변하는 치언은 매일 해가 떠오르듯 자연의 실상과 잘 조화되는 것이다.

우언은 사물을 인용해서 도를 논한 것이다. 예를 들어서 친아버지는 그의 아들을 중매하지 않는다. 그것은 아버지가 칭찬하는 것보다 다른 사람이 그의 아들을 칭찬하는 것이 더욱 효과적이기 때문이다. 따라서 그것은 자신의 잘못이 아니라 우언이라면 쉽사리 받아들이는 세상 사람들에게 잘못이 있는 것이다. 사람들은 남의 의견을 청취할 때에 자신의 뜻과 같으면 찬성하지만 다를 때는 반대한다. 또한 자기와 같은 의견은 옳다고 하고, 다른 의견은 틀렸다고 하면서 비난을 퍼부어대기도 한다. 그리하여 직접적인 발언을 삼가고 우언을 쓰게 된 것이다.

중언은 번거로운 논쟁을 피하기 위해서 필요하다. 옛사람의 말에는 일단 권위가 있기 때문이다. 그러나 옛사람의 말이라 해도 사리분별에 어둡거나 경위와 본말이 맞지 않다면 더 낫다고 말할 수도 없다. 더군다나 사람을 이끌 만한 힘이 없다면 진부한 사람이라고 치부할 것이다.

치언이란 날마다 무지를 일깨워 새롭게 하려는 것으로서 자연의 실상과 잘 조화하여 끊임없이 바꾸어가며 다르게 말하는 것이다. 이는 자연의 생명력을 모두 다 발휘하기 위함이다. 말에 갇히지 않으면 모든 것이 본래의 모습대로 가지런해진다. 반대로 가지런하던 것이 말에 갇히면 본래 모습을 잃게 된다.

그래서 진인眞人은 무언無言을 말한 것이다. 무언이란 평생토록 말을 했어도 말한 것이 없고, 평생토록 말하지 않았어도 말하지 않은 것이 없다.

사물은 본래부터 자기 생각과는 상관없이 그런 것이 있고 옳은 것이 있으니, 사물이란 그렇지 않은 것도 없고 옳지 않은 것도 없다. 치언으로 날마다 생각을 새롭게 하여 자연의 도에 부합하지 않는다면 누가 오래 갈 수 있겠는가? 만물은 모두 종류가 다르며 각자 다른 형체를 가지고 영원히 변화한다. 처음과 끝은 둥근 고리와 같아서 그 차례를 알 수가 없다. 이것이 자연의 균형이며 하늘의 물레이다. 그래서 자연의 실상에 부합해야 하는 것이다.

모두가 이해할 수 있는 진리

장자가 혜자에게 말하였다.

장자: 공자는 옳았다고 믿었던 것도 나중에 잘못임을 깨달으면 고쳐가면서 나이와 더불어 새로이 살아갔다네. 그래서 공자는 사람의 능력이란 본래가 도에 의해 주어지는 것인데, 이 영묘한 천부의 성품으로 돌아가서 무심히 살면 말과 행동은 자연히 바르게 되는 것이라고 하였다네. 새삼스럽게 정의가 어떻고 이해가 어떻고, 뭐가 좋으니 나쁘니 옥신각신하는 사람들의 논의는 결국 입에 발린 소리에 불과한 것이지. 하지만 무심하게 모든 것을 받아들이는 사람에 대해서는 누구나

가 다 복종하고 마는 것이지. 왜냐하면 감히 거스르지 못하게 해야 모든 사람들이 이해할 수 있는 진리가 성립되기 때문이라네.

운명이란 있는 것인가 없는 것인가

오랜만에 안성자유顔成子游가 스승인 동곽자기東郭子綦와 환담을 나누고 있었다.

안성자유: 제가 선생님의 말씀을 들은 뒤로 1년 후에는 소박해졌고, 2년 후에는 외물에 순종하게 되었으며, 3년이 되었을 때는 모든 사물에 통달하게 되었고, 4년 후에는 사물과 하나가 될 수 있었으며, 5년 후에는 사람들이 모여들었고, 6년 후에는 귀신의 경지에 이르렀으며, 7년 후에는 자연과 함께하게 되었고, 8년 후에는 죽음을 잊었으며, 9년이 되었을 때는 오묘함에 이르게 되었습니다.

동곽자기: 생명이 있으면 죽음이 뒤따르는 법이다. 그래서 죽음은 말미암은 곳이 있지만 삶은 말미암은 곳이 없다. 어디는 가야 하고 어디는 가지 말아야 한다는 법칙이 있는 것도 아니다. 하늘에는 하늘이 운행하는 이치가 있고 땅은 사람이 의지하는 곳인데, 우리는 어디서 초래되었단 말인가. 그 종말을 알 수 없으니 운명이 없다고 말해야 되겠는가, 아니면 그 비롯됨을 알 수 없으니 운명이 있다고 말해야 되겠는가?

의지하는 대상이 없어야 자유로울 수 있다

망량(그림자의 또 그림자)이 영(그림자)에게 물었다.

망량: 당신은 금방 몸을 굽히더니 지금은 젖히고 있고, 아까는 머리를 묶고 있더니 지금은 산발을 하고 있소. 조금 전에는 앉아 있더니 지금은 일어나 있는데 어찌된 영문이오?

영: 참으로 쓸데없는 것을 묻고 있구려. 그것은 나도 모른다오. 나는 매미 껍질이나 뱀 껍질 같기도 하지만, 형체가 없으니 그것은 아닌 것 같구려. 나는 불빛과 햇빛이 있을 때만 나타나고 그늘이지거나 밤이 되면 사라진다오. 그래서 불빛과 햇빛은 내가 의지하는 것이오. 그런데 내가 의지하는 것들도 의지하는 게 있을까? 그것들이 나오면 나도 따라서 나오고, 그것들이 가면 나도 따라서 간다오. 그것들이 움직이면 나도 따라서 움직이는데, 움직이는 것에 대하여 내가 어찌 알겠소? 당신은 잠자코 나만 따라오면 되는 것이오.

늘 겸손해야 한다

양자거가 남쪽의 패라는 지역으로 유람을 갔을 때, 노자는 서쪽의 진나라를 유람하고 있었다. 양자거는 노자를 교외에서 맞이하려고 양이라는 곳까지 마중을 나갔다. 함께 오면서 노자가 말하였다.

노자: 처음에는 너를 가르칠 만하다고 여겼는데, 지금 보니 그렇지가 않은 것 같다.

양자거는 대답하지 않고, 묵묵히 숙소로 모시고 와서 세숫물과 양칫물을 비롯한 수건과 빗을 노자에게 올렸다. 그렇게 한숨을 돌리고 나서 말하였다.

양자거: 아까 여쭙고자 하였으나 오는 길이었고, 지금에서야 한가하니 제 허물에 대한 이유를 물어야겠습니다.

노자: 그렇게 눈을 부릅뜨고 거만하니, 누가 너와 더불어 지내겠느냐? 자고로 크게 결백한 사람은 더러운 듯이 하고, 덕이 성대한 사람은 덕이 부족한 듯이 해야 하는 것이다.

양자거는 예상치 못한 답변에 어쩔 줄 몰라 하며 에둘러 말하였다.

양자거: 알겠습니다. 가르침을 받들겠습니다.

이 광경을 본 사람들이 노자를 자기 가문의 대인처럼 받들었다. 숙소 주인은 이부자리를 펴고 주인의 아내는 수건과 빗을 들고 왔으며, 손님들은 자리를 피하고, 불을 쬐던 사람들은 자리를 양보하였다.

붙임 말

우언은 시비가 달라붙는 것을 피하기 위해 돌려서 말하는 조금 능청스런 수법이다. 멀쩡한 사물이나 아무 상관도 없는 사람을 끌어다가 그들의 입을 통해서 말하는 것이기도 하다. 이렇게 되면 그 말에 가시가 달려 있다고 반박할 수도 없고, 시비를 걸고 싶어도 시비할 상대가 없어서 헛발질을 할 수밖에 없다. 하지만 세상에서 나만 옳다고 생각하는 것이 제일로 무섭다. 무슨 일이든 잘되면 제 덕이고 잘못되면 남 탓하는 사람의 사고방식은 더 무섭다. 한 치의 양보도 없고 손해도 볼 수 없다는 각오로 남을 쓰러뜨릴 궁리만 일삼는 사람은 된서리보다도 차갑고 매섭다. 그런 사람일수록 매사에 사사건건 따지고 송사도 불사한다. 또한 제 입장과 같으면 동조하지만 다르면 등져버린다. 그런 연유로 장자는 우화 속의 인물이나 의인화한 사물을 통해서 하고 싶은 말들을 쏟아냈다. 그래서 유가의 사상을 통렬하게 비판하고 욕을 보여도 그쪽 사람들이 시비를 걸 수 없었고, 유가의 핵심 사상인 인의를 꼬집고 짓밟아도 정식으로 항의할 수 없었던 것이다.

도입부에서는 그처럼 우언이 많이 사용되어야 하는 이유를 밝혔다. 다른 사람에 빗대어 하는 말 중에서도 나이가 든 연장자나, 성인의 반열에 도달한 사람의 이름을 빌려서 하는 말을 중언이라고 하였다. 하지만 오늘날의 현실에서 나이만 앞세우고 올바른 이치나 선후를 밝히는 데 부족하면 나잇값이나 하라는 비난과 함께 망신당하기 일쑤다. 그래서 그때그때의 상황이나 일에 맞게 하는 말을 치언이라고 하였다. 치언은 시의적절하게 시비의 경지를 초월하여 자연의 진실함과 부합하는 것이다. 따라서 치언은 칭찬도 비난도 될 수 없으며, 남들의 눈치나 살펴가며 가려서 하는 말도 아니다. 시시비비를 초월하는 말은 모든 사물을 갈라놓지 않고 서로 소통하게 만들고 조화를 이루게 만든다. 그러므로 치언은 기본적으로는 무지를 일깨워주고, 나아가서는 모든 것을 새롭게 하려는 목적이 있다.

본 장은 어떻게 보면《장자》전체를 아울러서 장자의 취지를 정리한 서문과 같기에 조금 색다른 내용도 삽입되어 있다. 그래서 왕부지王夫之는《장자해莊子解》에서 '우언'편을 '전서全書의 서례序例'라고 표현하기도 했다.

제28장

양왕讓王

천자의 자리를 사양하다

양讓은 사양이니, 양왕은 임금의 자리를 사양한다는 뜻이다. 임금의 자리를 거절한 사람들은 하나같이 자신의 몸을 소중히 여기고 임금의 자리는 하찮은 것으로 여겼다. 소중한 것으로써 하찮은 것을 얻으려 하지 않는다는 다소 역설적인 논리다. 예전에도 그랬지만 현대사회에서도 권세를 부릴 만한 높은 자리라면 가시방석도 마다하지 않고, 자신의 모든 것을 걸고 희생해서라도 얻고자 하는 사람들이 많다.

본 장에서 선권善卷은 우주 안에 있으면서 겨울에는 털옷을 입고 여름에는 갈포옷을 입으며, 봄이면 땅을 갈고 가을이면 곡식을 거둬들여 몸을 편히 보양할 수 있는데 왜 천자 따위를 맡아서 고생을 하느냐고 말한다. 천자가 되는 것보다 자연이 정한 이치에 따라 낮에는 일하고 밤에는 쉬면서 하늘이 허락하는 대로 얻고, 그것으로 만족하면서 지내는 것이 안락한 삶이라는 것은 분명한 사실이다. 벼슬이나 재물이 행복을 보장하지는 않으므로 지나치게 얽매이지 말라는 이야기를 하고 있다.

천하를 버리고 자연을 택하다

요임금이 천하를 허유에게 물려주려고 하였으나 허유는 사양했다. 그래서 이번에는 자주지보子州支父에게 받으라고 하였다. 자주지보가 말하였다.

자주지보: 나를 천자로 삼아주는 것도 괜찮기는 합니다. 하지만 나는 지금 마음의 병을 앓고 있어서 그것을 치료하는 중입니다. 그래서 천하를 다스릴 틈이 없습니다.

천하를 다스리는 일은 지극히 중요하고 가치가 있는 일이다. 하지만 이 때문에 하나뿐인 목숨을 희생할 수는 없다. 돌이켜 보았을 때 천하를 안중에 두지 않는 사람이야말로 천하를 맡길 만한 사람이다. 그러므로 요임금의 결정은 옳은 것이었다. 순임금도 천하를 자주지백子州支伯에게 물려주려고 하였으나 자주지백은 사양했다. 그래서 이번에는 선권善卷에게 받으라고 하였다. 이에 선권이 말하였다.

선권: 나는 우주 한가운데 서서 겨울에는 털가죽 옷을 입고 여름에는 갈포를 입으며 살지요. 봄이 되면 밭을 갈아 씨를 뿌리니 몸을 움직이기에 충분하고, 가을이면 거둬들이니 몸을 쉬게 하고 배를 불릴 만합니다. 해가 뜨면 일하고 저물면 쉬면서 이 천지 사이에 노닐어도 걸리는 것이 없습니다. 그런데 무엇 때문에 천하를 맡겠습니까? 참으로 나를 몰라준다니 서운한 일입니다.

선권은 천하를 사양한 뒤 거처를 떠나 깊은 산중으로 종적을 감추었다. 순임금이 이번에는 그의 친구인 석호石戶에게 물려주겠다고 하였지만 그 역시도 사양했다. 석호는 다음과 같이 말하였다.

석호: 그런 식으로 힘을 쓰면 안 됩니다. 사람의 힘으로 만사가 다 해결된다고 생각할지도 모르겠지만 그런 것이 아닙니다.

석호는 순임금이 아직도 덕이 부족하다고 여기고 이렇게 말한 것이었다. 그는 처자식을 데리고 먼 바다에 있는 섬으로 들어가서 평생토록 나오지 않았다.

목숨보다 중한 것은 없다

노나라 임금은 안합이라는 사람이 도를 터득하였다는 말을 듣고, 사람을 시켜 예물을 들고 먼저 찾아가보도록 하였다. 안합은 누추한 집에 살면서 소에게 여물을 주고 있었다. 사신이 폐물을 바치자 안합이 말하기를 "아마도 잘못 듣고 찾아온 것 같습니다. 함부로 받으면 죄가 될지도 모르는 일이니 한 번 확인해보시는 게 좋을 것 같습니다"라고 하였다.

사신이 돌아가 확인한 다음 다시 왔으나 찾을 수 없었다. 안합과 같은 인물은 정말로 부귀를 싫어하는 사람이다. 그러므로 예로부터 진실한 도로서 자기를 다스리고, 그 나머지로 국가를 돌보며, 그래도 남는 찌꺼기가 있으면 그것으로 천하를 다스린다고 하였다. 이로 미루어 볼 때, 제왕의 공적이란 성인에게는 하찮은 것이며, 자신을 온전하게 지키고 삶을 보양하는 방법이 되지 않는 것이다. 지금 세속의 군자들은 말로는 몸을 위한다고 하면서도 생명을 버리면서 외물을 쫓고 있으니 슬픈 일이다.

성인의 행동이란 그것을 하는 까닭과 방법을 먼저 살펴야 하는 것이다. 지금 어떤 사람이 수나라의 구슬로 나무 꼭대기에 앉은 참새를 쏘아서 잡는다면, 세상 사람 모두가 비웃을 것이다. 그가 도구로 사용하는 것의 귀중함에 반하여 그것으로 얻고자 하는 대상은 하찮기 때문이다. 그렇다면 사람의 목숨이 수나라의 구슬보다도 못하다는 말인가?

죽음보다 굶는 것이 낫다

열자는 궁핍한 생활로 몸이 많이 야위어 있었다. 어떤 나그네가 정나라의 재상인 자양子陽에게 이를 상소했다.

나그네: 열자는 도를 터득하였으며 성품 또한 어진 사람인데 그토록 가난한 생활을 하고 있으니 말이 되지 않습니다. 나라의 보살핌이 없다면 자양께서는 박한 재상이라는 세상의 비난을 받게 될 것입니다.

자양은 즉시 관리들에게 명하여 열자에게 양식과 살림살이를 보내도록 하였다. 그러나 열자는 관리들에게 고맙다는 예의만 표하고 물자는 받지 않았다. 관리들을 돌려보내고 안으로 들어오자 그의 아내가 몹시 실망하는 눈초리였다.

아내: 저는 이제껏 덕망이 있는 사람은 평생토록 안락한 생활을 하는 것으로 알고 있었습니다. 그런데 이처럼 찢어지도록 가난하게 살아야 하는 이유가 무엇입니까? 하물며 모처럼 도움의 손길이 닿았는데도 굳이 거절하시다니요.

열자: 그는 자의에 의해서 준 것이 아니라 남의 충고에 따라서 어쩔 수 없이 보내준 것이오. 남의 말에 그렇게 쉽게 움직이는 사람이라면 훗날 남의 말에 따라 내게 벌을 줄지 알 수 없는 일이오.

그로부터 얼마 지나지 않아서 백성들은 난을 일으켰고, 평소에 신망을 잃은 자양은 죽임을 당했다. 열자는 자양과 거리를 두는 바람에 비록 배는 곯았어도 생명에는 지장이 없었다.

제자를 통해 깨닫다

공자가 안회에게 책망하듯이 말하였다.

공자: 안회야, 너는 집안이 가난하여 비천하게 살면서도 어찌하여 벼슬길로 나설 생각을 하지 않는 것이냐?

안회: 벼슬을 하고 싶지 않습니다. 성 안팎으로 밭뙈기가 조금 있어서 죽을 먹고 삼베옷으로 몸을 가리기에는 족합니다. 더군다나 거문고를 타면 스스로 즐겁고, 스승님께 도를 배우니

스스로 만족하며 살기에 부족함이 없습니다.

공자: 너의 뜻이 참으로 깊고 훌륭하구나. 내가 듣건대 만족할 줄 아는 자는 이익 때문에 스스로를 해치지 않고, 스스로 깨달을 줄 아는 자는 손해를 보아도 두려워하지 않으며, 마음을 수양한 자는 지위가 없어도 부끄러워하지 않는다고 하였다. 나는 이 말을 마음에 새겨둔 지가 오래되었건만, 지금 너에게서 실행되고 있음을 보고 있구나. 이는 나의 큰 복이로다.

생명을 소중히 여기다

중산의 공자公子인 모牟가 첨자瞻子에게 물었다.

모: 제 몸은 강호에서 노니는데 마음은 언제나 위나라 궁궐에 가 있으니 어찌하면 좋겠습니까?

첨자: 생명을 무겁게 보십시오. 생명을 소중하게 생각하면 이익은 가볍게 느껴질 것입니다.

모: 내가 그것을 알고 있기는 하지만, 내 스스로를 이겨내지 못하고 있으니 그것이 안타깝습니다.

첨자: 정히 마음을 이길 수 없거든 따르십시오. 그러면 정신적인 고뇌는 없을 것입니다. 스스로 극복하지 못하면서 따르지도 않는다면, 그것은 자신을 거듭하여 손상시키는 일입니다. 그런 사람치고 오래 사는 사람을 본 적이 없습니다.

위나라의 공자 모는 왕의 아들이다. 그런 그가 바위굴에서 산

다는 것은 벼슬이 없는 선비라 할지라도 어려운 일이다. 비록
도에 이르지는 못했을지라도 그 뜻만은 장하다고 할 것이다.

붙임 말

본 장은 왕의 자리를 사양한다는 양왕이다. 천자의 자리는 세속적인 사람들이 바라는 것이지, 제 몸을 온전하게 보전하려는 사람에게는 오히려 방해가 된다. 그래서 덕을 갖추고 정도를 행하는 사람은 이를 멀리하였다. 첫 구절에 요임금이 허유에게 천하를 물려주려고 하지만 받지 않는다는 이야기가 나온다. 그래서 양왕이라는 제목이 붙었다.

그런데 편명인 잡편답게 임금 노릇을 해야 하는지 말아야 하는지에 대하여 보충 설명을 하고 있지만, 앞부분의 내용과 뒷부분의 내용이 들어맞지 않는 부분도 있고, 구성 면에서도 촘촘하지 못한 경향이 있다. 그리고 이 이야기는 제1장 소요유에 이미 비슷하게 소개된 바 있다. 그래서 장자의 사상을 추종하는 후세의 학자들이 기록했다는 흔적이 가장 많이 보이는 장이다.

가난하면서도 양식을 거절한 열자의 이야기는 궁핍한 생활고를 겪으면서도 의롭지 않은 도움은 받지 않는다는 교훈을 준다. 제26장 '외물'편에서 장자가 감하후에게 양식을 빌리러 갔었던 이야기의 후속편 같은 뉘앙스를 풍기기도 한다. 아무튼 열자는 찢어지게 가난한 생활을 하면서도 앞날을 내다보는 안목과 혜안을 여지없이 발휘하는 모습을 보여주었다. 그는 정나라 재상인 자양이 양식과 생필품을 보내주었으나 받지 않음으로써 아내의 원망을 산다. 어디 가서 쌀 한 톨 구해오지 못하는 주제에 굴러들어온 쌀가마니를 걷어찬 꼴이다 보니 아내는 가슴을 치고도 남을 만한 일이다. 아내는 남편을 원망하면서 덕망이 있는 사람의 처자들은 누구나 안락함을 누리며 산다는데, 나는 전생에 무슨 죄를 지었기에 이토록 박복하게 사느냐며 한탄하였다. 하지만 그 뒤에 자양은 백성들이 난을 일으켜 죽임을 당하였다.

아이러니하게도 이 내용은 역사적인 근거가 있는 엄연한 사실이다. 자양은 실제로 정나라의 재상이었으며 제명대로 살지 못하고 죽임을 당하였다. 다만 두 가지의 설이 있는데, 하나는 자양이 분수에 넘치는 권력을 행사하다가 임금에 의해 죽임을 당하였다는 기록이 사마천의《사기》에 나와 있다. 또 하나는 자양이 평소에 하인들을 엄하게 다스렸는데 어느 날 하인 중 한 사람이 자양의 활을 실수로 부러뜨렸고, 그 하인이 처형을 두려워한 나머지 사납고 미친 사냥개를 풀어서 자양을 죽게 만들었다는 이야기가 전한의 유안劉安이 저술한《회남자淮南子》에 기록되어 있다. 어찌되었든 열자는 자양과 거리를 두는 바람에 배는 곯았어도 목숨은 부지할 수 있었다.

제29장

도척盜跖

본성에 어긋나면 재앙을 초래한다

도盜는 훔친다는 뜻이고 척跖은 발바닥을 뜻한다. 한마디로 싹 쓸어간다는 의미다. 그렇다고 해도 도척은 본 장의 주인공이자 유명한 도적의 우두머리다. 본 장의 대부분은 공자와 도척의 만남에 할애되어 있는데, 도척은 공자의 본래 이름인 구丘 자 앞에 도적이라는 도盜 자를 붙여서 도구盜丘라고 불렀다. 도구라고 부르며 질타하는 도척의 말재주와 식견을 통해서 유가의 위선적인 태도를 정면으로 비판하고 있는 것이다. 세상 사람들은 공자를 성인이라고 높이 받들며 칭송하고, 도척은 도둑놈이라며 낮추고 비난한다. 하지만 본 장에서는 도척이 도리어 공자에게 민심을 우롱하는 도둑놈이라고 질타를 하고 있다. 이와 같은 이야기의 전개 속에서 우리는 묘하게도 역설적인 통쾌함과 함께 웃음을 자아내지 않을 수 없다.

도적의 소굴로 향하다

공자에게는 유하계柳下季라는 친구가 있었다. 유하계에게는 도척盜跖이라는 아우가 있었는데, 9천 명의 도적떼를 거느리고 아무 거리낌 없이 제멋대로 행동하였다. 위로는 제후들의 영토를 침범하고 아래로는 백성들을 위협하여 소와 말을 빼앗아가고 부녀자들을 납치해갔다. 이익을 탐하느라 부모형제도 잊고 제사도 지내지 않았다. 도척의 무리가 온다는 소문이 돌면, 큰 나라가 됐든 작은 나라가 됐든 성문을 닫아걸고 두문불출해야 되는 형편이었으니 천하의 걱정거리임에는 분명했다. 그래서 공자는 유하계를 만나러 갔다.

공자: 어버이는 자식을 가르칠 의무가 있고, 형은 아우를 가르칠 의무가 있습니다. 지금 선생은 세상의 현인으로 알려져 있는데도 아우를 가르치지 못한다는 것은 이해할 수 없습니다. 그리하여 내가 직접 선생의 아우를 만나서 설득시키고 싶은데 어찌 생각하시오?

유하계: 맞습니다. 형이 된 입장에서 그런 의무가 있기에 가르치려 했지만, 일체의 지도를 거부했습니다. 하물며 선생의 변설이 통하겠습니까? 더군다나 도척의 사람됨은 솟아오르는 샘물과 같은 기략이 있고, 질풍노도와 같은 실행력이 있으며, 누구라도 제압할 수 있는 힘이 있고, 검은 것을 희다고 말할 수 있는 언변이 있습니다. 요행히 제 마음에 들면 좋아하지만, 그렇지 않으면 버럭 화를 내며 남을 모욕하고 살생을 밥 먹듯이 하니 가지 마십시오.

하지만 공자는 그의 충고를 듣지 않고 안회를 마부로 삼고 자공의 수행을 받으며 도척을 만나러 길을 떠났다. 마침 도척은 태산의 남쪽 기슭에서 부하들을 쉬도록 하고 자기는 사람의 간을 먹고 있었다.

공자를 위선자로 몰다

공자가 수레에서 내렸다. 마침 지나가는 도척의 부하에게 말하였다.

공자: 나는 노나라의 공구라는 사람이오. 장군의 명성을 듣고 찾아왔으니 전하시오.

부하의 말을 전해들은 도척은 크게 화를 냈다. 두 눈에 불을 켜고 성난 머리털은 관을 찌를 듯이 솟구쳤다.

도척: 그는 노나라의 위선자가 아니더냐? 볼 필요도 없는 놈이니 가서 전하여라. 너는 나뭇가지와 같은 관을 쓰고, 허리에는 장식한 쇠가죽을 두르고, 문왕과 무왕의 도를 팔고 다니며, 일도 하지 않고, 제멋대로 시비와 선악을 논하며, 제후들을 잘못 인도하고, 선비들의 근본을 그르치며, 충효를 운운하면서 벼슬과 부귀를 노리는 자이다. 그러므로 너의 죄는 크고 막중하다. 지금 당장 돌아가지 않으면, 네 간도 내 술상에 오르게 될 것이다.

공자는 굽히지 않고 사정을 거듭하면서 조아렸다.

공자: 저는 장군님의 형님과 절친한 사이로서 그분의 소개장을 받아 왔습니다. 그러니 저의 지난 과오는 용서하시고 뵙기를 청합니다.

도척: 형님의 부탁이라면 얘기가 다르지. 이리로 안내하여라.

공자는 빠른 걸음걸이로 도척의 앞으로 나아가 머리를 숙여 인사하고, 뒤로 두세 걸음 물러서서 두 번 절하고는 자리에 앉았다.

도척을 설득하다

도척은 노여움을 풀지 못하고 두 발을 힘차게 디딘 채, 칼자루에 손을 얹고 성난 호랑이처럼 눈을 부릅뜨고 있었다. 도척은 호령하듯이 고함을 쳤다.

도척: 네가 공구더냐? 지금부터 지껄이는 말이 내 마음에 들지 않으면, 내 형님의 소개장이 있어도 너는 살아나가지 못하리라.

공자: 사람에게는 세 가지 덕이 있다고 합니다. 당당한 체구와 훌륭한 자태로 남녀노소 누구나 흠모하는 것이 상덕上德이고, 지혜가 천지에 걸쳐 있어서 모든 사물을 분별할 수 있는 것이 중덕中德이며, 용맹하여 무리를 동원하고 군대를 통솔

할 수 있는 것이 하덕下德입니다. 이 중 하나라도 몸에 지닌 사람은 왕이 될 자격이 있다고 하였는데, 장군께서는 이 세 가지 덕을 모두 갖추고 계십니다.

당당한 체구, 빛나는 용안, 붉게 칠한 듯한 입술, 조개를 세운 듯한 치아, 황종의 가락에 맞는 목소리를 갖추고 계십니다. 그럼에도 불구하고 도척으로 불리고 있는 것은 잘못된 일입니다. 장군께서 제 의견을 받아주신다면 남쪽으로는 오와 월, 북쪽으로는 제와 송, 동쪽으로는 송과 위, 서쪽으로는 진과 초나라에 사신으로 가겠습니다.

그 모든 나라들로 하여금 수백 리 성을 쌓고, 수십만 호의 나라를 만들어 장군을 제후로 삼도록 하겠습니다. 그리하여 천하의 혼란을 잠재우고, 전쟁을 막아서 군사들을 쉬게 하며, 가족들을 거두어 함께 살고, 조상의 제사를 모시도록 하겠습니다. 이것이 성인의 할 일이며 온 천하가 소원하는 일입니다.

물건을 훔치는 것만이 도둑이 아니다

도척은 끓어오르는 분을 간신히 참으면서 말했다.

도척: 공구야 듣거라. 어리석은 사람이라면 모를까 내가 이익에 동요하고 달콤한 소리에 넘어갈 것 같으냐. 내가 대장부로서 뭇사람들의 흠모를 받는 것은 부모에게 받은 것으로서 네가 말하지 않아도 진작부터 알고 있었다. 너처럼 면전에서

칭찬하기를 즐겨 하는 자는 반드시 뒤에 가서 비방하기를 즐겨 할 것이다.

성을 주고 나라를 주겠다는 말은 더 거슬린다. 떡밥으로 나를 움직여보려는 것이겠지만 그것은 나를 어리석은 사람으로 취급하는 것이다. 한 나라는 그만두고 온 천하를 다 준다고 해도 그것이 어찌 오래가겠느냐? 요순은 천하를 지배했지만 자손들은 송곳하나 세울 땅이 없었다. 탕과 무는 천자가 되었지만 그들의 자손은 끊어져 없어지고 말았다. 이익이 클수록 잃기도 쉬운 법이라는 것을 모르고 있었느냐?

옛날 태곳적에는 땅 위에 짐승들이 활개를 쳤지만 사람의 수가 적어서 나무 위에 집을 짓고 짐승을 피하며 살았다. 낮에는 도토리와 밤 같은 나무열매를 주워 먹고, 밤에는 나무 위에서 지냈으므로 이 시대의 사람들을 유소씨有蘇氏의 백성이라고 한다.

옛날에는 옷을 몰랐으므로 여름에 땔감을 모아두었다가 겨울에 추위를 견뎠으니, 그들을 삶을 아는 백성이라고 하였다. 신농씨 시대까지만 해도 밤이면 편히 자고 낮에도 걱정할 것이 없었다. 백성들은 어미는 알아도 아비가 누구인지는 알지 못했고, 사슴과 함께 거처하며 먹고 입는 것을 자족하여 남을 해칠 이유가 없었다. 이것은 덕이 지극히 융성할 때였다.

그런데 황제라는 사람은 덕을 이루지 못하여 단군 치우蚩尤와 탁록涿鹿의 온 들판을 피로 물들였고, 요순은 천자가 됨으로서 상하의 신분제도를 만들었다. 탕은 그의 임금을 내쫓고 무왕은 주왕을 죽이고 천자가 되었다. 그로부터 강자는 약자를 죽이고 다수는 소수를 억압하게 되었다. 그때부터 모든 지배자가 백성들을 희생시키고 세상을 어지럽혔다.

지금 너는 문왕과 무왕의 도를 닦아 천하의 이론을 장악하며 후세를 가르치고 있다. 휘황찬란한 옷차림과 남의 이목을 현혹시키는 언행으로 여러 임금을 속이고, 부귀를 손아귀에 넣으려고 하니 너보다 더 큰 도둑은 없다. 세상 사람들은 어찌하여 너를 큰 도둑이라 부르지 않고 나를 큰 도둑이라고 부르는가?

공구야, 너는 달콤한 소리로 자로를 꾀어 무인의 관을 벗고 장검을 푼 다음 너의 제자가 되게 하였다. 그러자 사람들은 네가 거친 사내를 교화시켰다며 칭찬이 자자했다. 그런데 자로는 위나라 임금을 살해하려다가 실패하고, 위나라 동문에서 죽임을 당하였다. 이는 너의 가르침이 잘못되었기 때문이다. 그럼에도 너는 성인을 자처할 셈이더냐? 너는 노나라에서 두 번이나 쫓겨났고, 위나라에서는 발자국을 지우고 숨었으며, 제나라에서는 낭패를 당했고, 진나라와 채나라의 국경에서는 죽을 뻔하다가 간신히 살아났다. 제 몸 하나도 제대로 간수하지 못하는 놈이 자로를 가르쳤으니, 죽임을 당하고서도 소금에 절여지는 환난을 겪은 것이다. 제 몸도 다스리지 못하고 남도 다스리지 못하는 너의 도를 어찌 귀하다고 할 수 있겠느냐?

세상에서는 황제를 가장 위대하게 생각하지만, 그 황제 역시도 덕을 완전히 체득했다고 볼 수 없다. 그렇기 때문에 탁록의 들판에서 전쟁을 하여 사람의 피가 백 리를 두고 흘렀다. 요는 자식을 사랑하지 못하였고, 순은 부모에게 효도를 다하지 못하였으며, 우는 반신불수가 되었고, 탕과 무왕은 주군을 죽인 역적이며, 문왕은 감옥에 7년 동안이나 갇히기도 했다. 이 여섯 사람은 비록 세상의 존경을 받고 있지만, 잘 생각해보면 모두 이익에 눈이 멀어 스스로 마음의 본성을 어겼던 자들이다. 이들의 행실은 참으로 부끄러운 일이다.

세상에서 어진 선비라고 불리는 사람 중에는 백이와 숙제가 있는데, 그들은 고죽국의 임금 자리를 사양하고 수양산에서 굶어죽었지만 아무도 장사 지내주지 않았다. 주나라 포초鮑焦는 청렴하여 도토리를 먹으며 세상을 비난하다가 나무를 안고 말라죽었다. 신도적은 간언이 받아들여지지 않자 돌을 안고 황하로 들어가 물고기의 밥이 되었다. 개자추介子推는 자기의 넓적다리 살을 베어 먹인 문공이 그 공을 몰라주자 나무를 끌어안고 불타죽었다. 미생尾生은 여자와 만나기로 한 약속을 지키려다가 익사했다. 이 여섯 사람의 참혹한 죽음은 사람들이 잡아먹으려고 나무에 매달아놓은 개나, 제물로 강에 던져진 돼지나, 바가지를 들고 구걸하는 거지와 다를 바 없다. 이들은 모두 이름에 얽매여 목숨을 가벼이 하였다. 생명을 소중히 하고 몸을 양생하는 것이 근본임을 알지 못한 것이다.

이른바 충신이라고 하면 비간과 오자서를 따를 사람이 없다. 하지만 비간은 가슴이 쪼개지고, 오자서는 죽임을 당하여 강물에 던져졌다. 이들은 이름만 충신이었지 실상인즉 세상의 웃음거리에 불과하였다. 이로 미루어 보았을 때 황제로부터 비간이나 오자서까지 본받을 사람이라고는 하나도 없다.

네가 만일 인간을 초월한 세계에 관하여 이야기할 생각이라면 그것은 내 알 바가 아니다. 그러나 사람에 관한 이야기를 하고자 하였다면 여기에 더 보탤 게 없을 것이다. 나는 네가 무슨 말을 하려는지 다 알고 있다.

마지막으로 너에게 사람의 성정에 대해 이야기해주겠다. 누구나 아름다운 것을 보고 싶어 하고, 좋은 음악을 듣고 싶어 하며, 맛있는 음식을 먹고 싶어 하고, 편안한 기분으로 살고 싶어 한다. 사람의 수명은 최고로 장수하면 백 세요, 중간으로 오래 사는 것이 여든이고, 아래로 오래 사는 것이 육십 정도다. 근심하고 병들며 우환이 드는 것을 제외한다면, 입을 벌리고 웃는 날은 한 달에 사오일 남짓이다.

하늘과 땅은 영원하지만 사람이란 언젠가 죽는다. 인생이 긴 것 같아도 우주의 시간으로 보면 천리마가 문틈을 지나가는 것과 같다. 그러므로 자신의 의지를 기쁘게 하고 수명을 보양할 수 없는 자는 모두가 도에 통달한 자가 아니다. 공구야, 네가 말한 것은 모두 내가 버린 것들이다. 날이 어둡기 전에 어서 돌아가고 다시는 그런 말을 지껄이지 말거라. 네가 주장하는 도는 믿음이 없고 거짓과 허세일 뿐, 모두 진실한 것이 아니므로 함께 논할 가치도 없다.

공자는 할 말을 잃고 고개를 떨어뜨린 채 물러나왔다. 수레에 오르기는 했지만 앞이 캄캄하여 아무것도 보이지 않았다. 공자 일행이 겨우 노나라의 동문에 도착했을 때 마침 유하계와 마주치게 되었다. 유하계가 반갑다면서 말을 걸었다.

유하계: 수레를 보아하니 혹시 제 아우를 만나고 오시는 길입

니까?

공자: 그렇습니다.

유하계: 제 아우가 무례하게 굴지는 않던가요? 결과가 궁금합니다.

공자: 저는 병이 없으면서도 제 스스로 뜸질을 한 꼴이 되었습니다. 겁 없이 호랑이 머리를 쓰다듬으며 수염을 잡아당긴 셈이니, 하마터면 호랑이 밥이 될 뻔하였습니다.

누가 악하고 누가 선한가

자장子張이 만구득滿苟得에게 말하였다.

자장: 옛날의 걸왕과 주왕은 천자의 자리에 있으면서 천하의 부를 소유하고 있었습니다. 지금 노비들에게 너희들의 행실이 걸이나 주와 같다고 하면 부끄러워하면서 동의하지 않을 것입니다. 자기들이 노비라서 천대한다고 여기기 때문입니다.

공자와 묵자는 보통의 남자로 궁하게 지냈습니다. 하지만 지금 고위관리들에게 당신의 행동이 공자와 묵자 같다고 말한다면, 정색을 하면서 그런 정도에 이르기에는 부족하다고 말할 것입니다. 선비는 진실로 귀하다고 여기기 때문입니다. 그러므로 천자라도 반드시 귀한 것은 아니며, 궁색한 필부라도 반드시 천한 것은 아닙니다. 귀천의 구분은 행함에 있어 덕이 아름다운가에 달려 있습니다.

만구득: 작은 도적은 잡히지만 큰 도적은 제후가 됩니다. 제후

가 되기만 하면 의로운 선비들이 떼를 지어 몰려옵니다. 자고로 제나라 환공은 자기 형을 죽이고 형수를 아내로 삼았으나, 현명한 관중은 그의 충신이 되었습니다. 전성자는 모시던 주군을 죽이고 제나라를 도적질 했지만 공자는 그로부터 폐물을 받았습니다.

관중과 공자가 말할 때는 그들을 천하게 여기면서도 실제로 행동할 때는 그들에게 머리를 조아린 것입니다. 그러니 말과 행동이 어긋나서 마음속에서는 항상 싸움이 일어납니다. 옛글에 이르기를 "누가 악하고 누가 선한가? 그래서 성공하면 머리가 되고 실패하면 꼬리가 된다"고 한 것입니다.

자장: 선생께서 인의를 행하지 않는다면 멀고 가까운 도리가 없어지고, 귀천의 의리가 없어지며, 어른과 아이의 질서도 무너질 것인데, 오륜과 육위를 무엇으로 구분할 수 있겠습니까?

만구득: 요임금이 맏아들을 죽이고, 순임금이 이복동생을 귀양 보낸 것이 윤리에 따른 것이라고 보십니까? 탕이 걸임금을 내치고 무왕이 주왕을 죽인 것도 귀천의 의리인가요? 왕계는 형을 물리치고 태자가 되었고, 주공은 형을 죽였는데 장유의 질서가 있다는 말입니까? 유가의 거짓말과 묵가의 평등한 사랑으로 오륜과 육위를 구별할 수 있겠습니까?

선생은 명분을 주장하고 저는 이익을 주장하는데, 둘 다 이치에 맞지도 않고 도리에 부합하지도 않는 것입니다. 제가 일전에 선생과 논할 때 말하기를 "소인은 재물을 추구하고, 군자는 명예를 추구한다. 그들이 마음을 변화시키고 본성을 바꾸는 목적은 다르지만, 본성을 버리고 외물을 따르는 것은 매 한가지다"라고 말씀드린 바가 있습니다. 그러므로 옛글에서도 소인이 되지 말고 군자가 되지도 말고, 하늘의 원리만 따르라고 하는 것입니다.

명예와 이익을 다투다

만족이라고는 조금도 모르는 무족無足이 화목함을 잘 아는 지화知和에게 말하였다.

무족: 사람은 명성을 좇느라고 몸을 괴롭히면서도, 맛난 것을 끊어가며 몸을 보양하고 생명을 부지한다. 이것은 오랜 질병과 가난 속에서 죽지 않고 사는 것과 같다.

지화: 평범한 것은 행복이 되고, 남음이 있으면 해가 된다는 것은 모든 사물이 다 그러하지만, 재물에 있어서는 더욱더 그러하다. 지금 부자들의 귀로는 북소리와 피리소리를 들으며 즐기고, 입으로는 짐승의 고기와 단술을 실컷 들이키면서 할 일을 잊고 있으니 이것은 혼란이다. 성한 기운이 다하고 목구멍이 차도록 탐닉한다면, 무거운 짐을 지고 산으로 오르는 것과 같으니 이것은 고통이다. 재물을 탐하여 병에 걸리고, 권력을 탐하다 갈증을 얻으며, 거처가 편안하니 색을 탐하고, 몸이 윤택해지면 정력을 낭비하니 이것은 질병이다. 부를 바라고 이익을 추구하기 때문에 마음에 울타리를 친 것처럼 장애가 생기지만, 그것을 멈추지 못하고 애를 쓰고 있으니 이것은 치욕이다. 재물이 더 있어봤자 쓸데도 없는데, 더 모을 생각에 번뇌가 가득 차오르고 있으니 이것은 우환이다. 집 안

밖으로 도둑이나 강도가 들지 않을까 두려워하며 혼자서는 다니지도 못하니 이것은 무서운 일이다. 이 여섯 가지는 천하의 지극한 폐해인데도 모두가 망각하고 살필 줄을 모른다. 어느 날 환난이 닥쳐야만 성정을 다하고 재물을 다 바쳐서 단 하루 만이라도 무고한 날로 되돌아가기를 소망하지만, 그때는 이미 돌이킬 수가 없다. 그러므로 명예라는 관점에서 보았을 때도 드러나는 것이 없고, 이익이라는 관점에서 보았을 때도 얻는 것이 없다. 사람들이 자신의 몸과 마음을 묶고 해치면서까지 명예와 이익을 다투는 것은 잘못된 일이 아닌가?

붙임 말

장자는 공자의 학설을 반박하기 위하여 도척이라는 인물을 가공해냈다. 도척은 역시나 대도답게 공자의 코를 납작하게 만들어놓았을 뿐만 아니라, 고개를 설레설레 흔들며 두 번 다시는 보고 싶지 않을 정도로 질리게 만들어 보냈다. 《장자》의 우화에서는 유가의 사상을 비방하고 비웃는 사례들이 빈번하게 있지만, 본 장에서처럼 대놓고 모욕적이거나 직설적이지는 않았다. 그래서 공자가 땅속에서 잠자다가 나와서 항의할 것만 같다. 또한 유가에서 본으로 삼고 있는 요순시대를 정면으로 반박하기도 한다. 왜냐하면 맏아들을 죽인 요임금이 어떻게 성군으로 불릴 자격이 있으며, 이복동생을 귀양 보내고 그의 어머니를 내쫓은 순임금이 성군으로 불릴 자격이 있느냐는 것이다. 더욱이 요순은 천하를 차지하고 호령하였지만, 그들의 후손은 땅 한 평도 없이 가난하게 살았다면 그것은 부모로서의 도리가 아니라는 얘기다. 그래서 요순은 천하를 차지했으나 그들의 자손에게는 송곳 하나 꽂을 땅도 없었다고 역사에는 기록되어 있다.

본 장에서 장자는 작은 도둑은 잡혀서 처벌을 받지만 큰 도둑은 왕이 된다고 하였다. 예로부터 법은 촘촘한 그물이라고 하였는데, 실제로 그물이라는 망網 자는 규칙이나 법이라는 뜻을 함께 지니고 있다. 법이란 약한 곳에서는 강한 힘을 발휘하지만, 강한 곳에서는 비실비실 맥을 못 춘다. 현실적인 측면에서 볼 때도 그물은 참새나 촉새를 잘 잡는 도구로는 유용하지만, 독수리와 같이 큰 새나 바람은 잡지 못한다. 독수리는 그물을 찢고 유유히 날아가며, 바람은 아무런 거리낌 없이 틈새로 지나가기 때문이다. 그래서 독수리는 강자를 가리키고, 바람은 꾀가 많고 교묘하며 약삭빠른 사람을 가리킨다. 좀도둑은 단돈 몇십만 원을 훔치다가 붙잡혀오면, 반성은커녕 재수 옴 붙었다고 하면서 오히려 억울해한다. 세상이 온통 도둑놈의 소굴인데 그까짓 돈 몇 푼이 무슨 죄가 되느냐는 생각에서이다. 충분히 이해는 가지만 도둑질을 했으니 도둑놈이고, 도둑놈이니 처벌을 받는 것은 마땅하다. 그러나 나라를 훔친 도둑은 다르다. 멀리도 말고 한국에서도 5·16으로 정권을 잡은 사람들이 있다. 그들은 4·19의 숭고한 정신을 짓밟고 선량한 사람들을 억압하고 민주주의를 퇴보시켰다는 역사의 몰매도 맞았지만, 장장 17년간 한 나라를 다스렸고 보릿고개를 없애준 영웅이라는 훈장도 달고 있다. 결론적으로 큰 도둑은 업적을 놓고 따지고, 작은 도둑은 훔친 돈의 액수에 따라 형량이 정해지는 것이다. 그래서 소인은 재물을 탐하고 군자는 이름을 탐한다고 한 것이다.

제30장

설검說劍

한번 휘두르니 천하가 복종한다

설說은 말한다는 뜻이고, 검劍은 무기로 쓰는 긴 칼을 뜻한다. 즉 칼에 대하여 말하는 것이다. 하지만 여기서는 칼싸움을 즐기지 말도록 설복시킨다는 의미로 쓰였다. 그래서 내용 자체도 장자가 칼싸움을 좋아하는 조나라 문왕을 설득한다는 이야기로 구성되어 있다. 문왕은 언제나 손에서 칼을 놓지 않았는데, 장자의 일행이 도착했을 때에도 왕의 손에는 날이 시퍼렇게 선 칼이 쥐어져 있었다. 문왕의 눈빛에서는 하루라도 칼날을 보지 못하면 눈에 다래끼가 돋을 정도로 비장함과 살기가 느껴졌다. 남을 해치거나 죽이려는 무시무시한 기운이 밖으로 넘쳐나면, 칼은 이미 무용지물이라는 것을 모르는 무인은 별로 없다. 진정한 무인이란 예와 법도와 도리를 어기고서는 어느 것도 성립되지 않기 때문이다. 그러나 조나라의 임금에게서는 오로지 살기만이 넘쳐흐르고 있으니 이미 무인의 예와 법도가 사라진 지 오래되었다.

태자가 장자를 찾다

옛날 조나라 문왕은 칼을 좋아하여 항상 3천여 명의 검객들이 식객으로 상주하였다. 밤낮으로 검술을 시합하였으니 사상자가 한 해에 백여 명씩 나왔지만 괘념치 않았다. 그렇게 3년이 지나는 동안 국력은 쇠해졌고 이웃나라들이 조나라를 호시탐탐 넘보고 있었다. 태자는 근심하며 중신들을 모아놓고 말하였다.

태자: 누구든지 임금의 마음을 움직여 검술을 멈추게 해주는 자에게는 천금의 상을 내리겠다. 누가 하겠는가?

측근들: 혹시 장자라면 가능할지도 모릅니다.

태자는 즉시 천금을 가지고 가서 장자를 모셔오라고 하였다. 그런데 장자는 돈은 받지 않고 태자를 찾아와서 말했다.

장자: 태자께서는 제게 어떤 일을 시키려고 천금이나 되는 돈을 내리셨습니까?

태자: 선생께서 어질고 밝다는 말을 듣고 천금으로 모시고자 하였는데, 받지 않으시니 어찌 어려운 부탁을 할 수 있겠습니까?

장자: 아닙니다. 제가 얼핏 듣기로는 임금이 즐기시는 검술에 대한 집착을 버리게 해달라는 것으로 알고 있습니다. 제가 만약 임금을 설득시키려다 실패하면, 임금의 뜻을 거스르고 태자의 뜻까지 거스르게 되므로 저는 죽음을 면치 못할 것입

니다. 그렇게 되면 죽은 사람에게 천금이 있다한들 무슨 소용이 있겠습니까? 그래서 받지 않은 것입니다. 하지만 성공하게 된다면 천금뿐만이 아니라 나라를 구하는 좋은 일이 아니겠습니까? 그렇기 때문에 한번 해보려고 온 것입니다.

태자: 고맙습니다. 하지만 지금까지 임금을 만나는 사람들은 하나같이 더벅머리에 장식 없는 관끈을 매고, 눈은 부릅뜨고 뒤가 짧은 옷을 입었습니다.

장자: 무슨 말씀인지 잘 알겠습니다. 저도 그렇게 검객 차림의 옷을 준비하겠습니다.

세 개의 검으로 문왕을 일깨우다

며칠 후 옷이 마련되고 시간이 정해지자 장자는 태자와 함께 임금을 알현하러 갔다. 문왕은 서슬 퍼런 검을 뽑아들고서 두 사람을 맞이했다. 장자는 태연한 모습으로 성큼성큼 올라가 문왕의 앞에 서서 절도 올리지 않고 서 있었다.

문왕: 그대는 무슨 말을 하려고 태자를 앞세웠는가?

장자: 임금께서 검술을 좋아하신다 하여 신의 검법을 보여드리고자 찾아뵈었습니다.

문왕: 허허 그렇다면 그대의 검은 몇 사람이나 제압할 수 있소?

장자: 열 걸음에 한 사람씩 쓰러뜨리며 천리를 가도 막을 사람이 없습니다.

문왕: 오, 천하무적이로다!

문왕은 입이 쩍 벌어지게 감탄하면서도 속으로는 믿지 못하는 눈치였다.

장자: 검술의 극치는 먼저 틈을 보여 상대를 유인한 다음, 그 움직임에 맞추어 거꾸로 치고 들어가는 데 있습니다. 한번 보여드리고 싶습니다.

문왕: 좋소. 우선 숙소에 가서 편히 쉬도록 하시오. 시합할 수 있도록 준비가 끝나면 부르겠소.

그로부터 이레 동안 60여 명의 사상자를 내면서 경합을 벌인 결과, 대여섯 사람의 무인을 최종 선발한 뒤 장자를 불렀다.

문왕: 오늘 드디어 그대의 날카로움을 시험해보겠다. 긴 검을 쓸 것인가, 짧은 검을 쓸 것인가?

장자: 저는 어느 검이든지 상관없습니다. 신에게는 세 개의 검이 있는데, 임금께서 마음에 들어하시는 검을 쓰도록 하겠습니다.

문왕: 그렇다면 먼저 세 종류의 검에 대해 설명해보시오.

장자: 천자의 검이 있고, 제후의 검이 있으며, 백성의 검이 있습니다.

문왕: 천자의 검이란 어떤 것이오?

장자: 천자의 검이란 연나라 국경 밖 계곡의 석성을 칼끝으로 삼고, 제나라 대산을 칼날로 삼으며, 진나라와 위衛나라를 칼등으로 삼고, 주나라와 송나라를 칼자루로 삼으며, 한나라와 위魏나라를 칼집으로 삼습니다. 동서남북의 오랑캐들로 하

여금 사계절을 둘러싸게 하고, 오행을 관장하여 자연계를 운행시키고, 상벌을 분명히 하여 세상의 질서를 세웁니다. 음양의 두 기운을 움직여 봄여름에는 약동케 하고, 가을겨울에는 들어앉게 합니다. 천자의 검은 위로는 구름을 찢고 아래로는 지축을 끊어 미치지 않는 곳이 없습니다. 이 검을 한 번 휘두르면 제후들을 바로잡고 천하가 굴복하게 됩니다.

문왕은 망연자실한 듯 멍하니 넋을 잃고 있었다. 문왕이 정신을 차리고 다시 물었다.

문왕: 그럼 제후의 검이란 어떤 것이오?

장자: 제후의 검이란 지혜와 용기를 겸비한 사람을 칼끝으로 삼고, 청렴한 사람을 칼날로 삼으며, 어진 사람을 칼등으로 삼고, 호탕한 사람을 칼자루로 삼으며, 충성스러운 사람을 칼집으로 삼습니다. 이 칼을 곧장 내지르면 앞에 가로막히는 것이 없고, 위로 쳐도 걸리는 것이 없으며, 해와 달과 별의 삼광에 순응하고, 하늘의 법칙에 맞게 하여 민심이 부드럽고 사해가 편안해집니다. 이 칼을 한 번 휘두르게 되면 온 나라가 제후의 명령에 복종하게 됩니다.

문왕: 그렇다면 백성의 검이란 무엇이오?

장자: 백성의 검이란 하나같이 더벅머리에 장식 없는 관끈을 매고, 눈을 부릅뜨고 뒤가 짧은 옷을 입고 있는 사람들이 갖고 있는 검입니다. 한 번 올려치면 상대방의 목을 베고, 한 번 내리치면 상대방의 창자를 가릅니다. 마치 싸움닭이 미쳐서 날뛰는 것과 같습니다. 이 검을 쓰는 사람은 한 번 목숨이

끊기면 그것으로 끝장일 뿐, 나라를 위해서는 아무런 소용이 없습니다. 그런데 아쉽게도 임금께서는 천자와 같은 높은 지위에 계시면서도 백성의 검을 쓰신다고 들었습니다. 제가 잘못 들었겠지요?

문왕은 몸소 내려와서 장자의 옷소매를 잡아끌고 다시 단상으로 올라갔다. 요리사들이 음식을 푸짐하게 올렸으나 임금은 정신없이 상머리만 왔다 갔다 하였다. 장자가 옅은 미소를 머금은 채 말하였다.

장자: 임금께서는 자리에 앉아 마음을 가라앉히십시오. 제 얘기는 다 끝났습니다.

자신의 잘못을 깨달은 문왕은 석 달 동안이나 궁전 밖으로 나오지 않고 근신하였다. 그러자 수많은 검객이 궁궐을 떠나 고향으로 돌아가거나 제 살길을 찾아 나섰다.

붙임 말

본 장은 한 편의 드라마 같은 느낌을 준다. 그런 연유에서인지는 몰라도 전국시대의 정치가였던 귀곡자가 탄생시킨 종횡가縱橫家의 이론과 비슷하다고 보는 학자도 많다. 장자는 내편 제2장 '제물론'에서 성공과 영광에 가려 말이 제구실을 하지 못하고 있다고 하였으며, 잡편 맨 마지막 장 '천하'에서는 논쟁가들이 사람들의 입은 이길 수 있었지만, 사람들의 마음을 따르게 하지는 못했다며 안타까워했다. 하지만 설검은 검술을 좋아하여 국정을 소홀히 하는 조나라 문왕을 장자가 설복시켰다는 내용이니, 장자의 안타까운 마음이 조금은 풀리는 구절이다.

항간에는 칼끝보다 붓끝이 강하다는 말이 있는가 하면, 법보다 주먹이 가깝다는 말도 있다. 칼끝이나 주먹이 세다는 개념은 칼끝은 붓을 잘라버릴 수 있고, 주먹은 제멋대로 법을 뭉개버릴 수 있는 것으로 생각하기 때문이다. 하지만 정상적으로 가동되는 국가와 사회에서는 항상 법과 붓끝이 승리한다. 법은 안하무인격인 주먹에 쇠고랑을 채울 수 있고, 붓끝은 칼끝의 무자비하고 망나니와 같은 행위에 대하여 논박할 수 있으며 민심이라는 거대한 힘을 끌어내서 제압할 수도 있기 때문이다.

장자는 세 개의 검을 논하면서 천자의 검은 한 번 휘두르면 제후들을 바로잡고 천하가 귀복한다고 하였다. 또한 제후의 검은 한 번 휘두르면 해와 달과 별빛이 따르고, 모진 땅을 법도로 삼아 사철에 순응하니, 백성들이 화목해지고 온 나라가 편안해진다고 하였다. 그러나 백성의 검은 사람의 목을 베고 간과 심장을 찌르는 것이니, 닭싸움과 다를 바 없으며 나라에도 도움이 되지 않는다고 하였다. 그런데 지금의 왕은 천자와 같은 존귀한 자리에 앉아서 닭싸움이나 즐기고 있으니, 내가 잘못들은 것이 아니겠느냐면서 조나라 문왕을 깨우쳐준다. 그러나 몽매하고 어리석은 사람을 깨우쳐준다는 것은 대상이 누구든 간에 그렇게 녹록한 일이 아니다. 내가 얻은 깨달음을 다른 사람과 나누면 놀랍게도 세상이 바뀐다는 말이 있다. 누구를 가르친다는 것은 교육자가 알고 있는 지식이나 산 경험을 피교육자와 공유하는 일이다. 피교육자의 정곡을 찔러서 크게 변화시킨다면 그 보람은 세상의 무엇과도 바꿀 수 없다. 여기서 피교육자는 지존인 임금이지만, 교육자의 입장에서 볼 때 가르침에는 지위고하를 막론하고 똑같아야 한다. 그런 면에서 본 장은 노장사상과 조금 엇나갔다고 해도 임금을 설득하는 과정을 통해서 통쾌함도 맛볼 수 있는 대목이다. 특히 성군과 폭군의 정치를 검술에 비유하면서 한 토막의 소설처럼 이야기를 구성한 것은 장자만의 재치인 것 같다.

제31장

어부漁父

세속의 지식은 도에 방해가 된다

어부는 말 그대로 고기잡이로서 본 장의 주인공이다. 바로 앞 장의 설검처럼 문답 중심의 형태로 구성되어 있는데, 주로 공자와 어부의 대화가 주를 이루고 있다. 간혹 자공이나 자로와 같은 제자들을 등장시켜서 희곡적인 구성을 이룬 것이 돋보이기도 한다. 공자가 우연히 득도자인 어부를 만나서 가르침을 받는다. 예순아홉의 나이에도 어부의 충고를 겸허하게 수용하는 자세에서 배움을 기꺼워하는 유가의 진면목을 엿볼 수 있다. 하지만 속세의 인의에 집중한 나머지 도에 이르지 못한다는 한계성을 보여주기도 한다. 그래서 어부는 공자를 일컬어 빼어난 도의 경지인 묘도妙道에 나아갈 수 없는 사람이라고 규정하고 있다. 본 장의 모든 짜임새를 허구적이라고 가정할지라도 내용은 장자가 직접 쓴 것이 아니라는 견해가 많다.

도에서 너무 멀리 떨어져 있다

어느 날 공자가 울창한 숲속에서 망중한을 즐기다가 살구나무 아래 누대에서 쉬고 있었다. 공자는 금을 뜯으며 시를 읊고 그의 제자들은 책을 읽고 있었다. 그런데 한 곡조가 끝나기도 전에 어떤 어부가 배에서 내려 걸어오고 있는 모습이 보였다. 그의 수염과 눈썹은 새하얗고 머리는 산발을 한 채, 뒷짐을 짓고 언덕을 올라오더니 누대 앞에 멈추어 섰다. 어부는 공자의 금 소리를 한참 듣더니 곡이 끝나자 자공과 자로를 손짓으로 불렀다.

어부: 저 사람은 누구인가?
자로: 노나라의 군자이십니다.
어부: 성이 뭐요?
자로: 공씨입니다.
어부: 공씨는 무슨 일을 하는 사람인가?

자로가 머뭇거리자 자공이 얼른 대답했다.

자공: 공씨는 충성과 믿음을 지니시고, 인의를 몸소 행하시며, 예와 음악을 닦으시고, 인륜을 가르치고 계십니다. 위로는 임금에게 충성을 다하고, 아래로는 백성들을 교화시킴으로써 천하를 이롭게 하고 있습니다. 이것이 공씨가 하시는 일입니다.
어부: 그럼 공씨는 임금인가 아니면 재상인가?

자로: 둘 다 아닙니다.

어부는 피식 웃으면서 가던 길을 재촉했다. 그러면서 중얼거렸다.

어부: 어질기는 하겠지만, 아마도 그의 몸은 화를 면치 못할 것이다. 마음을 괴롭히고 육체를 수고롭게 하여 본성이 위태로울 것 같구나. 도에서 너무 멀리 떨어져 있기 때문이야.

자로가 누대로 다가가 좀 전의 일을 보고하자, 공자는 금을 밀쳐내고 황급히 일어났다. 그러면서 말하였다.

공자: 그분은 성인임에 틀림이 없다. 내려가서 찾아봐야겠다.

물가에 이르자 어부는 벌써 노를 잡고 배를 띄우려 하고 있었다. 그는 인기척을 듣고는 몸을 돌려 공자를 보았다. 공자는 뒤로 물러섰다가 두 번 절하고 나아갔다.

어부: 내게 무슨 볼일이라도 있으신가요?

공자: 조금 전에 선생께서 말씀을 남기고 가셨다는데, 제가 어리석어서 이해를 하지 못하겠습니다. 선생께 고견을 듣고 싶습니다.

어부: 허허 그대는 배우기를 참 좋아하나 봅니다.

공자: 저는 어려서부터 배우기를 좋아하여 갈고 닦기는 했으나, 지금 예순아홉에 이르도록 지극한 가르침은 듣지 못하였

습니다.

직책도 없는 일을 하고 있다

어부가 자세를 바로하고 정중하게 말하였다.

어부: 같은 종류라야 서로 따르고, 같은 소리라야 서로 호응하는 것이 자연의 이치입니다. 내가 지니고 있는 도는 잠시 내려놓고, 그대의 일에 대하여 말해보겠습니다. 그대가 종사하는 일이란 사람에 관한 일입니다. 천자와 제후, 대부大夫와 서인庶人이라는 네 계급이 스스로 제자리에 있는 것이 정치의 아름다움입니다. 하지만 이 네 계급이 제자리를 떠나게 되면 그보다 더 큰 혼란은 없는 것입니다. 모두가 자신의 직무를 수행하고, 자기 일에 만족하여 상하가 넘보는 일이 없어야 합니다.

밭이 황폐해지고 집이 새며, 먹고 입을 것이 부족하고, 세금을 제대로 내지 못하며, 처자가 불화하고, 장유의 질서가 문란한 것은 서인이 고민할 일입니다.

능력이 임무를 감당하지 못하고, 관청의 일이 제대로 돌아가지 않으며, 행실이 청렴하지 못하고, 말단이 게으르며, 선행과 공적이 드러나지 않고, 벼슬과 녹을 지키지 못하는 것은 대부가 고민할 일입니다.

조정에는 충신이 없고, 나라가 혼란스러우며, 공인들은 기술이 부족하고, 거둬들인 공물은 좋은 것이 없으며, 봄가을

입조가 남보다 뒤지고, 천자와의 관계가 좋지 못한 것은 제후가 고민할 일입니다.

음양의 기운이 조화롭지 못하고, 추위와 더위가 때에 맞지 않으며, 제후들이 제멋대로 합종연횡하고, 서로 싸움을 벌여서 백성들을 해치며, 예와 음악이 절도에 맞지 않고, 재물이 궁해지며, 인륜이 바르지 못하고, 백성들이 음란해지는 것은 천자가 고민할 일입니다.

지금 그대는 위로는 천자나 임금의 권세도 없고, 아래로는 재상이나 관리의 권세도 없습니다. 그럼에도 불구하고 제멋대로 예와 음악을 꾸미고, 인륜을 정하여 백성들을 교화시키려 하고 있습니다. 아무 쓸모도 없이 많은 일을 하고 있는 것입니다.

어부의 말은 이어진다

어부: 사람에게는 여덟 가지 흠이 있고 네 가지 환난이 있으니, 살피지 않으면 안 되는 것들입니다. 여덟 가지 흠이란 이렇습니다. 제 일도 아닌데 나서서 하는 것은 주제가 넘는 짓입니다. 남들이 거들떠보지도 않는데 끼어드는 것은 망령입니다. 남의 뜻에 맞게 추종하고 말하는 것은 아첨입니다. 옳고 그름을 가리지 않고 말하는 것은 아부입니다. 남의 잘못을 말하기 좋아하는 것은 참소입니다. 남들의 친밀한 사이를 갈라놓는 것은 이간질입니다. 남을 거짓으로 칭찬하고 속이는 것은 사악함입니다. 선악을 가리지 않는 두 얼굴로 욕심을

채우는 것은 음흉한 짓입니다. 이처럼 여덟 가지의 흠이 있는 자는 안으로는 제 몸을 손상시키고 밖으로는 사람들을 어지럽힐 것이니, 군자는 벗으로 삼지 않고 명군明君은 신하로 삼지 않습니다.

네 가지 환난이란 이렇습니다. 큰일을 꾸미면서 큰소리치기를 좋아하고, 잘 되고 있는 일을 변경하여 공명을 드러내려 하는 것을 외람되다고 합니다. 자기가 아는 것만 믿고 제멋대로 일하며 남의 것을 자기 것으로 삼으려는 짓을 탐욕이라고 합니다. 잘못을 알고도 고치지 않고 충고를 듣고도 억지 부리는 것을 포악하다고 합니다. 자기에게 찬성하면 옳다고 하고 자기에게 반대하면 그르다고 하면서 시비를 뒷전으로 하는 것을 교만하다고 합니다.

이와 같은 여덟 가지 흠을 버리고 네 가지 환난을 행하지 않아야만 비로소 남을 가르칠 수 있는 것입니다.

주체가 바뀌었다

공자는 수심에 잠겨 있다가 두 번 절하고 일어나서 말하였다.

공자: 저는 노나라에서 두 번 추방당하였고, 위나라에서는 발자국을 지우면서 숨어 다녔으며, 송나라에서는 나무에 깔려 죽을 뻔하였고, 진나라와 채나라 사이에서는 고립되어 감금되기도 했습니다. 저는 잘못을 모르겠는데 왜 그런 일들을 겪어야 했던 것입니까?

어부: 아직도 그대는 자기 스스로 깨우치지 못하는군요. 어떤 사람이 자기 그림자가 두렵고 발자국이 싫어서 떨쳐버리려고 달아나고 있었습니다. 그런데 빨리 뛸수록 발자국은 더 늘어나기만 하고 그림자는 몸에서 떨어지지 않았습니다. 그는 아직도 느리기 때문이라고 여기고 더 빨리 달리다가 힘이 빠져 죽었습니다. 그는 그늘 속으로 들어가면 그림자가 없어지고, 조용히 쉬면 발자국이 나타나지 않는다는 것을 알지 못했던 것이지요.

그대는 인의의 뜻을 자세히 알고 있고, 사리의 한계를 살필 줄 알며, 움직임과 멈춤의 변화를 볼 줄 알고, 주고받는 정도를 적절히 할 줄 알며, 좋아하고 싫어하는 감정을 다스릴 줄 알고, 기쁨과 노여움을 조절할 줄 알지만, 아무리 애를 써도 화를 면하지는 못할 것이오.

자신의 몸을 닦고 자신의 참된 본성을 지켜야만 사물이나 남들로부터 얽매임이 없을 것이오, 지금 수신하지 않고 남에게서 구하려고만 하니, 이것은 주체가 바뀐 것이 아니고 무엇이겠습니까?

큰 도를 너무 늦게 접하다

공자는 낯빛을 바꾸면서 말하였다.

공자: 어떤 것을 참됨이라 하는지 알고 싶습니다.

어부: 참됨이란 진실한 정성이 지극함에 이르는 것입니다. 진

실하고 성실하지 못하면 남을 감동시킬 수 없습니다. 그래서 억지로 곡하는 사람은 슬프게 느껴지지 않고, 억지로 노한 사람에게서는 위압감이 느껴지지 않으며, 억지로 친한 체 하는 사람에게서는 친밀감이 느껴지지 않습니다.

진실로 슬퍼하는 사람은 곡을 하지 않아도 그 슬픔이 느껴지고, 진실로 화가 난 사람은 성을 내지 않아도 위압감이 느껴지며, 진심으로 다가오는 사람은 웃지 않아도 친밀하게 느껴집니다. 진실하게 품은 마음은 겉으로 드러날 수밖에 없습니다. 이를 두고 참됨이라고 하는 것입니다.

그것을 사람의 도리에 적용시키면 이렇습니다. 부모를 섬김에는 자애롭고 효성스러워야 하고, 임금을 섬김에는 충성을 다하고 곧아야 하며, 술자리는 즐거움을 위주로 하고, 상가 집에서는 애도하는 마음이 앞서야 합니다. 이처럼 공을 훌륭하게 이루는 데에는 행적이 일정해야 합니다.

평안함으로 부모를 섬김에는 그 원인을 논하지 않아야 하고, 즐거움으로 술을 나누는 자리에는 술상의 푸짐함을 따지지 않아야 하며, 상가에서 애도함에는 예의를 따질 필요가 없습니다. 예의는 세속적인 범례에 불과합니다. 참됨이란 하늘로부터 받은 것입니다. 그리하여 바뀔 수 없는 것입니다.

성인은 하늘을 본받고, 참됨을 소중히 여기며, 세속에 좌우되지 않습니다. 하지만 어리석은 자는 이와 다르기에 하늘을 본받지 못하고, 사람의 일을 걱정하며, 참된 나를 모르고, 세속의 변화에 따르기 때문에 언제나 만족할 줄 모르는 것입니다. 애석하게도 그대는 인위적인 학문에 빠져서 위대한 도에 대하여 너무 늦게 접하였습니다.

공경할 만하니 공경하는 것이다

공자가 일어나 두 번 절하고 다시 말하였다.

공자: 오늘 제가 선생을 만난 것은 천운인 것 같습니다. 선생께서는 저를 부끄럽게 여기지 않고 가르쳐주셨습니다. 선생께 더 많은 지도를 받으면서 큰 도를 완전히 배우고 싶습니다.

어부: 함께 가는 사람과는 큰 도에 함께 이를 수 있어야 한다고 들었습니다. 따라서 함께 갈 수 없는 사람과 어울리지 말아야 몸에 허물이 생기지 않습니다. 그대는 힘쓰시오. 이만 작별해야겠습니다.

그러고는 노를 저어 갈대밭 사이로 사라졌다. 안회가 수레를 돌리고 자로는 말의 손잡이를 쥐어주었으나 공자는 거들떠보지도 않고 배가 떠난 물결이 잠잠해지고 노 젓는 소리가 멀어진 다음에야 수레에 올랐다. 자로가 수레로 다가서며 조심스럽게 말하였다.

자로: 도대체 어떤 사람이기에 스승님께서 쩔쩔매시는지 저희들은 이해할 수가 없습니다.

공자: 어른을 만나서 공경하지 않는 것은 큰 실례를 범하는 것이며, 현명한 사람을 보고도 존경하지 않는 것은 어진 행동이 아니다. 그가 어진 분이 아니라면 나를 굴복시키지 못하였을 것이다. 설령 굴복시킨다 하더라도 정성이 없었다면 진실함이 통하지도 않았을 것이다. 만약 그렇다면 스스로를 손

상시키는 결과만 초래할 뿐이다.

그분이 말한 도는 만물의 근원이 되는 것이다. 모든 만물은 그 도를 잃으면 죽고, 그 도를 얻으면 살게 된다. 일을 함에 있어서도 그 도를 거스르면 실패하고, 그 도를 얻으면 성공한다. 그래서 성인들도 도의 존재에 대해서 존중하는 것이다. 지금 어부는 도에 대해서 잘 알고 있는 분이다. 그런데 어찌 내가 공경하지 않을 수 있겠느냐?

붙임 말

본 장은 어부가 등장하여 공자를 훈계하면서 가르치는 내용으로 일관하고 있다. 어부는 공자에게 자신의 몸과 마음을 어지럽히고 괴롭히는 일에 몰두하면서 살고 있다고 꼬집었다. 그래서 공자는 노나라에서 쫓겨난 이야기, 위나라에서 도망 다닌 이야기, 송나라에서 죽음에 직면했던 이야기들을 꺼내서 쭉 늘어놓았다. 그러면서 탄식하듯이 나는 왜 이렇게 바쁘기만 하고 되는 일이 없느냐고 하소연을 했다. 그러자 어부는 그림자와 발자국을 예로 들었다. 그림자는 도망친다고 떨어져 나가는 존재가 아니라, 빛을 마주하지 않고 그늘로 들어가면 간단하게 해결된다고 말한다. 또한 발자국을 만들지 않으려면 빨리 뛴다고 해결되는 것이 아니라, 조용히 쉬면서 머물게 되면 저절로 생기지 않는다고 하였다.

이러한 어리석음은 비단 그림자의 주인과 공자에게만 해당되는 문제가 아니다. 우리는 과학이 발달하고 문명이 진화된 현대사회를 살아가면서 오만가지 근심과 걱정 속에서 살아가고 있다고 해도 과언이 아니다. 이미 해답은 나와 있고 그 해답은 내 호주머니 속에 들어 있는데, 답을 구하려고 마냥 허공을 향하여 달려가고 있는 것은 아닌지 자문해볼 필요가 있다. 정녕 그렇다면 얼마나 어리석은 일인가?

장자는 같은 것끼리 서로 따르는 동류상종同類相從이나, 같은 소리끼리 서로 응하는 동성상응同聲相應이란 본래부터 정해진 자연의 이치인 고천지리固天之理라고 하였다. 그래서 잔디밭에는 잔디의 뿌리가 서로 엉켜서 무리를 이루고, 갈대숲에는 갈대들만이 무리를 짓고 살아간다. 날 때부터 콩은 콩이고 팥은 팥이어야 하듯이 사과나무에서 복숭아가 열리지 않고, 까치는 태어나서부터 죽을 때까지도 까마귀 소리를 내지 못한다. 수고양이는 암고양이의 소리를 알아듣고 수사슴은 암사슴의 소리를 알아듣기 때문에 서로 만나 짝을 짓는다. 이것이 동유상종이고 동성상응이다.

그러므로 만물의 영장이라는 사람 역시도 무리를 이루어 짝을 짓고 사회생활을 하지만, 하늘의 이치를 따르고 자연의 섭리에 순응하라고 하는 이유다. 즉 인간으로서의 도리를 다하면서 살아가라는 가르침이다. 그런 삶이라야 자기의 수명을 다하는 것이지, 굳이 벽에 똥칠을 하면서까지 백세를 채우는 것만이 장수하고 천수를 누리는 것은 아니다. 본 장에 등장한 어부는 이와 같은 메시지를 전해주려고 장자가 현세로 보낸 사람은 아닐까?

제32장

열어구列禦寇

용을 잡는 기술을 익히다

열어구는 노장사상을 대표하는 도가의 선구자이자 사상가인 열자의 이름이다. 본 장 역시도 열자에 대한 소개나 특별한 내용이 있어서 열어구로 제목을 정한 것이 아니라, 첫 구절에서 열자와 백혼무인의 대화로 시작되었다고 열어구로 정한 것이다. 본 장에는 주평만朱泙漫이라는 사람이 등장하는데 그는 지리익에게 전 재산을 다 바치고, 그것도 3년이라는 많은 시간을 쏟아 부으면서 용을 잡는 기술을 연마했다. 역사상 유례가 없는 대단한 기술이었다. 왜냐하면 토끼를 잡는 것도 아니고 멧돼지를 잡는 것도 아닌 상대는 전설의 용이다. 그것도 그냥 잡는 것이 아니라 때려잡을 수 있는 독보적인 기술이다 보니 충분한 가치가 있어 보인다. 하지만 문제는 때려잡을 용이 없다는 것이다. 용은 전설 속에만 있고 현실 세계에는 존재하지 않기 때문이다.

자아를 버리고 유유히 노닌다

열자가 제나라로 가다가 생각을 바꾸고 돌아오는 길에 우연히 백혼무인을 만났다.

백혼무인: 어째서 먼 길을 나섰다가 되돌아오느냐?

열자: 놀랄 만한 일이 있었기 때문입니다.

백혼무인: 무슨 일이기에 그리 호들갑이냐?

열자: 제가 제나라로 가는 도중에 주로 주막에서 식사를 하였습니다. 그런데 다른 손님들보다 먼저 내오는 것은 물론이고, 심지어는 돈을 받지 않는 집도 있었습니다.

백혼무인: 그럴 수도 있는 것이지. 그렇다고 발길을 돌렸느냐?

열자: 아직도 제가 자부심을 완전히 벗어던지지 못했기 때문에 남들이 달리 보았던 것 같습니다. 먼저 온 손님 중에는 어린 아이와 노인도 있었는데 새치기한 것 같아 부끄럽기도 했습니다. 주막이란 보잘것없는 장사로서 남의 눈치를 볼 필요가 없는 곳입니다. 그런 곳에서 저를 특별히 대우한다는 기분이 들었으니, 한 나라의 임금쯤 되면 어떻겠습니까? 만일 상대방이 내정과 외교에 골몰하고 있는 사람이라면, 틀림없이 엉뚱한 기대로 저를 맞아들여 국정을 맡기고 성과를 기대할 것입니다. 저는 그런 점이 두려웠습니다.

백혼무인: 그렇구나, 그런 이유라면 잘 생각했다. 하지만 네가 네 자신을 완전히 버리지 못하는 한, 어디를 가든지 세상 사람들이 너를 그냥 놔두지 않을 것이다.

그로부터 얼마 지나지 않아 백혼무인이 열자의 집을 찾았다. 문 밖 뜰에는 방문객들의 신발로 가득 차 있었다. 백혼무인은 지팡이를 짚고 잠시 서 있다가 그대로 발길을 돌렸다. 그 소식을 전해 들은 열자는 황급히 뛰어나와 백혼무인을 따라가서 소매를 붙잡고 말했다.

열자: 선생님께서 여기까지 일부러 오셨는데 그냥 가시다니요? 그리고 제게는 약이 되는 가르침도 주시지 않았습니다.

백혼무인: 듣기 싫다. 새삼스럽게 무슨 말을 하겠느냐? 내가 너에게 분명히 말하지 않았더냐. 네가 네 자신을 버리지 않는 한 세상 사람들이 너를 그냥두지 않는다고 말이다. 그런데 아직도 이 몰골로 있지 않느냐? 사람들이 너를 찾아와서 의지하려는 것은 네가 남의 눈에 잘 보이려는 틈이 있었던 것이다. 그런 생각과 태도는 너의 타고난 본성만 해칠 뿐 아무런 득이 없다.

그뿐만이 아니다. 네게 가르침을 받으려고 모여든 사람들의 생각이 어떤 것인지 알고는 있느냐? 그들은 너에게 아첨하여 너를 병들게 만들 것이다. 그들은 그들 자신조차도 그것을 깨닫지 못하고, 남의 마음까지 어둡게 만들고 있다. 이리하여 서로 부둥켜안고 깊은 물속으로 함께 가라앉는 것이다. 지혜와 재주를 자랑하는 사람은 심신을 시달리게 할 뿐 평생토록 얻는 바가 없다. 하지만 무능을 자각한 사람은 바라는 바가 없을 것이니, 배를 채우는 것만으로도 만족하고 평안한 생활을 즐길 수 있다. 그런 것을 두고 "물결 따라 나부끼는 조각배처럼, 자아를 버리고 자유의 경지를 유유히 노닌다"고 하는 것이다.

편치 않은 곳에서 평안을 찾다

정나라의 완緩이라는 사람이 구씨裘氏라는 고장에서 책을 읽으며 수양을 했다. 그로부터 3년이 지나자 유학자가 되었다. 강물이 90리를 적시듯 그의 은택이 삼족에까지 영향을 미쳤다. 그리고 자기 동생에게는 묵자의 학문을 공부하게 하였다. 한참 뒤에 형제는 한자리에 앉아 유가와 묵가의 논쟁을 벌이게 되었다. 그런데 그 자리에 있던 아버지가 아우의 편을 들어주었다. 완은 몹시 서운하였고 그 일이 있은 지 10년 뒤에는 자살하고 말았다.

아버지의 꿈에 완이 나타나서 말하기를 "동생을 묵가로 만든 것은 저였습니다. 그런데 어찌하여 제 무덤가의 잣나무 열매가 익어가도록 한 번도 찾아주시지 않으십니까?"라고 하였다. 조물주가 사람에게 보답할 때는 그 사람에게 하지 않고, 그 사람의 천성에 보답하는 것이다. 자살한 완은 그 때문에 유자가 되었지만, 유자가 됨으로서 남들과는 다른 존재라고 생각하고 제 부모까지도 업신여기고 있었던 것이다. 사람들은 우물을 파서 물을 마시게 되면, 그것은 자연의 힘이 아니라 자기네 힘이라 생각하고 서로 다툰다. 그러므로 지금 세상의 사람들은 모두가 완과 같은 사람이라고 볼 수 있다.

진실한 덕을 지닌 사람은 자기가 덕을 지니고 있다는 사실조차도 모른다. 하물며 도를 터득한 사람이야 어떠하겠는가?

예전에는 자연의 은혜는 저버리고 제 능력인 줄로 여기는 자를 두고, 자연으로부터 도망쳐서 형벌을 받고 있는 자라고 하였다. 성인은 자신을 자연에 맡기면 편안해하고 그렇지 못하면 불안해하였다. 하지만 일반 사람들은 편치 않은 곳에서는 편히 지내고, 편안한 곳에서는 오히려 불안해한다.

쓸모없는 기술을 배우다

장자가 말하였다.

장자: 사람이 도를 아는 것은 쉽지만, 그것을 말하지 않기는 어렵다. 하지만 알면서도 말하지 않는 것이 무위자연으로 가는 방법이다. 알고 있는 것을 말하며 자랑하는 것은 인위로 가고자 하기 때문이다. 옛 사람들은 자연스러울 뿐 인위가 없었다.

주평만은 지리익支離益으로부터 용을 때려잡는 기술을 배웠다. 천금의 수업료를 내느라 가산을 탕지하다시피 하였다. 그러면서 3년 만에 터득하였으나 그 기술을 쓸 곳이 없었다.

성인은 꼭 그러한 것도 꼭 그렇다고 고집하지 않는다. 그래서 무력에 의존하는 일이 없다. 일반 사람들은 꼭 그렇지 않은 것도 꼭 그렇다고 고집한다. 그러므로 무력으로 문제를 해결하려고 한다. 무력을 따르기 때문에 그들의 행동거지에는 추구하는 것이 있게 된다. 이와 같이 무력에 의지하여 행동하면 멸망의 길로 접어들게 되는 것이다.

작은 사내의 지혜란 책을 싸거나 만드는 것에서 벗어나지 못한다. 정신을 천박한 일들로 피폐하게 만든다. 그러면서도 도와 사물을 아울러 터득해 합치시키고, 형체와 허상을 크게 하나로 이루려고 한다. 이런 자들은 시간과 공간에 미혹되고 형체에 묶여서 태초의 묘미를 알지 못한다. 하지만 지극한 사람의 정신이란 시작도 없는 허무한 상태에 귀의시키고, 아무것도 없는 자유로운 경지에서 무지를 즐긴다. 아무런 구애 없이 물처럼 흐르며, 높은 하늘의 텅 빈곳으로 나아가는 것이다. 하지만 슬픈 일이다. 너희들은 터럭 끝 같은 지식만 알려고 하기에 크게 안정된 경지를 헤아리지 못하고 있는 것이다.

체통을 지키고 살아라

송나라에 조상이라는 사람이 있었는데 진나라에 사신으로 갔다. 그가 고국을 떠날 때는 수레가 몇 대뿐이었다. 하지만 그가 진나라에서 소임을 마치고 돌아갈 때, 진나라 임금은 그를 흠모하여 백 대의 수레를 보태주었다. 송나라로 돌아오자마자 조상은 장자를 만나서 자랑하였다.

조상: 그대처럼 궁색한 집에 살면서 짚신이나 만들어 연명하고, 마른 목덜미에 누렇게 뜬 얼굴을 하고 지내는 생활을 나는 못 하오. 한 번에 만승의 천자를 깨우치고 백대의 수레를 뒤따르게 하는 것이 내가 하는 일이지.

장자: 진나라 임금이 병이 나서 의원을 모집한 적이 있었소. 종기를 째고 고름을 짜는 자에게는 수레를 한 대 주었고, 고름

을 빨아주는 자에게는 수레를 다섯 대 내렸소. 그리고 치료하는 방법이 천할수록 하사하는 수레는 더욱 많아졌다오. 그대는 임금의 치질이라도 핥아주었다는 말이오? 안 그러면 어떻게 그리 많은 수레를 받을 수 있었겠소?

불초한 자를 가려내다

공자가 말하였다.

공자: 사람의 마음이란 산천보다 험하기에 하늘보다 알기가 더 어렵다. 자연에는 춘하추동이 있고 낮과 밤처럼 정해진 기약이 있지만, 사람은 두터운 외모 속에 감정을 깊이 간직하고 있다. 그러므로 외모는 공손한 것 같은데 속은 교만하고, 외모는 잘난 것 같은데 속은 불초하며, 외모는 신중한데 속은 경박하고, 외모는 튼실한데 속은 유약하며, 외모는 느긋한데 속은 성급한 자가 있다. 따라서 목마른 것처럼 의로움으로 나아가다가도 의로움을 버릴 때는 열화와 같다.

그래서 군자는 사람을 멀리 놓고 부리면서 충심을 살피고, 가까이 놓고 부리면서 공경함을 살피며, 일을 번거롭게 시켜서 재능을 살피고, 갑자기 질문을 하여 지혜를 살피며, 급한 약속을 만들어서 신의를 살피고, 재물을 맡겨봄으로써 진실함을 살피며, 위급한 상황에서 절개를 살피고, 술에 취하게 하여 속내를 살피고, 남녀를 섞어 지내게 하여 호색의 정도를 살펴보는 것이다. 이 아홉 가지로 시험해보면 불초한 자를 가려낼 수 있다.

천명에 통달하는 것이 최고다

공자가 이어서 말하였다.

공자: 사람을 해치는 일 중에 덕을 추구하는 마음을 갖는 것보다도 큰 해가 없는데, 그것은 마음이 눈썹처럼 움직이기 때문이다. 마음이 눈썹처럼 움직이면 모든 일을 자의적로 판단하게 되고, 일을 자의적으로 판단하면 매사에 실패하는 일이 빈번해진다.

흉한 덕이란 자기가 좋아하는 것만 하고, 그것을 남도 하지 않으면 미워하는 것이다. 궁해지는 데에는 여덟 가지 이유가 있고, 뜻대로 되지 않는 데에는 세 가지 조건이 있으며, 육체를 망치는 데에는 여섯 가지 기능이 있다.

멋진 수염, 큰 키, 큰 몸집, 힘이 세고, 멋있으며, 사려 깊으며, 용기 있고, 과감한 여덟 가지 모두가 남보다 뛰어나면 이로 인해 궁해지는 것이다. 외물에 순응하며 머리를 끄덕이고, 남을 따르며 막히면 두려워하고, 남보다 뒤지게 행동하는 세 가지는 모두가 형통해지는 것이다. 반대로 지혜가 뛰어나면 비난을 받고, 용기와 힘이 있으면 원한을 사고, 인의를 내세우면 책망을 듣게 된다. 삶의 실정에 통달한 사람은 위대하나, 지식에만 통달한 사람은 작은 것이다. 천명에 통달한 사람은 자유롭지만, 작은 일에 통달한 사람은 어려움을 겪게 된다.

자의적인 판단에 구속되지 마라

장자의 병이 위독하게 되었다. 임종을 앞두고 제자들은 성대한 장례를 논의했으나 장자가 거절하였다.

장자: 하늘과 땅을 나의 관으로 삼고, 해와 달을 한 쌍의 구슬로 두르고, 별들을 장식으로 삼고, 만물을 부장품으로 삼으려 한다. 그러면 장례 준비는 다 갖추어진 것이니 더 이상 보태지 말거라.

제자들: 그렇게 되면 선생님 몸은 까마귀와 솔개의 먹이가 될 것입니다.

장자: 땅 위에 놓아두면 새들이 먹을 것이고, 땅속에 놓아두면 개미와 땅강아지들이 먹을 것이다. 굳이 한쪽에서 빼앗아 다른 쪽에 준다는 것은 공정한 처사가 아니다. 또한 인위적으로 공정을 꾀하는 것은 공정이 될 수 없으며, 의도적으로 자연에 순응하려는 것은 참다운 순응이 아니다.

자신의 영리함을 믿고 지혜를 사용하면 오히려 사물의 지배를 받지만, 참다운 지혜를 가진 사람은 사물에 순응할 뿐이다. 그래서 자신이 지혜롭다고 자부하는 사람은 참다운 지혜를 따를 수 없는 것이다. 하지만 이러한 이치를 깨닫지 못하는 사람은 자의적인 판단에 구속되어 그 굴레를 벗어나지 못하는 것이니 이것이야말로 슬픈 일이다.

붙임 말

본 장의 제목은 열어구로 도가의 계승자인 열자의 본명이다. 하지만 열어구는 첫 단락에만 등장하고 사라진다. 본 장에서도 여러 이야기를 전개하였지만 누가 뭐래도 주평만이 터득한 용을 잡는 기술인 도룡기屠龍技가 돋보인다. 도룡기의 원문은 "주평만학도룡어지리익朱泙漫學屠龍於支離益 단천금지가單千金之家 삼년기성三年技成 이무소용기교而無所用其巧"이다. 직역하면 "주평만은 지리익에게 용 잡는 기술을 배웠다. 천금의 가산을 탕진해서 3년 만에 완성했지만, 그 기술을 쓸 곳이 없었다"이다. 전부 스물다섯 자에 불과할 정도로 짧은 단문이다. 그것도 두 사람의 이름을 빼고 나면 열아홉 자밖에 안 된다. 하지만 함축된 내용이 마치 껌을 씹는 것처럼 한동안 배어 나와서 수많은 현실에 적용할 수 있는 경구이다.

예나 지금이나 인간의 작은 한계는 어리석고 어처구니없는 일들을 만들어내며 거기에 깊이 빠져서 헤어 나오지 못하기도 한다. 특히 자기 스스로는 대단한 자부심을 가지고 평생 동안 무엇인가에 몰입했는데, 광맥을 잘못 짚은 것처럼 허무하게 끝나는 경우도 있다. 그러므로 지금 이 시간에도 자신의 삶을 바라보았을 때, 용을 잡는 기술을 배우느라 밤낮으로 고생하고 있는 것은 아닌지 한번쯤은 돌이켜보아야 한다. 좀 더 보람 있고 가치 있는 삶을 영위하기 위해서다.

어느 세상에서나 뒷배경이 좋아서 졸지에 성공하는 사람도 있고, 운이 좋아서 졸지에 부자가 되는 졸부도 있다. 많은 사람이 겉으로는 비아냥대며 손가락질해도 속으로는 부럽기만 한 선망의 대상이다. 그런가 하면 밤을 낮 삼아 공부하고 일하는데도 전혀 진전이 없어서 맨날 그날이 그날인 사람도 부지수로 많다. 그래서 운 좋은 사람이 부지런한 사람을 이긴다는 말도 있다. 하지만 우리가 살아가고 있는 이 세상은 착한 사람이 복을 받고 악한 사람이 벌을 받는 그렇게 공정한 곳이 아니다. 그래서 사람들이 겉으로는 힘내라면서 응원의 박수를 보내지만, 그들 속으로는 응원의 대상을 우습게 보거나 하찮게 여기며 발아래로 보는 경우도 많다. 다양한 인간이 모여서 다양한 국가와 사회를 구성하고 있으니, 별의별 사람이 다 있고 별의별 일이 다 생겨나기 때문에 어쩔 수 없는 일이다. 그것이 못마땅하다고 스스로 이승을 떠나 저승으로 이사 갈 사람은 없을 테니까.

본 장에는 조상이라는 사람이 등장하는데 그는 실존했던 인물로서 당시 송나라 강왕康王의 밑에서 재상을 지냈던 인물이다. 장자와는 동향 사람으로 벼슬길에 올라 목에 힘 꽤나 주고 다녔던 모양이다. 그렇게 우쭐거리며 자기자랑하기를 좋아하는 사람이 진왕으로부터 받아온 선물이 수레로 백 대나 되었다. 그런데 그 선물이 아랫도리의 치부나 빨아주고 받은 대가가 아니냐면서 면박을 주었다. 참으로 기발하면서도 통쾌한 풍자가 아닐 수 없다.

제33장

천하天下

도는 본래부터 하나다

잡편의 대부분이 그렇듯이 천하라는 제목도 첫머리 두 자를 따서 지은 것으로 의미는 없다. 하지만 본 장은 고대 중국사상을 고찰하는 데 있어서 매우 소중하면서도 오래된 기록이라는 평가를 받고 있다. 더군다나 명망이 높은 학파의 여러 가지 논리를 전개해놓았기 때문에 다른 사서나 고전에서는 찾아볼 수 없는 자료라는 것이 중론이다. 《장자》의 마지막 장인 천하에 대해 육덕명陸德明은 천하의 도술을 총괄하여 논평하였다고 말하였다. 또한 일본의 후쿠나가 미쓰지福永光司는 도의 가르침을 조술祖述하는 네 개의 대표적인 학파가 있는데, 바로 묵적과 금골리, 송견과 윤문, 신도와 전병, 관윤과 노자의 학설을 해설한 것이라고 평가하였다. 장자는 본 장에서 이들의 학설을 비판적으로 계승하였고, 그것을 한층 더 심화시키고 구체화하면서 인간의 절대적인 자유에 대하여 선인先人이 말한 바를 근본으로 하여 밝혀주고 있다.

백성을 다스린다는 것

천하에는 도를 닦고 학문을 연마하는 사람들이 많이 있다. 그들은 하나같이 자기가 배운 것이 최고이며 거기에는 덧붙일 것이 없다고 말한다. 그렇다면 옛사람들이 도를 닦은 학문이란 도대체 어디에 있다는 말인가? 하지만 도는 그 자체가 보편적인 것이므로 어디에나 있다고 보아야 할 것이다. 도의 신령함은 어디에서 내려왔으며, 도의 명철함은 어디에서 나왔는가? 이르기를 있지 않은 곳이 없다고 한다. 성인이 생겨나고 왕업이 이루어지는 모든 것은 하나같이 도에 바탕을 두고 있다.

무위자연의 도에서 떨어지지 않는 사람을 천인天人이라 하고, 정기에서 떨어지지 않는 사람을 신인神人이라고 하며, 참된 진실에서 떨어지지 않는 사람을 지인至人이라고 한다. 하늘을 존귀하게 여기고, 덕을 근본으로 삼으며, 도를 문으로 삼고, 변화에 초월한 사람을 성인聖人이라고 한다. 인으로 은혜를 베풀고, 의로써 도리를 행하며, 예로써 몸가짐을 삼고, 음악으로 조화를 삼으며, 자애롭고 인자한 사람을 군자君子라고 한다.

법으로 흑백을 구분하고, 명분으로 몸가짐을 삼으며, 경험으로 참고하고, 고찰하는 것으로 시비를 판단하며, 그 숫자는 하나, 둘, 셋, 넷처럼 정확히 하고, 백관은 이로써 서열을 정한다. 하루 사용하는 재화를 일정하게 유지하고, 먹고 입는 것을 위주로 하며, 가축을 늘리고 재화를 일으키고, 어린아이와 노인, 고아와 과부를 먼저 염두에 두고 모두를 부양하는 것이 백성을 다스리는 일이다.

도에 대해 착각하고 있다

옛사람들은 본성을 온전히 하여 신명과 합치하고, 천지에 순응하여 만물을 육성하며, 천하를 조화롭게 하여 그 은혜가 온 백성에게 두루 미쳤다. 자연의 근본적인 이치를 밝혀 속세의 법도에 연결하였으므로 천지사방으로 통하였고, 사시를 운행하였으며, 크고 작든 가늘고 굵든 모든 사물의 운행에 도가 적용되지 않은 바가 없었다.

그것을 밝혀 원리와 법도를 기록한 것이 역사책인데 아직도 많이 남아 있다. 그중에서도 시서예악에 기록되어 있는 것은 공자와 그의 후학들이 대부분 밝혀놓았다. 시는 뜻을 밝힌 것이고, 서는 정사를 밝힌 것이며, 예는 행위에 대한 것이고, 악은 조화에 대한 것이며,《주역》은 음양에 대한 것이고,《춘추》는 명분에 대한 것이다. 이러한 법도가 온 천하에 퍼져서 유행한 것이 제자백가의 학문인데, 간혹 시절에 맞게 혹은 사정에 맞게 따르는 경우도 있다.

천하가 크게 어지러워지고 성현이 밝게 드러나지 않자, 도와 덕이 일치하지 않게 되었다. 사람들은 도와 덕의 일부분만 얻어서 밝아지면 그것만 옳다고 하였다. 마치 이목구비가 저마다 밝지만 서로 통하지 않는 것처럼, 백가의 재주가 이와 같아서 때에 따라서 쓰이는 데가 있었던 것이다. 그래서 조화롭고 보편적이지 못해서 한쪽으로 치우쳐진 학문이 되고 말았다.

천지의 아름다움을 판별하고, 만물의 이치를 분석하면서 옛사람들의 온전함을 흩뜨려놓고 있다. 그러므로 천지의 아름다움을 구비하고 신명스런 모습에 어울리기는 어려운 일이다. 그런 이유로 안으로 성인의 도와 밖으로 제왕의 도는 어두워져서 밝지 못하고, 막혀서 드러나지 못했다. 그래서 천하의 사람들은 자기가 바라는 것을 닦아서 가진 다음, 그것을 도라고 생각하게 되었다. 그렇게 백가들은 제 길을 달려가면서 돌아올 줄 모르고 있으니, 그들은 절대로 도에 부합하지 못할 것이다. 후세의 학자들도 불행하게 천지의 순박함이나 예전의 위대한 본체를 보지 못할 것이니, 장차 도를 닦는 학문이 오히려 천하를 갈기갈기 분열시켜놓을 것이다.

묵자의 도는 현실과 유리되어 있다

후세를 위하여 사치하지 않고, 만물을 손상시키지 않으며, 예와 법도를 꾸미지 않고, 올바른 규범으로 스스로 바로잡아서 세상의 급한 일에 대비하게 했다. 옛날의 도술을 닦은 사람 중에 묵자와 금골리禽滑釐는 그런 가르침을 듣고 설복당하였다. 그러나 그것은 실천하는 데 있어서 지나쳤고, 금지하는 데 있어서는 정도가 심하였다. 그들은 음악을 부정하여 태어나도 노래하지 않았고, 죽어도 곡을 하지 않았으며 상복도 오래 입지 않았다.

묵자는 평등한 사랑을 주장하고, 모두를 이롭게 해주며, 전쟁에 대해서는 결사적으로 반대하였다. 그에게 도는 노여워하지 않고, 배우기를 좋아하며, 남녀를 구분하지 않는 것이었다. 이는 선왕의 법도에 맞지 않고 예악을 훼손하는 것이다.

역대의 왕들은 음악을 만들었고, 상례에는 귀천의 구분이 있었다. 지금 묵자만이 노래를 해야 할 때 노래를 하지 않고, 곡을 해야 할 때 곡을 하지 않으며, 즐겨야 할 때 즐기지 않는다. 그렇다면 이것이 인정에 맞는 법도인가? 결국 살아서는 애써 일하고 죽어서는 천대받는 것이니 묵가들의 도는 야박한 것이다. 사람들로 하여금 근심하고 슬프게 만드는 것이니 실행하기에도 어려운 것이다. 따라서 성인의 도라 할 수 없고, 천하의 인심에도 반하므로 천하가 감당할 수 없을 것이다.

묵자가 비록 혼자서 실천한다고 한들 천하의 사람들을 어찌 할 수 있을 것인가? 이처럼 천하와 떨어져 있는 것이라면, 그것은 왕도와도 멀리 떨어져 있는 것이다.

우임금의 도가 묵가의 도이다

묵자는 자신의 도에 대하여 이렇게 말하였다.

묵자: 옛날 우임금은 홍수를 막고, 장강과 황하의 물을 터서 사방의 이적과 구주를 통하게 하였다. 그때 다스린 명산이 3백이었고, 지천이 3천이었으며, 작은 것들은 수도 없이 많았다. 우임금은 손수 삼태기와 가래를 들고 천하의 강물을 모아 바다로 흐르게 하였다. 그 때문에 장딴지에는 살이 없어졌고, 정강이의 털은 다 닳았다. 소나기에 목욕하고 거센 바람에 머리를 빗으며 모든 나라를 안정시켰다. 우임금은 위대한 성인이었는데도 천하를 위하여 이처럼 옥체를 수고롭게 하였다.

후세의 묵가들이 이에 영향을 받아서 짐승의 거친 가죽과 칡으로 만든 갈옷을 입고, 나막신과 짚신을 마다하지 않았으며, 밤낮으로 쉬지 않고 일하는 것을 근본으로 삼았다. 그러면서 이렇게 하지 않는다면 그것은 우임금의 도가 아니므로 묵가가 될 수 없다고 하였다.

묵자는 천하의 호인이었다

상리근相里勤의 제자와 오후五侯의 무리는 남방의 묵가들이었지만, 고획若獲과 기치已齒와 등릉자鄧陵子의 무리들과 같이 공히 묵자의 경전을 배웠다. 하지만 각자 추구하는 바가 달라서 서로 상대를 그릇된 묵가라고 비난하였다. 단단한 것과 흰 것은 같은 것인가 다른 것인가의 궤변으로 헐뜯고, 소의 뿔이 상하로 갈린 소와 짝을 이룬 소는 같지 않다는 사설로 응수하였다. 거자巨子를 성인이라 하면서 그를 종주로 삼고, 묵자의 후계자가 되기를 바라는 상태가 지금까지도 끊이지 않고 있다.

묵적과 금골리의 뜻은 옳았으나 그 실천이 잘못된 것이다. 후세의 묵가들로 하여금 스스로를 괴롭히면서 장딴지에는 살이 없고, 정강이에는 털이 없도록 만들어주고 있을 뿐이다. 이렇게 된다면 천하를 어지럽힐 수는 있어도 다스릴 수는 없게 되는 것이다.

비록 그렇다고 해도 묵자는 천하를 사랑하였고 천하의 호인이었다. 먼 훗날에도 다시는 만날 수 없는 사람일 것이다. 비록 자신의 몸이 고목처럼 말라가도 그치지 않았으니 뛰어난 선비임에는 틀림이 없다.

행함이 지극함에 이르면 멈춘다

세속의 일에 연루되지 않고, 외물에 이끌리지 않으며, 남에게 해를 끼치지 않고, 대중들에게 거스르지 않는다. 오로지 천하가 태평하고 백성들이 안녕하기를 바라며, 나와 모든 사람이 양생하는 것으로 만족하고 거기서 그침으로서 마음이 소박하였다. 옛날 도를 닦고 학문을 연마하는 사람 중에 이런 경향을 좋아했던 사람들이 있었는데, 바로 송견과 윤문이 그러했다.

그들은 위아래가 평평한 관을 만들어 쓰고 자신들을 드러냈다. 그들은 만물을 대함에 있어서는 차별하는 마음을 없애는 데서 출발하였다. 이러한 마음의 포용을 가리켜 마음의 도라고 하였다. 이로서 서로 친밀하여 다 같이 기뻐하면서 세상을 평화롭게 하려고 했다.

모욕을 당해도 욕되게 생각하지 않음으로서 백성들 사이의 싸움을 없애려고 하였다. 침략을 금하고 무기를 없앰으로서 세상의 전쟁을 종식시키려고 하였다. 이런 주장을 견지하고 위로는 유세하고 아래로는 가르치려고 온 천하를 두루 주유하였다. 비록 천하 사람들이 받아들이지 않아도 기죽지 않고 떠들기를 멈추지 않았다.

비록 그렇다고 해도 남을 위한 것은 너무 많고, 자기들을 위한 것은 너무 적었다. 그들이 주장하기를 "사람이 욕심을 버린다면 하루에 닷 되의 밥만 있으면 족하지만, 천하의 사람들이 굶주릴까봐 두렵다. 나 자신은 비록 굶주리더라도 천하를 잊지는 않을 것이다"라고 말하였다. 그리고 또 주장하기를 "우리는 반드시 세상을 살릴 것이다"라고 말하였다. 세상을 구제하려는 선비의 뜻이 위대하다.

그들이 말하기를 "군자는 사물을 지나치게 따져서는 안 되며, 자신이 외물에 이끌려서도 안 된다"고 하였다. 천하에 이익이 되지 않는 것을 밝히는 것보다 그대로 두는 것이 낫다고 생각했던 것이다. 밖으로는 전쟁을 줄이고, 안으로는 욕망을 적게 하려고 하였다. 그들의 주장은 크든 작든, 세밀하든 굵직하든 간에 행함이 지극함에 이르면 멈춘다는 것이었다.

도는 모두를 포용한다

공정하여 파당을 짓지 않고, 신뢰하여 사심을 갖지 않으며, 객관적이어서 주장하지 않고, 사물을 따르되 구별하지 않으며, 세속적인 생각을 하지 않고, 지혜로서 계책하지 않으며, 사물을 자기 위주로 가리지 않고, 모두가 같이 간다. 옛날 도술을 닦은 사람 중에 이러한 것을 좋아한 사람들이 있었는데, 바로 팽몽彭蒙과 전병田駢, 신도愼到가 그랬다.

그들은 만물은 모두가 균등하다는 것을 내세우면서 주장하기를 "하늘은 사람을 덮어주기는 하지만 실어주지는 못한다. 땅은 모든 사람을 실어주기는 하지만 덮어주지는 못한다. 위대한 도는 만물을 감싸줄 수는 있어도 분별할 수는 없다"고 하였다.

그들은 만물에는 가능한 것도 있지만 불가능한 것도 있다는 것을 인지하고 있었다. 그래서 주장하기를 "자신의 생각에 따라서 사물을 선택하면 모든 사물에 공평할 수 없게 되고, 말로 가르치는 것은 한계가 있기 때문에 도에 대해서 모두 다 표현할 수 없다. 하지만 도는 모든 것을 포용하는 것이다"라고 하였다.

돌덩어리는 지각이 없다

신도는 지혜를 버리고 자기 자신도 떠나서 자연을 따랐다. 사물을 깨끗이 받아들이는 것이 올바른 도리라고 생각한 것이다. 그는 "안다는 것은 알지 못하는 것이다. 널리 구하여 알려고 들면 결국에는 지식을 손상시키게 된다"고 하였다. 그는 방정하지 못한 태도로 벼슬을 하지도 않았지만, 천하의 사람들에게 존경받는 현인을 비웃었다. 제멋대로 행동하면서 천하의 위대한 성인을 부정하였다.

망치로 치든지 깎든지 간에 사물을 따라 완만하게 변화하였다. 옳고 그르다는 생각을 버리고 시시콜콜하게 따지지 않았다. 지혜와 생각을 앞세우지 않고, 앞뒤를 따지지도 않으며, 홀로 우두커니 산봉우리처럼 멈추어 있었다.

밀리면 나아가고 당기면 돌아오니 마치 회오리바람처럼 돌고, 깃털처럼 나부끼며, 맷돌이 돌아가듯 자연스럽게 변화하였다. 모두가 완전하여 그릇됨이 없고 움직이든 고요하든 잘못이 없으니 책임도 없다. 왜 그러냐 하면 지각이 없는 물건은 자신의 환난을 일으키지 못하기 때문이다. 그는 지혜를 쓰는 번거로움도 없고, 움직이건 고요하건 이치에서 벗어나는 일이 없었다. 그래서 평생 기리는 바도 없지만 허물도 없는 것이다.

그러므로 말하기를 "지각이 없는 물건과 같이 되려고 할 따름이다. 성인이나 현인과 같은 지혜를 사용할 필요가 없다. 돌덩어리는 지각이 없으므로 오히려 도를 잃지 않는 것이다"라고 했다. 그래서 천하의 호걸들은 서로가 서로를 비웃으면서 말하기를 "신도의 도는 살아 있는 사람이 행하는 것이 아니라, 죽은 사람에게 적용되는 것이다"라고 하였다.

진실한 도를 알지 못하다

전병도 신도와 마찬가지였다. 그는 팽몽에게 배웠지만 가르치지 않은 것까지도 터득하고 배웠다. 팽몽의 스승이 말한 것은 "옛 도인은 옳은 것도 없고 그른 것도 없는 경지에 이르렀다는 것뿐이었다. 그런 학설은 맞바람 같아서 무엇 하나라도 제대로 설명할 수 있겠는가?"라고 했다.

항상 남들의 의견에 반대만 할 뿐 자기 소견은 드러내지 않았으므로 그가 말하는 도는 진실한 도가 아니다. 그가 말하는 옳은 것이란 그른 것이 아닐 수가 없는 것이다. 따라서 팽몽이나 전병이나 신도는 진실한 도를 알지 못하였다. 비록 그렇다고 해도 대략적인 내용에 대해서는 어느 정도 알고 있는 사람들이었다.

자연과 조화를 이루다

근본을 지극한 정신과 도라 하고, 사물은 조잡한 것이라 하며, 재물이 쌓여 있는 것을 하찮게 여기고, 홀로 담담하게 신명과 더불어 산다. 옛날의 도를 닦는 학술을 터득하여 이러한 경지에 도달하는 것을 좋아했던 사람들이 있었는데, 바로 관윤과 노자였다.

그들은 영원하고 아무것도 없는 경지를 세워놓고 큰 도를 중심으로 삼았다. 부드럽고 겸손한 것으로 겉모양을 삼고, 공허함으로서 만물을 훼손하지 않는다는 것을 내실로 삼았다.

관윤이 말하기를 "자신에게는 정해진 입장이 없지만, 외물의 형세에 따라 자신을 드러낸다. 움직임은 물과 같고, 고요함은 맑은 거울과 같으며, 호응하는 것은 메아리와 같다. 홀연히 아무것도 없는 것 같고, 청정하니 맑은 것 같다. 이런 경지에 동화가 되는 사람은 자연과 조화를 이루지만, 의식적으로 이런 경지를 추구하는 사람은 이런 경지를 잃게 된다"고 하였다. 그는 언제나 남보다 앞서지 않고 뒤를 따랐다.

덜지도 보태지도 않는다

노자가 말했다.

노자: 자신의 강함을 알면서도 약자의 입장에 서면, 천하의 사람들이 계곡으로 물이 모이듯 몰려든다. 자신이 결백하다는

것을 알면서도 욕된 자의 입장에 서면 천하의 사람들이 바다로 강물이 밀려들듯이 몰려든다.

사람은 모두 앞서기를 좋아하는데 나만 홀로 뒤처지는 것을 취하니, 이는 천하의 모든 치욕은 내가 받아들이겠다는 각오이다. 사람들은 모두가 알맹이를 취하는데, 나 홀로 껍데기를 취하며 저장하지 않기에 오히려 남음이 있는 것이다.

홀로 우뚝 서서 여유가 있다는 것은 행동이 비록 느리기는 하지만 어긋나지 않으며, 인위가 없으므로 오히려 교활한 자를 비웃는다. 사람들은 모두가 복을 구하지만 나는 홀로 온전함을 추구하였다. 깊은 것을 근본으로 삼고 검약을 원칙으로 삼았다. 단단하면 부서지고 예리하면 무뎌진다. 항상 외물을 너그럽게 포용하고 남을 깎아내리지 않는다. 그러므로 도의 지극함에 이른다고 할 수 있다.

관윤과 노자는 옛날의 넓고 위대한 진인이었다.

현묘한 도에 도달하다

황홀하고 적막하여 형체가 없고, 변화하여 일정함이 없으니, 죽은 것인지 산 것인지 알 수 없다. 하지만 천지와 함께 존재하고 신명에 따라 나아간다. 망망한데 어디로 갈 것이며, 순간인데 어디까지 갈 것인가? 만물이 모두 눈앞에 펼쳐져 있지만 돌아갈 만한 곳이 없다. 옛날의 도술을 닦는 학문을 터득하여 이러한 경지에 이르렀던 사람이 있었는데, 그가 바로 장자다.

그는 현실과 동떨어진 이론에 황당한 말과 종잡을 수 없는 말로 논하였다. 때로는 제멋대로였지만 치우치지 않았고, 한 가지 일에만 적용되는 견해를 내세우지도 않았다. 다만 지금은 천하가 침체되고 혼탁하여 올바른 이론을 펼칠 수가 없다고 하였다.

때로는 상황에 맞는 말로 모든 사물에 대하여 논하고, 세상에서 중하게 여겨지는 말로 진실을 논하였으며, 다른 일이나 사물에 빗대어 광범위한 문제들을 드러내 보였다. 홀로 천지와 더불어 정신을 왕래하면서도 만물을 내려다보지 않았으며, 옳고 그름을 따지지 않고 세속에 순응하며 살아갔다.

장자의 책은 괴이하고 일반적인 상식을 초월하지만, 사물을 따르므로 남을 해치지는 않는다. 그의 표현은 신출귀몰하기는 하지만 파격적인 재미가 있다. 달리 가슴속에 꽉 들어찬 것들을 해소하고 표현할 수 없었기 때문이다. 그래서 내용은 생명력이 있고 풍성하다.

위로는 현묘한 도에 도달하여 조물주와 노닐고, 아래로는 생사를 벗어나고 시작과 끝이 없는 자를 벗하였던 것이다. 그의 근본이라고 할 수 있는 도는 광대하고도 탁 트였으며, 심원하고도 자유롭다. 그러나 그는 천지의 변화에 호응하면서 사물을 풀어헤칠 때는 그 도리에 다함이 없고, 사물이 올 때는 큰 도에서 벗어나는 일이 없으므로 황홀하고 아득하여 끝이 없다.

변론가의 효시가 되다

혜시惠施의 학설은 다방면에 걸쳐 있으며 그의 책은 다섯 수레에 달한다. 하지만 그의 도는 모순되고 잡다했으며 이치에도 맞지 않았다. 그렇지만 사물의 뜻은 두루 편력하였다. 혜시가 말하였다.

혜시: 지극히 커서 한계가 없는 것을 대일大一이라 하고, 지극히 작아서 부피가 없는 것을 소일小一이라 한다. 쌓지 못할 정도로 두께가 없는 것일지라도, 소일의 입장에서 보면 그 두께가 천리는 되는 것이다.

대일의 입장에서 보면 하늘과 땅이 다 같이 낮고, 산과 연못은 다 같이 평평하다. 해는 방금 중천에 있다가도 곧 기운다. 만물은 방금 생겨났다가 이내 사라지기도 한다. 큰 견지에서 보면 모두가 비슷하게 보이지만, 작은 견지에서 보면 모두가 다르게 보인다. 이것을 일러 대동소이大同小異하다고 하는 것이다.

남쪽은 끝이 없다고 하지만 끝이 있고, 오늘 월나라를 떠난 것은 어제의 돌아옴이다. 이어진 고리도 자유롭게 움직이는 고리의 입장에서 보면 풀 수 있다. 나는 천하의 중심을 알고 있다. 그것은 연나라의 북쪽이라고 할 수도 있고, 월나라의 남쪽이라고 할 수도 있다. 널리 만물을 두루 사랑하면 천지는 하나가 된다.

혜시는 이로써 천하에 크게 달관한 변론가의 효시가 되었다. 혜시는 이것을 천하의 위대한 이론이라 여기고 변론가들을 가르쳤으며 변론가들은 그의 말을 서로 즐겨 하였다.

괴상한 이론을 펼치다

변론가들이 말하는 것을 정리해보면, 대략 21가지로 요약할 수 있는데 아래와 같다(〘 〙안의 말은 옮긴이의 개인적인 해설이다).

1. 계란에도 털이 있다.
   〘닭이 된다는 개념이다. 시간이란 무한하다는 입장에서 보았을 때, 계란에서 병아리가 되기까지의 시간은 무시한 것이다.〙
2. 닭에는 세 개의 다리가 있다.
   〘대상과 개념에 의해 인식이 성립된다고 보았다. 그래서 닭의 발은 두 개라는 대상과 닭의 발이라는 개념 하나가 합해져서 셋이 되었다. 실체가 아닌 마음의 발인 셈이다.〙
3. 초나라 수도인 영에 천하가 있다.
   〘무한대의 공간에서는 천하도 없다는 것이다. 그러므로 천하는 수도인 영안에 있다는 것이다.〙
4. 개도 양이라고 할 수 있다.
   〘둘 다 똑같이 네발 달린 짐승이며, 사람이 붙여준 이름이기 때문에 바꿀 수 있다고 본 것이다.〙
5. 말도 알을 낳는다.
   〘모체 안에서 형체를 갖추고 태어나는 동물이나, 알에서 깨어 나와 자라는 동물이나 다 같은 동물이라는 것이다. 즉 태를 알로 보고 알을 태로 본 것이다.〙
6. 개구리는 꼬리가 있다.
   〘올챙이 때는 꼬리가 달려 있었기 때문이다.〙

7. 불은 뜨겁지 않다.

〔불이 뜨겁다는 것은 인간이 느끼는 감정일 뿐, 불의 성질이 아니라는 것이다.〕

8. 산은 말을 한다.

〔거대한 산 자체가 입이라고 보는 개념이다. 즉 산울림을 말하는 것이다.〕

9. 수레바퀴는 땅을 밟지 않는다.

〔언제나 극히 일부만 땅에 닿아 있기 때문이다.〕

10. 눈은 볼 수 없다.

〔빛이 없으면 볼 수 없으며, 대상이 없으면 볼 수 없다는 개념이다.〕

11. 손가락으로 가리켜도 이르지 못한다.

〔물건에 대한 평가는 사람에 따라 다르기 때문이다.〕

12. 거북이가 뱀보다 길다.

〔무한한 공간에서는 뱀이 길지 않다는 개념이다.〕

13. 굽은 자로 네모를 만들 수 없고, 그림쇠로 원을 만들 수 없다.

〔절대적인 의미의 사각이나 원은 존재할 수 없다. 또한 규범이 일을 하는 것도 아니고, 도구가 일을 하는 것도 아니며, 일을 하는 주체는 사람이라는 개념이다.〕

14. 구멍은 자루에 맞지 않는다.

〔모든 공간에는 틈새가 있으며, 조금의 차이라도 있기 마련이라고 본 것이다.〕

15. 날아가는 새의 그림자는 움직이지 않는다.

〔움직이는 주체는 새지 그림자가 아니다. 그림자는 그저 새

에 붙어 있을 따름이라는 논리다.〕

16. 빨리 나는 화살도 가지도 않고 멈추지도 않는 순간이 있다.

〔화살이 사물을 통과할 때, 그 사물과 화살이 함께 있는 순간이 있다는 것이다.〕

17. 강아지는 개가 아니다.

〔강아지는 강아지일 뿐 개의 역할을 하지는 못한다는 것이다.〕

18. 누런 말과 검은 소는 셋이다.

〔색으로는 누런 노랑과 새까만 검정으로 나눌 수 있으나, 개념으로는 말과 소와 마소〔馬牛〕로 나눌 수 있다는 것이다.〕

19. 흰 개는 검다.

〔흰 개나 검은 개나 형체는 같다는 의미다. 즉 개는 개일 뿐이라는 것이다.〕

20. 어미 잃은 망아지는 일찍이 어미가 없었다.

〔어미 잃은 망아지와 망아지는 그 용어가 다르고, 어미를 잃는 그 순간에 어미는 존재하지 않는다는 것이다.〕

21. 한척의 지팡이를 매일 반씩 잘라내도 만년토록 없어지지 않는다.

〔무한히 작은 개념이 있다는 것이다. 21세기 현대 수학의 개념으로 보았을 때, 어떠한 양의 실수보다 작은 수인 무한소가 있기 때문이다. 즉 어떤 변수가 0에 한없이 가까워지면 그 변수는 무한소로 수렴한다는 개념이다.〕

이처럼 변론가들은 이런 말들을 혜시와 주고받으며 날이 가는 줄을 몰랐다. 환단桓團과 공손룡도 이런 변론가들과 한 무리였다. 그들은 위와 같은 이론으로 사람들의 뜻을 바꾸고 제압하기도 했지만, 사람들의 마음까지 감복시킬 수 없다는 것이 변론가들의 한계였다. 그러나 혜시는 날마다 그의 지혜를 다하여 천하의 변론가들과 토론함으로서 괴이한 이론을 성립시켰다.

형체와 그림자가 경주하다

혜시는 자신의 담론이 가장 현명하다고 생각하며, 하늘과 땅만이 자신의 담론보다 위대하다고 자화자찬하였다. 혜시는 자신을 만천하에 드러내고 싶었지만 아쉽게도 도술이 없었다.

남방에 기이한 사람이 있었는데 황요黃繚라고 불렀다. 그가 하늘이 추락하지 않고 땅이 꺼지지 않는 이유와 비바람이 치고 천둥번개가 치는 이유를 묻자, 혜시는 조금도 망설이지 않고 즉석에서 대답하였다. 모든 만물에 대하여 두루 편력한 것처럼 쉬지 않고 설명하였다. 한없이 많은 말을 이어가면서도 부족하다고 생각했는지 더욱더 괴상한 설을 보태었다. 그는 남들이 옳다고 여기는 것에 반대하는 논리를 펼쳐서 명성을 얻으려고 하였다. 그래서 그는 여러 사람과 조화하지 못했던 것이다. 덕을 닦는 일에는 빈약하면서도 물건에 대한 집착은 강하여 점차 그의 도가 비뚤어지기 시작하였다.

혜시의 재능을 하늘과 땅의 도로 헤아려본다면, 그것은 마치 한 마리의 모기나 등에가 공연히 수고로운 것과 같으니, 어찌 만물에 유용할 수 있겠는가? 한 가지 일에 충실한 것은 좋은 일이지만, 그 논리가 도보다 귀하다고 여기는 것은 위태로운 일이다. 혜시는 이것으로써 스스로도 편히 지내지 못하고, 만물을 산만하게 함으로써 마침내 변론을 잘한다는 명성만 얻었을 뿐이다.

애석하게도 혜시는 재능을 가지고 있으면서도 끝없이 방종하여 참된 도를 깨우치지 못하고, 만물의 뒤만 쫓다가 자기 본성으로 돌아오지 못하였다. 이는 메아리를 이겨보려고 더 크게 소리치는 것과 다를 바가 없는 것이다. 또한 형체와 그림자가 서로 경쟁하며 달리는 것과 다름없으니 슬픈 일이다.

붙임 말

본 장의 제목은 '천하'로 천하의 사상가들을 가리킨다. 여기서 장자는 자신을 포함한 당대 지식인들의 주장에 대하여 논평하고 있다. 본래 옛날의 도를 닦는 학문에서 도는 하나였다. 그런데 천하의 사상가라는 사람들이 여러 갈래의 방향으로 도를 이해하게 되었고, 그렇게 자의적으로 해석한 도를 정립시킨 것은 학설이 되었으며, 그 학설로 말미암아 여러 학파가 생겨나게 되었다. 기원전 8세기에서 3세기에 걸친 춘추전국시대에 맹위를 떨쳤던 제자백가를 모르는 사람은 별로 없을 것이다. 제자諸子란 여러 학자라는 뜻이고, 백가百家란 수많은 학파를 뜻한다. 즉 제자백가란 수많은 학파와 학자들이 자유롭게 자신의 사상과 학문을 펼쳤던 것을 말한다. 반고班固가 편찬한 《한서漢書》의 예문지에서는 제자백가를 크게 유가, 도가, 음양가, 법가法家, 명가名家, 묵가, 종횡가, 잡가雜家, 농가農家로 분류하였다. 하지만 근현대사회에 와서는 유가, 도가, 법가, 묵가로 압축되었다.

유가는 예악과 인의를 바탕으로 한 공맹의 사상이고, 도가는 인위에 반대하며 무위자연을 강조하는 노장의 사상이며, 법가는 법과 술術에 의한 통치를 주장한 상앙과 한비의 사상이고, 묵가는 차별 없는 사랑과 사치와 낭비는 물론 전쟁에 반대하는 이념을 펼친 묵자의 사상이다. 이들의 사상과 학문이 오늘날 동양철학의 토대를 형성하고 있음은 두말할 나위가 없다.

우리가 알 수 없는 어떤 현인이 《장자》를 최종적으로 편집했겠지만, 그는 제자백가들의 평가를 맨 끝에 두고 피날레를 장식하고자 한 것 같다. 공교롭게도 마지막 장의 맨 마지막 구절에 나오는 혜시의 변설은 유독 눈에 띈다. 여기서 혜시의 일방적인 논리는 도와는 아무런 상관이 없다는 것을 입증하는 대목인데, 그처럼 진실을 벗어나서 왜곡시킨 논리 때문에 참된 도는 가려지고 뒷전으로 밀려나 있다고 판단하였다. 그래서 세상은 더욱 혼란스러워진다는 생각을 굳히면서 혜시가 내뱉는 말은 모두가 궤변이라며 맹공을 퍼부었다.

본 장에서는 모두 여섯 그룹의 지식인에 대해 논평하고 있다. 그중 노자와 관윤에 대해서는 당연히 극찬을 아끼지 않았으며, 장자 자신에 대한 평가도 흥미로울 정도다. 그런데 우리가 눈여겨보아야 할 점은 맹자를 등장시키지 않았다는 것이다. 맹자는《장자》의 전편에 걸쳐서 어디에도 등장하지 않는다. 마찬가지로《맹자》에도 장자는 일체 등장하지 않는다. 그리고 두 사람이 각자 다른 철학을 가지고 있으면서도 서로의 인격이나 학문에 대하여 비판하거나 논했다는 기록이 전혀 없다. 노자는 기원전 571년 초나라에서 태어나 101세를 살았고, 공자는 기원전 551년 노나라에서 태어나 72세를 살았다. 노자는 공자보다 나이는 20살이나 더 많았지만 장수하여 더 늦게 죽었다. 이 두 사람은 동시대를 살았고 서로 교류하였으나 부딪히지 않았으며, 서로를 크게 비판하지도 않았다. 둘 다 성인이었고 요즘 말로 표현하면 점잖은 어른들이었다.

이로부터 약 180년이라는 세월이 흐른 뒤였다. 장자는 기원전 369년 송나라에서 태어났고, 맹자는 장자보다 3년 후인 기원전 372년 공자와 같은 노나라에서 태어났다. 이 두 사람이 추구하는 사상이나 학문은 상이했으나 공통점이 참으로 많았다. 이들은 동시대를 살면서 현인이자 성인으로 추앙받았고, 두 사람이 약속한 듯이 83세를 일기로 천수를 다했으며, 비유하거나 은유하고 의인하는 간접화법의 달인이었고, 어느 비평가 못지않게 날카로운 입과 붓끝을 가졌으며, 임금의 안색이 변해도 눈도 꿈쩍 않고 할 말은 다하는 한마디로 꼬장꼬장한 사람들이었다. 그런데 두 사람이 단 한 번도 부딪히지 않고 살았다는 것은 요즘 현대인의 인내심으로는 이해하기 힘든 부분이다.

하루 10분 장자
우화로 깨우치는 삶의 지혜

초판 1쇄 2024년 11월 1일 발행
초판 2쇄 2024년 11월 26일 발행

옮긴이 한덕수
펴낸이 김현종
출판본부장 배소라 **책임편집** 최세정 **편집도움** 이솔림 **디자인** 조주희
마케팅 안형태 김예리 **경영지원** 박정아

펴낸곳 (주)메디치미디어
출판등록 2008년 8월 20일 제300-2008-76호
주소 서울특별시 중구 중림로7길 4, 3층
전화 02-735-3308 **팩스** 02-735-3309
이메일 medici@medicimedia.co.kr **홈페이지** medicimedia.co.kr
페이스북 medicimedia **인스타그램** medicimedia

ISBN 979-11-5706-376-5 (03150)